두레박이고 싶습니다

두레박이고 싶습니다

펴 낸 날	2023. 2. 28
엮 은 이	온배움터 편집위원회
펴 낸 이	윤혜경
펴 낸 곳	개마서원
	서울 성북구 아리랑로 111-4
	1989년 8월 17일 (제1-953) 등록
	ongoejisin@gmail.com

편집 · 디자인 장성하

ISBN 979-11-952515-7--5
값 20,000원

copyright ⓒ 온배움터 · 허병섭선생회고록 편집위원회

이 책에 수록된 사진과 글은 저작권법에 의해 보호를 받는 저작물입니다.
저자와 출판사의 서면 동의 없이 무단 복제 및 전재를 금합니다.

잘못된 책은 바꿔 드립니다.

온배움터 · 허병섭선생회고록 편집위원회
주소: 경남 함양군 백전면 구산대안로 10-2
전화: 055-964-0987
전자우편: hoowon@green.ac.kr

두레박이고 싶습니다

두레박이고 싶습니다

허병섭

목마른 사람에게 물을 드리고 싶습니다.
그러나 제게는 물이 없습니다.
물가나 우물로 인도해 주십시오.

생명을 일구려는 사람들에게 물을 퍼올리는 두레박이고 싶습니다.
세상을 바꿀 수 있는 지성을
녹색 온배움터에 모으고 싶습니다.

그리고
산소라는 스승을 만나고 싶습니다.
여기저기에서 흘러 모이는 스승을 퍼올리는
두레박이고 싶습니다.

욕심 하나 더 부린다면
우주와 영성을 퍼올리고 싶습니다.
사람들의 몸에서
음양오행의 기운을 퍼올리고
보잘 것 없다고 홀대받는 사람에게서
우주를 떠 올리는
두레박이 되고 싶습니다.

두레박은 혼자 아무것도 할 수 없습니다.
밧줄을 잡고 끌려는 사람과 함께
얽힌 매듭을 풀려는 사람이 사용하기 나름입니다.
애쓰는 사람의 도구일 뿐입니다.

그리하여
목마른 사람이 찾고
생명을 일구려는 사람의 손길과 마음을 따라가고 싶습니다.
지식과 지성을 퍼 올리고 싶은 사람에게 필요한 밧줄이 되고 싶습니다.
스승과 스승을 이어주는 연결고리가 되고 싶습니다.

비어있는 그릇이고 싶습니다.
물을 담을 수 있는 바가지이고 싶습니다.
영성과 우주를 품으려는 사람의 그릇이고 싶습니다.
여러 사람이 함께 사용하고 힘을 모으는
두레박이고 싶습니다.

허병섭 목사님

야단법석에서 학부 물들과 함께

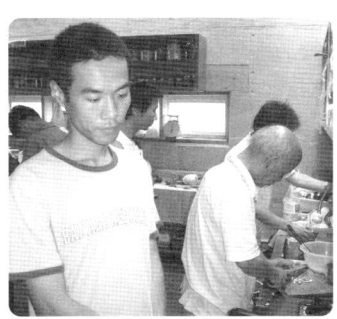

◀녹색살림학과 요리실습 시간에 학부 물(학생)들과 함께

▶ 하고초 밭 앞에서 1기물(학생) 바리랑

▼ 학부1기 졸업물 백선희 가족사진

◀ 강의 전에 물들과 함께 하는 수벽다 스림

▲ 식목일 기념식수

▲ 학부생들과 현장수업

▲ 학부생 김연자 수녀님과 현장수업 가는 길

▲ 선유도 생명문화 모임 후(후원회사무국장 바리와)

◀ 비오는 날 산책

▲ 온배움터 여름모꼬지

▲ 학부생들과 현장수업(영산줄다리기)

▲ 영남신학대 영바람축제 특강

▲ 생태건축학과 학부 서각 수업(학부생 김주희)

▲ 대학원 1기 졸업식. 녹색교육학과 이희정 졸업생에게 증서를 수여하고 있다.(2005년)

▲ 대학원 1기 졸업식. 생태건축학과 이무성 졸업생에게 증서를 수여하고 있다.(2005년)

▲ 구당 김남수 선생도 함께한 대학원 졸업식에서 녹색교육학과 채현진 졸업생과 허샘. (2005년)

▲ 생태건축학과가 시공한 지리산둘레길 안내센터 개소식(건축학과 대표 이종원샘께 꽃다발 증정)

▲ 대학원 자연의학과 4기 졸업식(2008년)

▲ 대학원 4기 졸업식. 자연의학과 샘, 물(학생)과 함께(2008년)

▲ 이현주 목사님 댁에서

▲ 건축가 정기용 선생님 회갑연에서 생태건축학과 샘물들과 함께

▲ 생명평화 순례에서 샘물들과 함께

▲ 2008년학부생들과 지역읽기 수업중

▲ 대중강연을 하시는 허샘

▲ '녹색대학과 생태문화공간 창조' 심포지움

▲ 사모님 이정진샘과 다정한 한 때

▲ 오두막 짓기에서 직접 지붕에 오르신 허샘

▲ 기숙사 건축 후원 그림전시회에서 말씀하시는 허샘

▲ 허샘의 무주군 안성면 자택에서 녹색대 식구들과 함께

▲ 학부생들의 끼니를 위해 가마솥에 불을 지피는 허샘

▲ 허샘의 무주군 안성면 자택

▲ 하고초마을 축제 때 풍류예술학과 김봉준샘과 학부물들과 함께한 점심나누기

| 책 | 을 | 펴 | 내 | 며 |

현실에서는 이해 받기 어려웠던, '두레박의 꿈'

허병섭샘*은 일생동안 꿈을 꾸고 살았다. 박정희 군사정권 시절에는 이 나라의 민주화를 꿈꿨고 산업화 과정에서는 빈민운동에 투신하였으며 건설노동자 공동체를 만들어 빈민노동자들과 함께 살기도 하였다. 그러다 1987년 이 나라에 형식적 민주주의가 자리 잡기 시작하자 이미 자신이 이뤄온 기반을 박차고 나와 생명운동에 관심을 기울이면서 스스로 농부가 되어 생명모심 살이를 하기도 하였다.

이것은 아브라함이 갈대아 우르를 떠나 하나님이 이끄시는 곳으로 옮겨 다니며 살았던 것과 비슷하다. 아브라함은 떠나간 자리로 되돌아올 기약 없이 신이, 시대가 그리고 문명이 이끄는 곳으로 끊임없이 옮겨 다니며 살았다. 고대 시대에 기존의 삶터를 버리고 다른 곳으로 이주한다는 것은 자기가 쌓아온 기득권을 포기하는 것이었고 곳곳에서 위험한 상황과 마주쳐야만 하는 것이었다.

마찬가지로 허샘의 삶도 정주를 거부하고 유목민으로 살고자하는, 자기 성찰에 기반한 미래를 향해 끊임없이 꿈을 꾸는 삶이었다. 그렇기 때문에 어쩌면 그의 꿈은 현실에서는 성공하기 어려운 것이었을 수 밖에 없었을지도 모른다. 시공간을 이동하면서 그리고 시대가 요청하거나 오늘

---

*녹색대학교에서는 교수를 샘, 학생을 물, 교직원들을 여울이라 불렀다.

로 다가와 있는 미래에 대한 투신은 무소유의 삶을 사는 허샘에게는 너무도 당연한 일이었지만 타인들에게는 버거운 일이었기 때문이다.

 허샘 꿈의 원형은 '초대교회공동체'에서 기원한 것처럼 보인다. 그러나 사도행전에 나오는 고대 '초대교회공동체(영적인 삶과 일과 생활을 같이 나누는)'를 현실로 되살리고 싶은 과제는 자본주의체제 하에서 그 방법을 찾아내기가 그리 만만한 일이 아니었을 것이다. 그러다 허샘은 '한신대학교'에서 경험한 학문하는 기쁨-캠퍼스 내에서 학생과 교수가 함께 어울려 먹고 자면서 연구하는 공동체**-과 그의 스승이신 문동환목사님이 여러 동지들과 함께 만든 '새벽의 집'에서 '초대교회공동체'의 퍼즐들을 보지 않았을까 하는 생각이 든다. '새벽의 집'은 우이동에 터를 마련하여 여러 가정이 모여 살되 구성원들 각자의 일터는 달리하는 공동체였다. 그러다 허샘은 일터와 삶터가 분리되지 않고 생활하면서 필요한 전문성은 함께 학습하고 연구하는 '슈마허컬리지'를 만나게 되었고 거기서 그는 자신이 이루고 싶은 꿈의 현대적 가능성을 찾아내었던 것처럼 보인다.

 허샘은 '녹색대학교(후에 '온배움터'로 개칭)'를 학생들과 샘 그리고 녹지사(녹색대학교를 지원하는 사람들의 모임)들이 함께 생명과 평화의 공동체로 일구어 가기를 염원하고 실제로 그런 시도를 지속적으로 하였다. 허샘과 함께 일군 무주 '푸른꿈고등학교'와 함양 '녹색대학교'(온배움터)에서 나는 허샘을 조금이나마 이해할 수 있었다. 시간 차이가 많이 나지만 '한신대학교'의 경험을 같이했던 점에서도 그렇다. 그렇지만 나는

**필자가 한신대학교 신학대학원에서 잠깐 엿본 예전 한신대학교의 모습이다.

허샘만큼 공동체에 대한 열정이 부족했기에 늘 허샘의 꿈과는 일정한 거리를 유지할 수 밖에 없었다. 진정한 이해란 이성을 넘어 실천까지를 포함하는 것이어야 하는데 나는 그러지 못한 것이다.

허샘은 서로 주체성과 서로 다름을 철저하게 믿고 실천하고 살았다. 그러기 위해 녹색대 구성원들의 자율과 자치 그리고 상호 이해에 기반 한 협동을 강조하였다. 행여 허샘이 구성원들과 합의하여 시행하려는 정책에 늦게 따라오는 구성원들이 있으면 기다릴 줄도 알았다. 때로는 구성원들의 뜻이 합당하면 기꺼이 수용할 줄도 알았다. 허샘의 저서 『스스로 말하게 하라』에서처럼 그는 말만으로 살지 않고 본인이 한 말은 반드시 실천을 담보로 하는 것이었다.

허샘의 녹색대학(온배움터)의 꿈은 미완으로 끝났다. 2007~2008년에 걸쳐 '온배움터' 발전계획을 세워 막 실행하려던 참에 허샘이 원인 모를 병으로 쓰러지신 것이다. 사실 그의 꿈인 '온배움공동체(노동과 학문과 생활이 일치하는)'는 실현이 쉽지 않았던 것이기도 하였고 물(학생)들과 샘(교수)들에게 혼을 담아 '온배움공동체'를 설명하고 함께 만들어 가자고 설득하였지만 이해받기가 어려웠기 때문이다. 그렇기 때문에 허샘은 외로웠을 것이다. 한편에는 이해받지 못한 자의 외로움이 자리하고 다른 한편에서는 그럼에도 불구하고 인간과 생명 살림에 대한 열정을 결코 놓칠 줄 모르는 허샘의 삶은 예수를 닮았다. 예수가 군중들과 함께 있으면서 그들을 보듬어주고 병을 고쳐주고 위로하다가도 군중들의 환호를 향유하지 않고 홀로 산으로 들어가 본래적 자아와 만나곤 하였던 것처럼 말이다.

이 책은 허샘을 기리는 사람들(학부생, 대학원생, 교수)에 더하여 특별 기고 형식으로 전희식(농부작가) 선생이 쓴 글과 허샘이 직접 쓴 것이다. Ⅰ부는 허샘을 기리는 온배움터 구성원들이 쓴 것이고 Ⅱ부에는 허샘의 글을 실었다. 그런데 아쉽게도 허샘이 쓴 글들은 언제 어디서, 누구를 향해 썼는지 알기가 어려운 것들이 많다. 그리고 허샘 생전에 펴내는 책이 아니라서 단상인지 강연인지도 모호하다. 그렇지만 허샘이 온배움터에 머무는 동안인 2005~2008년에 쓴 것만은 분명해 보인다. 따라서 허샘의 글을 내용상 비슷한 주제로 엮을 수 밖에 없었다.

이 책이 나오기 까지 많은 사람들의 수고가 있었다. 글을 쓰기도 하고 발간비(뒤에 후원자 명단 실음)를 보탰다. 이 자리를 빌어 허샘 회고록 발간에 도움을 준 모든 분들께 감사의 말씀을 전한다. 끝으로 이 책을 출판하는데 정성을 다해준 개마서원 윤혜경 대표님께도 감사를 드린다.

2023년 이른 봄에

온배움터 편집위원 일동
(김창수, 유상균, 이희정, 정미은, 조윤호)

|들|어|가|는|문|

별이거나 주님의 종이거나
- 허병섭 목사님 영전에 -
이순일 (전 녹색대학교 공동대표)

당신은
주님께 가셨거나
별이 되셨습니다
하느님께는 귀의하셨고
이 땅을 딛고 사는
저희에게는 별이 되셨습니다
당신의 주님께서
부르시어
더 이상 병상에서 누워 계시거나
일어나심도 허락하지 않으셨습니다
분단과 가난과 착취로 고통받는
겨레와 뭇 생명의 종이 되심도 용납하지 않으셨습니다
사랑하는 녹색대학교-온배움터,
저희들 곁에 계실 때는
욕심에 가로막혀
당신의 소망을 알지 못했고

서로 간에 시기하고 질투하였습니다
어리석은 사람들은
씨 뿌릴 때를 놓치고 나서야
계절이 지났음을 깨닫습니다

저희들
벗이었고
어른이셨고
큰 머슴이셨던 허병섭 목사님,
하늘 아래 모든 것은
개인이 소유할 수 없으므로
당신 몸 하나, 당신 가정 하나
챙길 줄 모르셨던 분
지상에서는 가난했으나
하늘나라에서는
하늘 복을 누리소서
저희 가슴에
별 하나 심으시고
주님 곁에서
영면하소서

차례

04 두레박이고 싶습니다 | 허병섭
06 화보
14 책을 펴내며 | 온배움터 편집위원 일동
18 들어가는 문 : 별이거나 주님의 종이거나 | 이순일

I 부. 허샘을 기억하다

그리운 허병섭샘
허샘께 | 김지은   24
우린 결이 다르지 않을까 | 백선희   26

허샘의 가르침
나에게 허목사님은? | 윤병렬   30
녹대의 신화 | 이희정   33
허샘을 떠올리며 …… | 정미은   36
스스로 말하게 하라 | 노재화   42
허병섭 선생님의 기억 | 조관호   46
허병섭의 뜻과 부산 온배움터 10년 | 정중효   50

녹색대학과 허병섭

허병섭과 녹색의 꿈 ｜ 한면희	55
나의 스승, 바보 허병섭 목사님 ｜ 김창수	78
내가 기억하는 허샘 ｜ 유상균	85
삼베 적삼 한 장 ｜ 이순일	88
허병섭 목사님, 그분에 대한 단상들 … ｜ 이무성	93
모든 이의 바탕이 된 사람 ｜ 전희식	100

II부. 허샘을 다시 읽다

01 고요하고 평화로운 삶의 자리	110
02 틈 사이의 존재	115
03 스승님이 오신다	119
04 우리의 전통적 탐구방법에 관한 단상	122
05 공간 중심의 생태공동체와 밀알 노동	126
06 소통의 문제와 마음	133
07 쉼을 시작하며	145
08 생태문화 공간의 신학을 실천하기 위하여	164

09생태주의와 자연영성(구상)	187
10결핍의 영성에 관한 단상	197
11어머니의 손톱에서 생각하는 영성	202
12거지의 눈물이 촛불로 타오를 때	206
13농민들의 땀에 비친 세계 그리고 역사와 가치	209
14농업, 왜 살아야 하나?	224
15주민운동과 자활 그리고 생명 평화	235
16창조신앙과 생태신앙	246
17그리스도의 마음을 본받으려고	252
18세상을 만나다	257
19청소년들과 마음 나누기	274
20꽃을 피우면서 열매 맺는 사람들	281

편집 후기
　우리에게 삶을 사는 자세를 전하신 허샘 | 이희정　　285

결 고운 마음, 따뜻한 손길 고맙습니다　　288

I부

허 샘을
기억하다

그리운 허병섭 샘

허샘께

김지은(학부 1기 졸업생)

허샘, 아아! 어떤 인사를 드려야 할지 잘 모르겠습니다. 죄송스럽게도…… 그냥 외면하면서 살았습니다. 웃고 울고 상처받고 깨지고, 지금 와서 생각하면 모든 것이 먹먹한 마음. 외면하면서 살았습니다. 최소한 샘께 부끄러운 제자는 되지 말아야지 하면서도 도대체 샘이 바라는 물은 어떤 물이었을까 하면서…… 그냥 흐르는 듯이 흘러가면 되는 것인가 하면서…… 아무것도 답해주지 않는 녹대(제게는 온배움터가 아닌 녹대입니다)에게 늘 답답함을 느끼며 화도 났지만 뚜렷하고 선명한 존재는 그 어디에도 없음을 알고 도망치듯 사회에 나왔습니다. 바쁘다는 핑계로 연락 한 번, 인사 한 번 못 드리고 사회생활하고 결혼도 하고 흘러흘러 저도 엄마가 되었습니다.

어제는 저의 서른 번째 생일이었습니다. 엄마에게 전화해서 감사함을 전하기보다는, 제 아이에게 부모가 되게 해줘서 고맙다는 마음만 전했습니다. 부모의 마음이 있고, 자식의 마음이 따로 있다고 하더군요. 부모가 되면 부모를 이해할 거라고 하지만 늘 내 자식을 챙기는 것이 우선입니다.

허샘, 아셨지요. 늘 속만 썩이는 제자들을 보면서 그래도 부모의 마음으로 당연한 것이다, 생각하면서 저희들을 품으셨지요.

2012년, 샘이 이제 이 세상에 없으시다는 소식을 듣고도 못난 제자, 자식을 낳은 지 며칠 안 되었다고 자식 생각으로 샘 마지막 가시는 길 찾아뵙지도 못했습니다. 또 당연하게, 당연히 이해해주시겠지, 그렇게 또 샘을 보내 드렸지요.

샘……

저에게 녹대 5년은 무엇이었는지를 생각해봅니다. 저의 꽃다운 나이 20대 초반에 시골에서 무엇을 했나 생각해봅니다. 어리고 어리석고 무지했던 시절 샘의 강의를 듣는 것이 얼마나 대단한 것인가도 모르고 책상 앞에 앉아 있던 저를 생각해봅니다. 묵묵히 샘이 기다리시는지도 모르고, 철없던 시절 제 마음대로 하면서 학교생활을 보냈습니다. 정말로 샘의 가르침은 무엇이었나 지금 와서 되돌아봅니다. 샘께서 '사' 자가 들어가는 직업이 아니라 어떤 '사람' 이 되기를 원하셨는지 생각해봅니다.

늘, 한결같은 허샘. 그래서 늘 그 자리에 계실 줄 알았습니다. 늘 그 자리에서 저를 바라봐 주실 줄 알았습니다. 당연히 제 결혼식의 주례는 허샘이 해 주실 줄 알았습니다. 제게 새로운 가족이 생기면 당연히 찾아뵙고 인사드릴 수 있을 거라 생각했습니다.

샘! 제가 하고 싶은 말은 죄송하다는 말도, 용서해달라는 말도 아닙니다. 열심히 살겠습니다. 가르침 잊지 않고 살겠습니다. 늘 한결같은 미소로 바라봐주시고 응원해주신 마음 잊지 않고 살겠습니다. 샘께서 늘 지키고자 하시던 확고한 마음, 강인한 마음, 그 마음으로 흔들리지 않고 살겠습니다.

샘, 보고 싶습니다. 사랑합니다.

우린 결이 다르지 않을까

백선희(학부 1기 졸업생)

회상

   2003~2007년, 독한 열정이 자리하던 그때를 뒤로 하고, 녹색대학교를 나온 지 15년이 지났다. 20대 초반의 푸릇푸릇하고 막연했던 그때가 마음 한켠에 항상 자리하고 있다. 허병섭 선생님과 함께한 4년의 시간은 그 무엇과도 바꿀 수 없는 내 마음속 깊은 곳에 뿌리를 내리고 있다.

   나는 기록하고 정리하는 습관이 있어서 학교에서 일어나는 일들, 밤새 토론했던 일들, 수업내용과 선생님의 말씀들을 열심히 기록했던 기억이 있다. 살면서 그 기록들은 사라졌지만, 그분을 생각하노라면 많은 사람들이 모여 밤새 토론하고 살아냈던, 열정을 위로하는 잔잔히 울려 퍼지는 무언가가 있다.

   학교 졸업 즈음이었다. 학교에 남아 공동체 일을 더 배울 것인지, 내가 살아왔던 지역으로 돌아가 지역 활동을 할 것인지 고민하던 차에 허병섭 선생님께서 나를 부르셨다. 녹색대학 관사 언덕에서 학교를 내려다보며 말씀하셨다. "마을조사 일을 배워서 여기에 도움이 되는 일을 해보지 않겠느냐"라고. 고민해보겠다고 말씀드렸다. 그러나 나는 나의 지역으로 돌아가기로 결정했었고, 이후에 다른 지역에서 마을공동체 일을 하고 있을 때 항상 그 말씀이 생각나곤 했다.

우린 결이 다르지 않을까

  나는 어느새 두 아이의 엄마, 9년차 주부, 마흔이 넘은 목소리 걸걸한 억척스런 아줌마가 되었다. 아이를 낳고 열정으로 똘똘 뭉친, 이념의 '결' 따위는 생각조차 할 수 없는, 열정도 여유도 없이, 여전히 하루하루 바쁘다. 가정과 이웃에서는 거침없이 육아를 위한 수다가 이어지고 있으며, 이 글을 쓰는 요즘 친정엄마는 얼마 전에 뇌경색이 와서 병원에 다니시고, 아이 아빠는 폐기흉으로 수술을 하고 직장을 쉬게 되었으며 작은 아이는 돌 치레하느라 40도 열을 오르락내리락 했다. 여전히 많은 위기와 기회 속에서 평범하고도 억척스런 날들을 보내고 있다.

  마을공동체, 근본 생태주의, 고매한 이상과 현실적 뜀박질을 어떻게 이겨내려 했는지 그 열정은 다 어디로 간 것인지 모르겠다. 극과 극은 통한다고 했던가. 아파트 층간소음, 미세먼지, 대출상환, 아이 유치원을 어디로 보낼 것인지, 뭘 먹일 것인지, 어떤 규칙과 습관으로 일상을 살 것인지, 가정 내 권위와 민주적인 분위기를 어떻게 만들어갈 수 있을 것인지 전혀 고민하지 않을 거라고 자신했던 나는 살면서 20대의 꿈과 열정과 전혀 상반된 자본주의의 길을 가고 있는 듯하다.

  내가 사는 지역에도 지역 마을공동체를 지향하는 행정이 펼쳐지고 있다. 지역에 뿌리내리는 마을공동체의 움직임 속에서 조금은 그 '결'을 느낄 수 있다. 그리고 내 삶 속에서는 무엇이 자리하고 있는가 생각해보게 된다.

큰 아이를 숲 유치원에 보냈다. 도시 외곽이라서 차로 조금만 가면 공원도 있고, 갯벌도 있고, 산도 있고, 바다도 있지만, 일상에서 만끽할 수는 없기에 아이를 숲 놀이를 지향하는 유치원에 보내기로 했다. 그리고 숲 길걷기, 자연생태놀이, 숲속 놀이터 등, 내가 일상에서 아이를 키우며 그 결을 지켜갈 수 있는 게 뭐가 있을까 생각하게 된다. 그 시작만으로도 우리는 한 걸음 더 나아갈 수 있겠지. 그렇게 아이와 함께 미래를 그려갈 수 있겠지. 나는 어떻게 살아왔는가, 아이를 어떻게 키울 것인가 고민하는 그 사이에 우리의 인생관도, 가치관도, 교육관도 단단해져 가겠지. 뜻하지 않게 일어날 많은 일에도 유연해져 가겠지. 아이를 키우며 현실 속의 행복을 느낀다. 누군가 "너의 30대는 없을 거야."라고 하셨지만, 아이를 키우며 이제야 진정한 인생의 쓴맛 단맛 매운맛을 배우는 게 아닐까 생각한다.

도시 속에서 작은 공장에 다니는 아빠와 집안일을 하며 고군분투하는 엄마, 각박한 도시 속에서도 자연과 마을공동체를 경험할 수 있는 수많은 기회가 있다. 아이들도 그렇게 조금씩 숲과 자연에 물들어가고, 거친 자연 속에서 문제해결력을 배워가고, 따뜻한 가정 속에서 엄마 아빠의 사랑을 느끼며, 이웃과 사회 속에서 공동체의 끈끈함과 따뜻함을 배울 수 있게 되면 좋겠다. 언젠가는 함께 차를 마시면서 조금은 차분하고 정돈된 마음으로 거침없이 대화하며 솔직하게 살아가면 좋겠다.

이것 또한 욕심이겠지…… 언젠가 허샘의 제안에 사춘기 어린 소녀처럼 교실을 박차고 나와 버린 20대 청춘의 그때처럼.

'허샘'의 고무신

 허샘이 돌아가시고, 장례식과 발인, 그리고 모란공원의 장지에 가기까지 그동안 철없이 굴었던 어설픈 열정에 숙연해졌다. 그리고 잊고 살아온 지 어느덧 11년. 십여 년이 지나 11주기 추모제라니…….

 그분을 생각하노라면 잔잔히 울려 퍼지는 무언가가 있다. 나지막한 목소리와 온화한 미소, 그리고 맨발에 고무신…… 문득 허병섭 '샘'이 그립다. "허샘~"하고 부르면 언제든 반갑게 맞아주시는 그때. 매일매일 보았던 그 '결'이 그리워진다.
 시간을 내어 아이들과 남양주 모란공원에 다녀와야겠다. 현실 속에 사는 나는 아이들에게 그분의 '결'을 조금이라도 느끼게 해주고 싶다. 그리고 다시 나의 길을 걸어가야겠지. 오늘의 나를, 존중과 배려로 넘치는 따뜻한 가정을, 거친 풍파를 이겨낼 미래의 아이들을 위해 한 걸음 더 용기를 내야겠다.

허샘의 가르침

나에게 허목사님은?

윤병렬(녹색교육학과 1기)

녹색대학이 내 삶의 전부처럼 느껴지던 때가 있었습니다. 파릇파릇 제법 젊은 시절이었습니다. 그래서 녹색대학 대학원 녹색교육학과로 가는 길. 함양 백전으로 가는 발걸음은 늘 설렘이었습니다. 쉬엄쉬엄 가다 상림 숲에 잠시 머물기도 했습니다. 숲은 봄·여름·가을·겨울이 다 좋았습니다. 봄이면 연둣빛 꽃으로, 화사한 색깔로 물들었고, 여름이면 초록의 향연이 펼쳐졌습니다. 상림 숲의 가을은 환상적이라고밖에 달리 표현할 방법이 없었습니다. 한적한 시간. 숲속 정자에 앉아 파전에 막걸리 한 잔 나눈 시간도 어제 일처럼 눈에 선합니다. 벚꽃이 흐드러지게 피던 늦은 봄날은 형언하기조차 힘들 만큼 찬란했습니다. 공부보다 술을 더 좋아하기도 했습니다. 그래서 병곡(막걸리)을 그냥 지나치기 힘들 때가 많았습니다.

돌이켜 생각해보니 그렇게 그렇게 한 학기, 한 학년이 꿈결처럼 지나갔습니다. 20여 년이 거의 다 된 지난 지금도 녹색대학 교정 그리고 주변 풍경이 늘 눈앞에 아른거리는 이유입니다. 청정 지역 백운산 자락에 터 잡아 살던 동지들 생각도 많이 납니다. 지금은 고인이 되신 분들도 있습니다. 대부분 선하디선한 웃음 지어 보이시던 분들입니다.

가장 먼저 떠오르는 분은 허병섭 목사님입니다. 말없이, 말없이 행하기만 하시던 인자한 모습. 궂은일 도맡아 하시며 묵묵히 실천하시던 아름다운 모습입니다. 녹색대학에 가면 언제라도 만나 뵐 수 있을 것 같은 친근한 모습이 아직도 눈앞에 아른거립니다. '환경과생명을지키는전국교사모임' 회원들과 함께 무주 댁에도 방문했던 기억이 납니다. 모두 감동의 시간을 보냈습니다. 생태와 환경을 고민하며 실천 방법을 모색하던 시기였습니다.

'사천환경운동연합' 회원분들을 모신 자리에 허병섭 목사님을 초청 강사로 모신 적이 있습니다. 사천·삼천포 분들은 멀리 함양 산중에서 귀한 손님 오신다며 극진히 모셨습니다. 그런데 아주 다양한 이력과는 달리 강의는 재미(?)없었다며 입을 모아 말했습니다. 강의 시간 내내 지루해하는 모습도 보였습니다. 살짝 당황스럽기도 했습니다. 어눌한 말투, 인자한 미소가 매력인 허목사님의 참모습을 몰라보는 것 같아 회원분들이 잠시 미워 보이기도 했습니다. 아주 짧은 시간, 강의로만 만났기 때문입니다. 시간을 두고 좀 더 많은 시간 대화를 나눠볼 수 없어 안타까울 따름이었습니다. 고스톱도 치고, 삼천포 맛난 음식에 막걸리라도 한 잔 했으면 더 좋았을 텐데 말입니다.

그 시절엔 방하착放下着이란 말의 의미도 잘 모르던 때였습니다. 나름 혈기 왕성하던 시절이라 여러 가지 꿈만 꾸던 시기였으니 그럴 만도 했습니다. 그러니 말로만 하방연대下方連帶를 외쳤습니다. 환경운동 한답시고 폼도 좀 잡았습니다. 허병섭 목사님은 온몸으로 실천하고 계신 줄 그땐 차마 생각지도 못했습니다. 어쩌면 젊고 어린 마음이 미칠 수 있는, 헤아릴 수 있는 깊이가 아니었는지도 모릅니다.

  이제는 조금 알 것 같기도 합니다. 허병섭 목사님의 그 깊이와 넓이를 말입니다. 함양 상림 숲보다 더 깊고, 백운산·지리산 산허리보다 더 넓은 품이었습니다.

  허병섭 목사님!
예나 지금이나 변함없이 사랑합니다. 한없이 보고 싶습니다. 그 말씀, 그 행동 모두 따라 배우며 실천해 나가겠습니다.

녹대의 신화

이희정(녹색교육학과 1기)

2000년대 초에 세계는 문명 패러다임의 전환을 이야기하기 시작했다. 그때 사람들은 녹색대학이라는 꿈을 꾸기 시작했고 함양의 한 폐교로 모여들었다. 나도 그 무리 중 한 사람이었다. 녹대 신화는 그렇게 시작되었다. 그렇게 녹대에서 산 것 같이 살다가 떠나왔다.

녹대로 갈 때

녹대는 몹시 지치고 아픈 나에게 휴식처가 되어주었다. 녹대로 가기 전에 나는 모든 것에 흥미를 잃고, 무엇을 하고 싶은지 몰랐다. 난 사람을 잃고, 길을 잃고, 나를 잃어버렸다. 함양에 처음 발을 내디뎠을 때 가장 인상 깊었던 것은 도시와 달리 시간이 느리게 흐른다는 것과 텅 빈 공간이 주는 고요함이었다. 그곳에서 나는 숨 쉴 수 있었고, 날 기다릴 수 있었고, 날 그냥 놔둘 수 있어서 좋았다, 녹대를 핑계대고 아무 일도 하지 않고 빈둥거리며 잘 놀았다.

녹대를 떠날 때쯤

녹대는 문명사회를 유지하기 위해 지구와 모든 생명체가 자원화되는 것과는 전혀 다른 생태적 감수성과 생태의식을 선물로 주었다. 문명의 전환과 문명 치료사를 길러내기 위한 대안교육도 받았다.

　서울 살림을 접고 함양으로 간다고 했을 때, 내가 자포자기한 것 같아 안타깝게 바라보았던 친구에게 이제 조금씩 무언가 할 수 있을 것 같다는 말을 해줄 수 있었다. 아직은 도시에 발붙이기 두렵고 또 바로 지칠지 모르겠지만 적어도 무력감에서 벗어날 수 있었다고.

　다시 내 안에 무엇인가가 채워진 것 같았다. 고향집 같은 농촌과 자연을 마음에 품었다. 지치고 외로울 때 늘 넉넉한 품으로 안아주던 어머니 같은 지리산을 사랑하게 되었다. 그 곳은 다시 돌아온 서울에서 생태적으로 사는 삶을 지향하며 살 수 있게 해준 이야기가 있다.

샘과 물로 만난 사람

　녹대에 가면 늘 허샘이 거기 계셨다. 허샘은 늘 진지하고 말이 느리고 어눌했다. 허샘은 자신을 농부라고 했지만 내가 보기엔 농사보다는 사색하는 걸 더 좋아했던 것 같다. 오히려 허샘 본댁인 무주집에 들르면 허샘의 아내이신 이정진 선배는 밭에서 감자를 캐서 쪄주면서 농사 이야기를 해 주었다. 허샘의 말씀 중에 지금까지 기억에 남는 것은 '샘물'이다. 자신의 생각을 표현할 언어를 찾아내고 무척이나 좋아했었다. 허병섭은 샘이고 나는 물이다. 스승이나 제자라는 말 대신에 샘과 물로 부르자고 했다. 샘물은 둘이 아니고 하나이며 서로에게 배운다고 했다. 허샘은 가르침을 말이 아닌 삶으로 보여준 스승이었다. 이화여대 정하영 교수를 모시고 와서 제자들과 같이 숙식하며 고전강독을 공부하며 질문하던 모습, 그리고 목사였으니 설교나 가르치는 습관이 몸에 붙었을 만도 한데 자기를 내세우는 법이 없이 늘 관찰하고 듣기를 좋아하셨다.

　나는 아직도 허샘에 대해 말하기가 어렵다. 그분의 삶은 그리스도교

신앙이 중심이고, 예수의 제자로 사는 길이었다. 그런데 허샘이 갑자기 그렇게 쓰러진 사건은 엄청난 충격이었다. 그때부터 하느님께 드린 질문은 "왜?"였다. 그렇게 충직하게 당신의 길을 가던 허샘에게 이런 선택과 결말이 나로서는 도저히 이해되지 않았다. 사람이 답할 수 없는 화두를 내게 던져주고 가신 허샘의 마지막 모습은 존경하던 스승이 아닌 목사였다. 어쩌면 요양원에 누워 계셨던 그의 모습은 삶으로 보여준 마지막 설교인지도 모르겠다.

허샘을 떠올리며……

정미은(온배움터 대표, 녹색교육학과 1기)

허.병.섭!
녹대에서 허목사님이나 허샘으로 불리웠던, 그 분을 떠올려 본다.

제일 먼저, 낡고 허름한 학교 관사에서 아주 오래전부터 그렇게 사셨던 분처럼 관사의 작은 비탈길을 휘적휘적 내려오시는 모습이 그려진다. 생전 좋은 집에 거하거나, 생전 좋은 옷은 걸쳐보지 않았을 거 같은 모습이었던 것으로 기억된다. 그분의 온몸에, 온 생에 가난이 묻어 있는 거 같았던 그래서 조금은 짠했던 기억이 떠오른다. 근데 무주의 허샘 내외분이 사셨던 집에 가서 인텔리틱한(?) 사모님(실제로 무주군의 군의원에 출마하시기도~)과 손수 지으신 퓨전 한옥집을 보고는 한숨을 돌렸던 기억도 있다.

또, 학교의 운동장을 개간했던 작은 밭고랑에 주저앉아 풀을 뽑고 계셨던 뒷모습도 떠오른다. 정말 허름한 소형차 티코(?)로 학교와 집을 오가며 부지런히 농사를 지으셨던 걸로 알고 있다. 그럼에도 죄송하지만, 내 눈에 허샘은 '진짜 농사꾼'은 아니었다. 진짜 농사꾼이 되고 싶은 초보 농사꾼 정도? '농'을 향한 절절한 초보 농사꾼의 그 마음은 알겠지만 말이다. 허샘이 걸어오신 길을 더듬어보면 진짜 농사꾼이 되기엔 물리적으로 여러 가지가 힘들었을 것이다.

또, 녹대 대학원의 교육학과에서 강의하시던 모습도 떠오른다. 가장 강렬하게 내 뇌리에 박혀있는 한 장면은……. 개교하고 2003년 식목일에 녹지사와 샘, 물들이 모여 학교 주변에 한 그루씩 나무를 심는 식목행사를 하게 되었다. 그 행사를 마치고 모두가 둘러서서 당시 총장이셨던 장회익샘의 말씀을 듣는 시간. 당시 허샘은 너무나 애타게 큰소리로 "총장님!"을 불렀었다. 그 장면이 그토록 강렬하게 남아있는 이유는, 한 달 뒤! 학교의 내부 문제들을 공개하고, 대부분의 여울(교직원)들이 나가고 운영위 체제로 운영한다는 얘기를 들었을 때, 장회익샘을 찾던 허샘의 그날의 외침이 떠올랐기 때문이다. 이후 학교는 그 누구도 감당하기 힘들게 서서히 때론 급격히 악화일로의 길로 들어섰다.

이 글을 쓰기 위해 계산해 보니, 실제 허샘이 학교 대표를 맡았던 기간은 1년 반이다. 계산해 보고는 나도 놀랐다. 녹대의 긴 시간을 생각하면 1년 반은 매우 짧지만, 내 기억 속에 허샘은 아주 오랫동안 녹대 대표였다. 2009년 1월초 쓰러지기 전까지는 실제로 녹대를 대표하셨고, 쓰러지신 이후에도 그러했으며, 사후까지도 녹대와 허샘을 떼어놓고 생각할 수는 없을 것이다. 현재 내가 잠시 대표직을 맡고 있지만 어쩌면 내 마음속 학교대표는 여전히 허샘이라고 하는 게 맞을 것이다.

녹대의 시간 속에서, 아마도 허샘이 가장 녹대스러웠다(?)고 표현해도 될까? 농사와 건축과 교육의 경험이 많으셨고 그 경험들을 당시 물(학생)들에게 화수분처럼 퍼부어 주려 하셨던 분이다. 누군가가(문동환 목사님이셨던가?) 장학금 300만 원을 주기로 했다며 애써 자랑스러움을 감추시던 모습도 떠오른다. 그리고 은행에서 개인적으로 대출을 받아 각 단위의 종잣돈으로 쓰라며 100만 원씩 쥐어주시기도 하셨다. 결국 학부의 그 돈이 살아남아 그 돈을 시작으로 작년에는 허샘을 기리는 '기억의 방'이 만들어졌으니 허샘은 이렇게 우리 곁에 계시는 건가 싶다.

허샘이 계셨던 녹대 초기 학교생활을 했던 소위 1, 2기 학부 물들은 최고의 강사진과 풍성한 교육과정, 자유로운 토론문화를 만끽한 것으로 기억한다. 그렇게 당신이 가진 모든 것을 내놓으려 했던 허샘의 그 사랑이 이곳을 지키며 살아남아 현재를 있게 한 원동력이 되었던 걸까. 우리는 이렇게 허샘을 기억하려 한다.

녹대 20여 년의 시간 속에서 많은 샘(교수)들 중 허샘이 쓰신 글들은 아직도 문건으로 남아서 회자되고 있다. 학교가 휘청거릴 때 그 고비마다 누군가는 허샘이 남기고 가신 미완의 지침서와 글들을 읽어보자고 제안하고 실제 회람하고 있다. 그 글들을 읽어보면 학교의 교육철학과 방향이나 비전 제시로, 혹은 자신의 무능에 대한 자책으로 힘들어하시는 걸 읽을 수 있다. 글 속의 당신은 대체로 괴로워 보였다.

2003년, '문명 치료', '문명 개조', '녹색 게릴라', '대안문명의 창출'이라는 원대한 꿈을 안고 '녹색대학'으로 개교했던 학교의 이름을 2008년부터 현재의 '온배움터'로 개명하였다. 이러한 개명의 논의과정에 허샘은 주도적으로 함께 하셨다. 온배움터라는 이름 앞에는 언제나 '생태문화공간 창조'라는 수식어가 붙는다.

'생태문화 공간을 창조하는 교육공동체, 온배움터'
그렇다면 생태문화 공간이란 어떤 공간인가? 허샘이 남기신 글로 그 생각들을 더듬어 보자.

나락 한 알과 같은 '나 자신' 그 나락의 씨눈과 같은 '나의 진정성'이 그 공간 중에 하나다. 그리고 나의 확장이면서 외연이라 할 수 있는 녹색대학이 우리의 생태문화 공간이다.

그러나 우리의 작은 공간을 보다 잘 이해하고 올바로 배우기 위해서는 녹대 주변(생태적 성격과 사회 정치 경제적 성격)의 공간을 배워야 한다. 이 공간도 우리의 생태문화 공간이다.

나아가 생태주의 철학과 논리로 일관되게 인식하며 주장하고 있는 나의 외연이면서 지역사회의 외연인 지구와 우주를 배워야 한다. 왜냐하면 이것도 우리의 생태공간이기 때문이다.

이렇게 말하면 배움의 폭이 넓어지는 것으로 인식하기 쉽겠지만, 배움의 깊이가 깊어진다고 인식해야 한다. 다시 말하면, 나로부터 출발한 배움이 그 깊이를 더하면 배움의 폭이 깊어지는 공간 이른바 '생태문화 공간'이다. 다시 말하면 그동안 주장했던 나를 둘러싼 생태문화 공간의 3겹 구조인 것이다. 이것이 생태문화 공간의 학문적 구조이다.

녹색대학의 구조가 확립되기 위해서 이 3겹 구조를 현실적으로 구축하고 확립해야 한다. 생태문화 공간의 3겹 구조에 관한 학문적 논증을 하기에는 아직 이르다. 이 논리적 근거는 우리가 함께 찾고 다지고 세워야 할 과제로 남아 있다. 생태문화 공간의

3겹 구조를 녹색 아카데미의 학문적 논거로 삼기 위해 녹색 교육의 지침서를 만들어야 한다는 것이다. 다음의 해설에서 '경敬을 위한 녹색 아카데미', 생태이념과 우리의 문화 전통, 그리고 문화행동이 녹색대학의 구조를 세우는 주춧돌을 찾아볼 것이다.

(중략)

작고, 희미하고, 보잘 것 없는 우리의 삶은 탐욕을 절제하고 향유와 지배를 멀리하므로 지속가능하지 못하게 된 인류의 삶에 희망의 등불이 되고자 오늘도 내일도 우리의 길을 가고 있다. 우리는 학교 주변의 주민들과 함께 지역이라는 공간을 생태문화적으로 가꾸어갈 수 있는 능력을 기르고자 한다.

녹색대학 설립을 위한 준비 기간에는 대안 대학의 필연성 및 당위성에 압도되어 있었다. 그 필연성과 당위성의 근거는 환경운동, 녹색운동, 귀농운동, 도농교류운동, 건강한 먹을거리운동의 질을 높여야 한다는 당위성이 있었다. 그리고 제도권 대학의 모순과 문제점을 극복하여 고등교육기관의 참모습을 찾고 학문하는 방법이나 자세 및 학문의 내용을 구축해야 한다는 필연성이 있었다. 이 필연성과 당위성은 논란의 여지가 없었기 때문에 설립준비 과정에 참여한 사람들은 개교일을 정해놓고 설립준비에 몰입한 것이다.

나는 허샘이 학교 대표로 있었던 그 시기에 둘째의 출산과 육아로 허샘과 많은 일을 함께 하지 못했다. 그래서 인간적인 깊은 교류나 친밀감은 갖고 있지 않다. 솔직하게는, 허샘의 인품과 그 삶의 궤적을 칭찬하는 말씀들에도 불구하고 그다지 매력적이라 느끼지 않았다고 표현함이 옳을 것이다. 생각해 보면, 그것은 아마도 세상의 물과 공기처럼 혼전만전 언제나 늘 옆에 계실 거라는 무한함에 기대어 그분을 바라봤기 때문 아니었을까. 허샘이 그리도 빨리 녹대를 떠날 것이라는 예측은 누구도 하지 못했으니까. 허샘이 쓰러지고 나서야 그 선배 세대와의 단절로 녹대가 부모 잃은 고아처럼 되었구나, 라는 자각도 하게 되었다.

  온배움터는 어디로 나아가야 할까? 허샘의 미완의 지침서를 또다시 펼쳐 본다. 아니면, '기억의 방'에 계신 허샘이 온다방으로 성큼 내려오셔서 일러주시는 말씀에 귀를 기울여 보는 것도 좋겠다.

스스로 말하게 하라

노재화(녹색교육학과 1기)

두레박, 하불, 샘, 목사님(이 글에서는 허샘이라 부름)……
70평생 허샘은 사람들에게 다양한 호칭으로 불리었고 그 호칭에 맞게 사시려고 부단히 노력하신 분들 중 한 분이라고 할 수 있다. 한 사람의 삶에서 이렇듯 다양한 호칭은 그 자체로 그가 살아온 삶을 드러내 준다.

예수님의 삶을 그대로 따라 실천하고 살아냈던 성직자 목사였고, 목사직을 내려놓고 노동자들과 같은 자리에서 일했던 노동자였고, 대안문명을 일구어갈 전사를 키우는 온배움터(녹색대학)의 샘이었고, 가난한 자들과 물(학생)들의 목마름을 해소시켜주고 싶었던 두레박이었고, 드러내지 않고 겸손함으로 섬기고 품었던 하불下佛의 모습으로 우리와 함께하셨다. 이렇듯 호칭은 다양하지만 그것을 관통하는 것이 있다. 그것은 인간, 사람 허병섭이라는 것이다.

김해의 가난한 가정에서 태어나 어렵게 공부를 하고 군목으로 제대한 후엔 유학을 보내려는 선생님의 권유도 마다한 채 스스로 어려운 이들을 찾아 나선 분이었다. 누가 시킨 것도 아니고 좀 더 편한 길로 갈 수도 있었건만 가난한 민중들과 함께하겠다고 그 길로 뚜벅뚜벅 걸어갔다. 그것이 예수의 길을 걷는 자라면 걸어가야 할 길이라고 여겼다.

그는 목사였지만 여느 목사와는 달랐다. 하월곡동 산꼭대기 달동네로 들어가 동월교회라는 최초의 민중교회를 세우고 교회 공동체를 만들기 위해 끊임없는 도전과 실험을 반복했다. 판소리 설교, 국악찬송 예배를 보았다. 지역 주민들 스스로 참여하고 깨닫고 자립할 수 있는 공동체를 만들고자 했기 때문이었다. 결국 그의 이러한 실험은 가난한 주민들이 자립을 할 수 있도록 도왔고 깨우치게 했다.

 허샘의 외침은 명료했다. 그들을 위해 외쳐주는 것이 아니라 그들 '스스로 말하게 하라'는 것이었다. 스스로 사고하고 스스로 말하고 또 스스로 행동하고 투쟁에 나섰을 때 가난은 멀어지고 희망은 가까워짐을 깨우쳐 준 외침이었다. 그렇듯 민중들과 함께하면서 가식처럼 다가왔던 목사직을 내놓았다. "목사직에서 해방되는 날, 교회의 제도권에서 해방되고 사회의 기득권에서 해방되는 날"이라고 했다. 즉 그는 사회의 모든 기득권에서 해방되어 순수한 노동자, 농민 그리고 빈민이 되어 그들과 함께 투쟁하는 길을 택한 것이다.

 이후 그는 미장이 노동자가 되었고 노동자들을 조직해 건축일꾼 '두레'를 만들어, '하루 8시간 노동'을 내세우며 일용직 노동자들이 자부심을 갖고 일할 수 있게 했다. 단순히 먹고 살기 위해 하는 노동이 아니라, 노동의 주체가 되어 스스로 하는 노동을 주장했고 그것을 두레라는 조직으로 실천한 것이다. 비록 오랫동안 지속되진 못했지만, 이를 통해 달동네의 가난하고 소외된 노동자들은 좌절과 절망을 극복해 낼 수 있었다.

 도시의 어둠을 찾아 빈민과 같이했던 그는 1996년 아내 이정진 여사와 함께 귀농했다. 생태운동에 눈을 돌려 전북 무주에 터를 잡은 그는 생태대안학교 '푸른꿈고등학교'를 세우는 데 앞장서기도 했다. 허샘이 귀농하시고 얼마 후 찾아뵙고 도시 빈민운동에서 왜 농촌으로 오셨느냐고 여쭤본 적이 있다. 도시에서 만난 빈민이나 인간의 탐욕에 의해 무자비하게 파헤쳐지는 자연도 고난받는 민중이라고 힘 있게 말씀하셨던 모습이 생생하다.

이렇듯 허샘은 가난하고 소외된 이웃들과 자연이 하나라는 것을 인식하게 되었고 그의 빈민운동은 생태운동으로 확장되었다. 그 실천으로 손수 농사를 짓고 생태적 자립 마을공동체를 만들고자 하였다.

2002년에는 생태주의, 문명의 치료사를 양성하는 녹색대학(온배움터)을 만나면서 자신이 해온 민중운동, 생태운동의 역량을 집중했다. 어쩌면 허샘은 이것이 생의 마지막 일이라고 생각하고 당신이 갖고 있는 모든 것을 걸었을 것이다.

학교가 어려움에 처해 있을 때 발 벗고 나섰고 샘, 물, 여울들과 머리를 맞대고 일을 만들어갔다. 학교대표라고 해서 자기 의견을 주장하지 않고 대화를 통해 서로 배우고 깨우쳐가는 방식을 선호했다. 그것은 손자뻘 되는 물들을 대하는 모습을 보면 잘 알 수 있었다. 격의 없는 대화를 통해 문제의 본질을 알 수 있도록 이끄는 방식이다. 빈민운동의 방식이었던 '스스로 말하게 하라'가 그대로 대안교육 현장에서 적용되었다.

허샘이 빈민운동을 하면서 지침으로 삼은 '스스로 말하게 하라'의 연장이었다. 허샘이 우리 곁을 떠나신 지 9년이라는 시간이 흘렀다. 의식을 잃고 병상에 계실 때부터 이별은 시작되었는지도 모른다. 준비도 하지 못한 채 보내드려야 하는 남은 자들의 비통과 착잡함, 미안함 등이 남아있었을 뿐이다. 허샘이 마지막을 보내셨고 열정을 가지셨던 온배움터와 여기서 다시 인연을 맺은 나에게는 그 모든 것이 중첩되어 있다. 학교 대표를 맡으시면서 생태교육연구소를 책임지셨고 그것을 도왔던 필자로서는 막막한 그리움과 송구함을 금치 못한다. 하지만 그게 전부는 아닐 것이다.

이 글에서 허샘의 지나간 행적과 모습들을 다시 언급하는 것은 불필요할지도 모른다. 이미 허샘은 많은 이들의 가슴에 남아 있기 때문이다. 남아 있는 허샘의 씨앗을 심고 물을 주고 가꿔 열매를 맺게 하는 것이 지금 학교에 남아 있는 자들의 몫이다. 허샘이 유언처럼 남긴 지침서를 토대로 기후위기로 전환의 삶이 화두가 된 지금 상황에 맞게 온배움터를 다시 세워야 한다. 민중들과 함께하면서 그 이론적 배경이었던 민중교육학을 계승, 보완 발전시키는 것도 우리의 몫이다.

무엇보다 중요한 것은 그가 잃지 않았던 낮은 자리에 있는 생명을 향한 연민, 연대, 그것을 이루기 위해 실패를 무릅쓰고 도전했던 실천을 잊어버려서는 안 될 것이다.

"예수보다 더 예수 같았던 사람, 사람을 눈뜨게 하는 사람, 모든 복지의 효시, 끊임없이 길을 찾아 나선 이, 언제 어디서나 저에게는 항상 벗이었고 청계천에서 만난 애인, 진정한 동지였고 진보적인 삶과 사상을 실천해 오신 스승, 실패해서 성공한 사람 허병섭!······."

허샘을 기억하는 이들이 만나며 느낀 그분의 모습이다. 지금 이 기간은 기독교의 사순절 기간이다. 예수의 길을 묵묵히 걸어갔던 그분의 삶이 예수의 삶과 교차되어 우리 마음을 흔들고 있다. 예수님의 정신이 제자들의 가슴에서 다시 불꽃으로 살아나 큰 들불을 일으킨 것처럼 허샘의 정신이, 마음이 우리 안에서 살아나 여러 꽃으로 피어나길 바란다. 봄 햇살 같은 허샘의 미소가 그리운 날이다.

허병섭 선생님의 기억

조관호(생태건축학과 1기)

　인간은 잠시 만나도 만남의 조각이 조금씩 깃털처럼 존재한다. 2003년 2월경 먼 함양으로 길을 떠날 때만 해도 2년 반의 시간을 뛰어넘을 줄은 생각하지 못했다. 거기서 만나본 사람들은 내가 생각하며 보고 만났던 사람들과는 생각의 단편이 없이 신기한 마음이 있었던 것은 좋은 기억으로 오랫동안 남았다.
　작은 컨테이너에서 침낭을 입고 잤던 기억들, 따뜻한 인간의 정이 넘친 것도 그 시작의 의미였다고 생각한다. 그곳에 작은 체구이지만 사람에 대한 따뜻한 웃음은 그가 가진 삶의 재산이고 가치였음을 알 수 있었다.
　인간은 평범함 속에 자신을 찾기 위해 노력하지만, 그 실천은 어렵다. 목회자로서의 그의 삶은 그와 가까이서 느낄 수 있던 것이 아니었으나, 그의 평범함 속에 삶이 묻어난 것을 시간이 가면서 이해할 수가 있었다.
　난 서울을 벗어나 잠시 나의 시간을 고찰하는 마음으로 독특한 개성과 자기 가치를 가진 사람들이 모인 녹색대로 갔던 것은 숨길 수 없다.
　무주에서 허병섭 선생님과의 대화는 서너 번 정도였던 것 같다. 항상 짧은 시간이지만 눈으로 서로를 보고 생각한 시간이 많았던 것은 비슷한 시기에 삶의 방식은 서로 달랐지만 어려운 시대를 고민했던 부분들이 교차했을 거라는 느낌이다.

사람은 변한다. 변하는 것은 당연하다. 변하지 않으면 살 수 없기 때문이다. 허병섭 선생님도 세상의 변화와 자신의 변화를 위해 새로운 시작을 시도했다고 생각한다. 서양의 유일신에 대한 평생의 가치는 목회자로서 당연하다 생각한다. 동양의 다신론적 입장을 추론하여 비교할 수 없지만, 생태라는 카테고리 속에 자신이 존재함을 수용하였다고 본다. 더불어 가는 것, 생명 존중, 실사구시의 행동은 기독교적 관점에서는 수용되기 어려운 부분도 있다. 허병섭 선생의 실천은 서구의 사상을 존중한 면도 있지만, 우리의 사고에 가장 가깝게 가려 했던 것으로 기억한다.

사상적인 부분을 대화로 나눠 보진 못했지만, 그의 실천적 삶에서 느낄 수 있었다. 그의 현자적 삶은 또 다른 기독교적 이면일 수도 있다. 난 그런 부분이 와 닿았다. 많은 기억을 공유하지 못했지만 작은 깃털이 멀리 갈 수가 있다고 생각한다. 세월이 흐르고 작은 기억이 되살아난다면 좋은 추억이 될 것 같다.

나는 중용의 첫 장에서 허 선생님을 기억하고 싶다.

> 天命之謂性 천이 명하는 것 그것을 일컬어 性이라 하고.
> 率性之謂道 성을 따르는 것 그것을 일컬어 道라 한다.
> 脩道之謂敎 도를 닦는 것 그것을 일컬어 敎라 한다.

> 인간의 본성은 하늘이 정하여 주었기에 따르고
> 그 성을 보존하여 가는 길을 道라 하고
> 그 도에 이르는 것이 敎이다.

여기서 도道는 도학道學적 관점은 없다.

물론 이 해석은 다양하게 할 수 있지만, 우리의 현학적 논리보다 삶의 가치 추구에 이런 뜻의 글은 찾기 힘들다.

나에게 주어진 본성을 닦기 위해서는 다양한 방법이 있을 수 있다. 그 주어진 성性을 끝까지 지키기 위해 가는 길, 그 길의 정점에 도道가 있다.

현자적 삶의 실천성이라 생각한다. 어떤 길을 위해 가는 것이 아니라 하늘의 명命이 있었기 때문이다. 그 명을 따르기 위해 한 인간의 삶이 기록되어 가는 것이다. 그 기록이 가는 길이 도道에 이르는 것이다.

참다운 지성은 내가 알고 있는 것을 타인에게 알려 주고, 전달하는 방법도 가르쳐 주는 것이다. 도道에 다다른 후 교教, 가르치는 것이다. 이것이 군자의 길이라고 공자께서 말씀하셨다.

허병섭 선생의 삶은 사목으로서의 자유스러움과 군자로서의 넉넉함을 소유한 분으로 기억하고 싶다. 독재 시대와 회색 시대에 정권의 요주의 인물이기도 했고 그 어려움 속에서 참된 삶을 추구했다고 생각한다.

현대의 기독교적 가치로 세상을 평가하는 기준은 내 생각으로 맞지 않는다고 본다. 종교적 가치로 그의 삶을 재단하는 것도 옳지 않다고 본다. 나의 기억에 그의 대단한 기억이 없다 해도 그의 품성과 실천을 보면 느낄 수 있다. 모든 이의 기억이 한곳에 머물러 있다 해도 그것은 그의 삶의 파편일 수 있다는 생각이다.

내가 명받은 본성을 실천하여 길에 이르고 그 이룬 길에 도착하여 가르치고 간 사람으로 기억하고 싶다. 가난했든 불행했든 행복했든 그 어떤 것도 그의 삶이었기 때문이다.

인간의 성性은 성악도 성선도 없다. 오로지 하늘과 땅이라는 본성만 존재한다. 하나님과 인간의 수평적 관계만 존재한다. 수평적이 아니면 하나님도 실존적 가치가 떨어진다. 경외심이 하나님이다.

허병섭 선생님의 마음속에 신神은 사람이었다고 생각하는 것이 잘못된 것일까?

허 선생님이 떠난 지 십여 년이 흘러 후학들이 선생님의 참뜻을 새길 수 있는 계기를 만든 것에 고마운 마음이다.

허병섭의 뜻과 부산 온배움터 10년

정중효(부산온배움터)

2021년! 부산 온배움터가 시작한 지 꼬박 10년이 지났고, 올해 영구터전을 마련하는 사건을 만들었습니다. 이제 부산 온배움터는 허병섭의 껍질을 깨고 생명평화 세상을 향해 나아갑니다.

저는 허병섭 목사님을 만났던 그 날을 잊지 못합니다. 교대 앞 공간초록에서 녹지사 모임을 하던 저희들을 만나기 위해 먼 길을 마다않고 오셔서 건널목을 터벅터벅 걸어오시던 모습. 추운 겨울이었던지 두터운 생활한복을 입었던 기억이 새록새록 납니다. 특유의 어눌한 말투로 녹색대학이라는 이름을 온배움터로 바꾸고 지역마다 온배움터를 만들자고 제안하셨더랬지요.

그때 저는 허병섭 목사님에 대해 잘 알지 못했습니다. 나중에 목사님의 이력을 알고 깜짝 놀라며 사람을 외적인 편견으로 보는 어리석음에 대해 한탄했던 기억도 납니다. 어쨌든, 허목사님은 우리들에게 지역 온배움터를 만들어보라는 제안을 하셨고, 우리들은 스스로 그럴 깜냥이 안 된다고 저어했으나 할 수 있다는 용기를 연신 불어넣으셨던 기억도 떠오릅니다.

이 한 번의 만남과 한 번의 제안이 저의 인생을 송두리째 바꾸어놓았습니다. 20대 후반, 생명을 파괴하는 국가와 자본의 노예적 삶이 아니라 생태와 생명을 지향하는 생명평화의 주체적 삶을 살아야겠다고 마음을 먹었습니다. 하지만, 뭘 어떻게 해야 할지도 몰라 직장을 다니며 생태공부 모임을 하면서 나름 새로운 삶을 고민한다고 거들먹거리던 시절도 있었습니다. 실상은 이 사회의 속박과 굴레에서 한 치 앞도 벗어나지 못하던 신세였지요. 능력은 없고, 용기는 더더욱 없는 그때, 허병섭의 말 한마디, 제안 한마디는 왜인지 모르게 저의 마음을 움직였습니다. 저의 고민과 멈칫거림을 알고 계셨던 걸까요? 부산에서 온배움터를 해 보라는 한마디는 폐부를 뚫고 심장을 울렸습니다.

마음이 급했던지, 아니면 자신이 있었던지, 목사님의 제안을 받고 곧바로 부산에서 활동하는 생태환경단체를 찾아다니며 부산 온배움터 필요성에 대해 설명하러 다녔습니다. 대안대학을 만드는 일은 일개 작은 모임에서 진행하기에는 힘들다고 생각했던 것이지요. 지금 돌이켜보면 아무런 인간관계도 없는 젊은 청년이 무작정 녹색대학을 지역에서 하자고 얘기했으니 얼마나 황당했을까요? 시민단체의 상황도 모른 채 제 기분만 앞서 얘기를 했으니 저의 제안이 잘 됐을 리가 없었습니다. 직장생활을 마친 뒤 시간을 내어 사람들을 만나는 것도 쉽지 않은 일인데, 갓 태어난 아기도 키워야 하는 가정상황까지 겹쳐 지역 온배움터를 만드는 일이 점점 버겁게 느껴졌습니다. 게다가 시민사회에 몇 번 제안을 했음에도 불구하고 반응이 시큰둥한 걸 느낀 저는 부산 온배움터 진행을 잠시 멈추고 조용히 돌아보는 시간을 가집니다.

사실 하도 오래된 일이라 그 2~3년의 휴식기간 동안 뭘 했는지 기억이

가물가물하여 부산·경남 녹지사 모임이기도 했던 '부산 생태공부 모임 구들장' 홈피에 들어가서 활동내역을 찾아봤습니다. 참 지독하게도 정기 모임을 꼬박꼬박 하면서 지역사회와 함께 다양한 배움과 활동을 하려고 노력했구나 하는 생각이 들었습니다. 아마도 온배움터 활동을 쉬는 그 2년 동안은 온배움터를 다시 제대로 진행하기 위한 준비를 한 게 아닌가 하는 생각이 듭니다. 한편 안타깝게도 그즈음에 허병섭 목사님이 쓰러지시는 상황이 발생했습니다. 허목사님이 건강하게 활동하고 계셨어도 이 일이 잘될지 알 수 없는 상황이었는데 병상에 누워계시는 상황이 발생했으니 저로서는 혼란스럽고 괴로운 상황이 닥쳐온 것이지요. 그런데, 결국 돌아보면 허목사님의 쓰러짐은 부산에서 온배움터를 만드는 데 큰 힘이 된 것 같습니다. 온배움터를 살리기 위해 노구를 이끌고 전국을 다니시며 지역 온배움터를 설파하셨던 목사님. 산업화라는 마귀에 희생당하는 도시빈민들이 스스로 깨치고 스스로 말하게 하기 위해 평생을 헌신하신 목사님께서 이제는 이 땅에 생태문화를 뿌리내리기 위해 자기 희생을 아끼지 않는 모습을 보았으니, 그런 와중에 저렇게 쓰러지셨으니, 우리에게 큰 반성과 울림의 사건이기도 했습니다. 그 뜻을 이어받자, 내 한 몸 힘들다고 이럴 때가 아니다, 라는 생각이 점점 제 마음을 지배하기 시작했습니다.

그러던 2011년. 그동안의 고민을 정리하고 다시 부산 온배움터를 시작하기 위해, 아이를 대안학교에 보내고 공동체적 삶을 시작하기 위해 저는 육아휴직을 감행(?)합니다. 지금이야 아빠들의 육아휴직이 그리 어려운 일이 아닌 게 되었지만, 그 당시에는 큰 용기를 내야 하는 일대 사건이었습니다. 게다가 2년을 휴직했으니 간 큰 도전이었죠. 사는 곳도 아이가 다닐 대안학교가 있는 양산으로 옮기고 둘째 아이를 들쳐업고 사람들을 만나기 시작했습니다. 부산 온배움터 초대 이사장이신 채희완 교수님을 다시 찾아뵈었고, 박준건 교수님, 박희옥 선생님 등 허병섭 목사님이 연결해 주었던 선생님들을 다시 만나고 부산 온배움터를 다시 시작하겠노라 선언했습니다. 방양희, 김창이 선생님 등 지역의 장인들도 만나 온배움터에서 교육을 열어 주십사 제안을 했고 그 인연은 아직도 이어지고 있습니다. 이종원 선생님은 생태건축 수업을 2011년에 시작하여 11년째 진행해 주고 계십니다. 또한, 지역 단체분들도 다시 만나며 부산온배움터 준비에 참여하자고 설득했습니다. 그리하여, 십 수 명이 참여하는 '부산 초록온배움터준비위원회'가 꾸려지고 지역 온배움터 활동은 본격적으로 궤도에 오르게 됩니다.

그 후 10년이 지났습니다. 그간의 일이야 책 한 권을 써도 모자라겠지만, 이 글에서는 생략하겠습니다. 불행 중 다행인지 부산 온배움터의 활동은 소소한 실패와 좌절을 제외하고는 큰 무리 없이 잘 진행되었던 것 같습니다. 그 사이 저는 한 번의 휴직을 더 하고 이제는 다시 직장으로 복귀하여 일을 하고 있습니다. 2번째 휴직하던 2020년과 2021년 사이 뜻하지 않게 코로나19라는 감염병 사태가 전 세계를 휩쓸었고 이 글을 쓰는 지금도 잠잠해질 기미를 보이질 않고 있습니다. 코로나 사태에도 불구하고 부산 온배움터는 사회적협동조합으로 조직을 변경하였고, 올해 행정안전부의 '지역자산화사업'을 통해 남산동에 영구터전을 마련하게 되었습니다.

함양 온배움터가 시작할 때부터 전국적인 시민들의 열망으로 백전중학교를 매입하여 지금까지 운영하고 있다면, 부산 온배움터는 10년 동안 지역에 터를 닦고 이제야 터전을 마련하는 작은 쾌거를 이루었습니다.

지난 10년간 제 스스로 강하게 다짐했던 것은 부산 온배움터 활동은 허병섭 목사님의 유지를 받드는 일이라는 것이었습니다. 기실 부산 온배움터는 제가 하고 싶은 일이었지만, 제 마음이 두려움에 싸이고 약해질 때마다 허병섭이라는 위대한 인물에 의지했던 것이라 할 수 있습니다. 한평생 민중의 주체성을 발현하기 위해 자신을 희생한 위대한 스승. 그처럼 살고 싶으나 그렇게 살지 못하는 현실의 자책을 허병섭의 뜻을 따라가는 것으로 자족했는지도 모릅니다. 하지만, 이제는 제 마음속에서 허병섭을 놓아주려고 합니다. 허병섭은 이제 부산 온배움터를 함께 이끌고 있는 황경미에, 송명자에, 채상병에, 이정호에, 김현지에, 그 외 부산 온배움터 활동가들의 심장에서 새로 태어났습니다. 어렵사리 확보한 영구터전에서 부산 온배움터의 이름으로, 생명평화의 이름으로, 생태공간 창조의 이름으로, 생태전환의 이름으로 다시 태어났습니다.

그리하여, 부산 온배움터는 허병섭! 그 이름이 아니라 그 뜻을 품고 계속 살아가겠습니다.

녹색대학과 허병섭

허병섭과 녹색의 꿈
- 수첩 기억 속의 허병섭과 나, 녹색대의 꿈 -

한면희 (성균관대 초빙교수, 전 녹색대 대표)

   나는 색이 바랜 옛 수첩을 뒤적이면서 허병섭 목사님에 대한 기억을 되살려서 그분과 함께한 녹색 여정을 짚어보는 방식으로 짧게나마 기록을 남기려 한다. 물론 나 아닌 다른 분들의 기록도 있을 것이므로, 이번에는 내가 남기지 않을 경우 유실될 수 있다고 여겨지는 분야로 좁혀서 적시할 것이다. 다소 염려가 되는 점은 포켓 수첩에 적힌 작은 단서를 통한 것이고, 또 약속한 바를 적었지만 취소된 것도 있을 터인데 그 여부를 표기하지 않았기에 다소 착오가 있을 수도 있다는 점이다. 그럼에도 불구하고 간단한 소회를 통해 나의 40대 시절에 허병섭 목사님과 함께 녹색대의 꿈을 꾼 것에 대한 일부 발자취를 남기는 것은 나름의 의미가 있을 것이라고 본다.

   1999년 찬 바람이 불던 때에 매우 가까이 지내던 후배로부터 만나자는 연락이 왔다. 동문수학을 하던 사이였는데, 독일로 떠나 철학박사 학위를 받고 귀국하여 한성대에 재직하던 이충진 교수였다. 그날 얘기는 자신에게 누님이 있고 그 남편이 허병섭이라는 분인데 나를 만나보고 싶어한다는 것이다. 내가 익히 알던 작가 이철용의 『꼬방동네 사람들』이라는 소설의 실제 주인공이 바로 허병섭 목사님이라는 것은 그때 알게 되었다. 나는 1999년 12월 12일 오후 사당역 지하 커피숍에서 허목사님을 처음 뵈었다. 당시 허목사님은 내게 자신이 갖게 된 녹색의 소망을 피력하면서 진심 어린 당부를 하셨는데, 시민을 위한 환경대학을 설립하고자 하니 환경학자로서 앞장서 개척해 달라는 것이었다. 당시 나는 환경 전문가였다.

잠시 시계를 10여 년 전으로 거슬러 올라가 보자. 1987년 6월의 민주화 항쟁과 가을의 노동자 대투쟁을 계기로 사회는 민주화 요구에 부응하기 시작했다. 노동계는 물론이거니와 교육현장에서도 민주주의를 현실에 뿌리내리려는 시도가 행해졌다. 이런 흐름에서 1989년 전국대학강사협의회가 결성되었고, 그 기반 위에 1990년 초 전국대학강사노동조합이 탄생하였다.

그즈음 나는 대학 강단에서 학생들에게 철학과 윤리학을 가르치기 시작하던 청년 강사였다. 교탁에서 진리와 정의, 도덕적 올바름을 가르치던 나로서는 이와 상반된 거짓과 불의, 사회적 약자에 대한 공권력의 횡포가 판을 치던 현실에 대해 성찰하면서 가슴 깊은 곳에서 나지막이 울려나오는 양심의 소리를 외면하기 어려웠다. 결국 양심의 부끄러움 때문에 현실에 동참하기로 마음을 먹었다. 내게 주어진 자리는 성균관대강사협의회 회장과 전국대학강사노동조합 성균관대 분회장(초대), 그리고 1991

년 초 맡게 된 전국대학강사노동조합 위원장(2,3대)이었다. 당시 마르크스주의와 북한학 등을 전공하던 진보 학자들이 적지 않았기에 그들이 맡는 게 온당하다고 보았지만, 오히려 그것이 더 부담이 된다는 그들의 얘기를 듣고는 내게 주어진 잔을 피하지 않기로 했다. 그저 "양심의 울림만큼 진보적인 것은 없다"고 마음먹었다. 이전에 아내와의 결혼 조건으로 제시된 바를 즐거이 수용하여 세례를 받은, 당시로서는 '선데이 크리스천'에 불과한 기독교인이었던 것도 한 근원이었으리라 본다. 향후 학자로서의 행보가 순탄치 않을 수도 있다는 생각이 들었지만, 이것은 가슴 속으로 누르자고 마음을 먹었다.

박사학위 과정에 있는 탐구자로서 덥석 민주화 운동가가 된 나는 대략 4년 가까이 아무런 학문적 성과를 쌓지 못했다. 저항하던 노동자가 탄압을 받는 상황에서, 시위에 나선 강경대와 김귀정 등 대학생들이 죽어가는 현실에서 다른 일에 관심을 둘 계제가 아니었기 때문이었다. 그래도 1993년 초에 출범한 문민정부로서의 YS정부 초기 정책이 개혁적인 것으로 평가를 받으면서 변고 없이 학자의 길로 돌아갈 분위기가 조성된 것은 내게 다행이었다.

본래 박사과정에 들어갈 즈음 석사학위의 연장선에서 '인공지능(AI)의 철학'을 학위 주제로 상정하였고, 학문적 휴지기 와중에도 자료를 모으고 검토하는 정도의 최소 작업은 하고 있었다. 여건에 따라 해외유학도 배제하지 않고 있었다. 그러나 막상 현장운동에 뛰어든 상태에서 책상에서 진득하게 이루어질 AI 이론 탐구가 답답하게 여겨져서 고심하고 있었다. 성찰해보면, 그 시기가 특징적인 세계사적 기간에 해당하고 있었음을 느꼈던 것 같다. 1989년에 동서독을 가른 베를린장벽이 무너졌고, 소비에트 사회주의공화국이 개혁의 페레스트로이카를 외치고 있었음에도 확연히 붕괴 과정에 돌입하였으며, 동유럽 전체도 혼돈의 소용돌이에 빠져 있었다.

우리 사회는 어떠했던가? 1961년 5.16쿠데타 이후 군부 주도권의 독재가 이루어졌고, 1980년 광주 민주항쟁이 일어났음에도 불구하고 요지부동 독재가 지속되고 있었으니 미국의 지원이 이루어지고 있다는 의심을 받을 만했다. 아무래도 미국 자본주의(와 자유민주주의)에 대한 반감도 싹트면서 그 반작용으로 진보 지식인 사회와 학생 운동권에서 마르크스주의와 전투적 (노동)조합주의가 득세하고 있던 때가 아니었던가?

1989년에 일본계 미국학자 후쿠야마가 이데올로기 대립구도에서 자유주의의 승리로 끝났다는 '역사의 종언'이 논문으로 발표되고, 이어 1992년에 저서로 출간되어 이목을 끌던 때였다. 나는 이 시기 한국의 현실이 세계사적 흐름과 배치되는 국면에 있다고 판단했다. 진보 운동권 진영에서 마르크스적 사회주의에 눈을 돌리고 있을 때, 현실 사회주의는 몰락하고 있었던 것이다. 후쿠야마의 언급처럼 자본주의 체제의 승리로 종결되는 것인가? 일부 동료나 후배 학자의 판단을 물었더니, "현존 사회주의의 몰락은 자본주의 체제의 한계를 드러낸 것일 뿐이다"라는 의견으로 돌아왔다. 이유를 물었더니 현존 사회주의가 자본주의를 닮아 체제경쟁을 하다가 무너졌다는 것을 거론하였다. 나름의 일리는 있겠다 싶었지만, 진실을 온전히 보고 있지는 않다는 생각이 들었다.

결국 나는 운동 현장에 있으면서도 세상을 보는 진중한 시각이 필요하다고 느꼈다. 자본주의와 마르크스적 사회주의 양자 모두 산업문명의 두 체제일 뿐이므로, 두 체제의 근간인 산업주의가 어떤 특성을 지니고 있는지, 그에 따른 미래의 모습은 무엇일지 상정해 보았다. 이때 한편으로 물질적 풍요와 편리가 최대로 구현되겠지만, 다른 한편으로 자연에 대한 구조적 수탈과 소외로 인해 환경위기가 가시화할 수 있겠다 싶었다. 이미 일부 현장에서는 환경운동이 싹을 트고 있었다. 물질과 자본에 기초한 산업문명이 큰 화를 부를 수밖에 없다고 판단되었고, 이에 근원적 성찰을 하는 환경철학의 접근이 가능할 것이라고 여겨졌다. 다시금 학문적 개척자의 자세로 나섰고 깊은 고심과 탐구 끝에 1997년 2월에 성균관대에서 "환경윤리와 자연의 가치"란 주제로 박사학위를 받았다.

현실에 명민하지 못했던 탓에 박사학위를 취득했을 때의 내 나이가 40을 넘어섰는데, 그해 말 나라가 IMF 외환위기를 맞이하고 말았다. 인생이 이런 것이지 싶었고, 이제는 환경 전문가로서 사회에 기여할 바를 찾았다. 자연보전의 활성화를 위해 사회운동단체에 알맞은 환경운동의 이념이 필요함을 제시했고 또 환경정의 개념을 도입하여 소개하는 일에도 주력했다. 곧바로 환경정의연구소를 설립하여 소장을 맡았다. 서강대 등 대학에서도 요청이 있었다. 본격적으로 환경 분야 활동을 시작하던 바로 이 무렵, 허병섭 목사님을 만나게 된 것이다.

허목사님도 나와 유사하게, 아니 나보다 더 절실하게 삶의 현장에서 새로운 목마름을 갈구했던 것 같다. 목자로서 청계천에서 쫓겨난 빈민들과 함께 부당한 권력과 싸우면서 감동어린 본을 보임으로써 새 삶의 현장을 일구어내었고, 어렵게 개척한 하월곡동 동월교회를 값없이 후배 목사에게 덥석 물려주고 덕유산 자락 무주로 낙향을 하셔서 농사를 지으셨다. 1997년에 대안학교 푸른꿈고등학교 설립 공동추진위원장을 맡으셔서 무주 진도리에 폐교를 구입하여 학교가 들어서게 하였다. 추정컨대 시골서 농사를 짓고 또 정규학교가 아닌 대안학교를 세우는 데 앞장서면서 도시의 화려함 대신에 소박한 대안적 삶, 녹색의 삶을 한가득 키우고 계셨던 것은 아닌가 싶다. 이제 대안학교가 초중등 과정까지 들어섰다면, 그 다음은?

내가 허병섭 목사님의 무주 진도리 자택을 처음 방문한 시점은 1999년 12월 27일 늦은 저녁이었다. 그곳에 도착했더니 한 분이 와 계셨는데, 명함으로 한겨레신문의 권복기 기자임을 알게 되었다. 허목사님과 권기자, 나는 환경문제에 대한 의견을 나누었고, 이어서 환경대학을 만드는 것이 가능한지, 설립한다면 어떻게 해야 하는지 등에 대해 의견을 주고받았다. 밤이 깊도록 대화를 나누었는데, 나로서는 두 경로를 얘기했던 것으로 기억한다. 시민 주도형 환경대학을 만들 경우, 환경대학의 비전과 이에 공감하는 시민의 결집, 그리고 결정적으로 대학이라는 규모에 맞춰 인프라를 구축할 재원이 필요함을 언급했다. 이와 달리 세무대학이 국세청 산하이듯이 환경부 등 정부 산하기관으로 환경대학을 설립하는 방도도 있다고 했다. 그날 전자의 유형이 바람직하지만, 적지 않은 재원을 만들어내야 하는 현실 여건상 후자도 배제하지 않고 논의선상에 올려놓자는 정도로 얘기가 오고 갔다.

이때 권기자가 불쑥 자신이 사표를 내고 뛰어들 수 있음을 밝혔다. 이 점을 염두에 두어도 좋다는 뜻이었는데, 나는 적으기 놀라지 않을 수 없었다. 아니, 신문기자라는 직을 내던지고 일을 하겠다고 마음을 먹다니 신념이 깊은 분이라는 생각이 들었다. 그런데 이런 그의 태도가 어디서 연유하는가를 잠시 되짚어보았다. 이 자리에 오게 된 계기를 추정할 때, 그에게 끼친 허목사님의 인품과 신념도 함께 짐작할 수 있었다. 나는 수년 전 상계동 수락산 자락으로 이사하면서 우연히 생명교회의 문대골 목사님이라는 큰 어른을 뵙고 탄복하였는데, 존경할 만한 또 한 분을 뵙게 된 것 역시 큰 즐거움이었다.

해가 바뀌어 2000년 2월 18일과 19일에 무주군의 협조 속에 환경대학 설립 준비모임을 가졌다. 두 가능성을 다 염두에 두고 서울서 사전 회합을 열었고, 후속으로 무주 회합을 갖게 된 것이다. 환경연합과 녹색연합, (사)환경정의연구소 소장과 연구원, 선도적 환경학자들을 초청하여 의견을 듣고 참여 의지를 타진했다. 문순홍과 정수복, 차명제, 이인현, 김정수, 조승헌, 이진복, 이충진 선생님 등이 참석했다. 무주회합에서는 김세웅 군수와 격의 없는 대화도 나누었다. 의견을 취합한 결과 시민 주도형 환경대학은 큰 재원을 마련할 방도가 몹시 어렵기 때문에 아직은 시기상조라는 것으로 모아졌다. 자연스럽게 다른 대안을 검토할 필요성이 생겼다.

허목사님은 당시 DJ정부의 민정수석 등 일부 인사들과 깊은 교류가 있었고, 나는 나대로 환경부와 다소 교감이 있었다. 1998년 초에 DJ정부가 출범하였고, 환경부도 능동적 모드로 바뀌어서 나름 노력하고자 환경정책기본법에 세 가지 주요 원칙, 즉 자연보전과 지속가능한 발전, 환경정의를 천명하고자 했다. 환경부가 절차상 자문회의를 열었는데, 자문위원 가운데 한 사람(중앙대 법대 이모교수)이 외부 잡지 글에 환경정의를 거론하는 단계에 이르렀다니 벌써 마르크스주의를 수용하려는 것 아니냐는 비판을 함에 따라 몹시 위축된 상태였다. 환경정의연구소 소장이었던 나로서는 환경진영의 요청에 따라 환경정의는 마르크스주의는 물론 자유주의, 생태주의 접근도 가능한 새 분야이기 때문에 색깔론의 덫은 부당하다는 취지의 글로 응수한 바 있고, 결과적으로 환경부를 곤경에서 벗어나게 한 인연이 있었다. 이렇게 문의할 통로가 있었기에 허목사님과 나는 정부로 하여금 환경대학을 설립하게 하는 것이 가능한지 조심스럽게 모색하였다. 그러나 최종 판단은 이전 정부의 대학자율화 여건으로 우후

죽순 대학이 난립하는 상황에서 정부조차 산하 대학을 또 신설하는 것이 불가하다는 판단을 내리기에 이르렀다.

어찌할 것인가? 허목사님은 한번 시작한 일을 어렵다고 중도에 그만둘 분이 아니었다. 김세웅 무주군수를 움직인 것인지 군립 환경대학을 검토하자는 안이 제시되었다. 그해 내내 무주군 내 학교부지를 탐색하는 등 여러 차례 회합을 가졌지만, 상응하는 재원 조달 방안을 마련할 수 없었기에 후일을 기약하는 것으로 일시 휴지기에 들어가게 되었다.

환경대학 논의가 재론되는 데 오랜 시간이 경과하지는 않았다. 녹색연합을 창립하여 자연보호에 큰 기여를 한 사무총장 장원 선생님이 두문불출하고 있었는데, 이를 아쉽게 여긴 수경 스님이 찾아가 위로해주면서 조용히 뜻있는 일을 하는 것은 어떠냐는 제안을 하셨고, 이에 힘입어 장선생님이 평소 가졌던 녹색대학 설립을 위해 앞서 환경대학을 추진한 허목사님을 찾아뵙게 된 것이다. 곧이어 내게도 연락이 온 것은 물론이다. 이때 나는 다소 망설였다. 재원 마련과 환경운동 진영의 평가 등에 비추어 일이 바르게 진행될 수 있을까 염려가 되었다. 허목사님이 다시 나서고 또 권유하는 바람에 그저 옛 경험을 전수하는 정도로 소극적 역할을 하는 것으로 마음을 먹었다. 어쨌거나 장원 선생님이 일꾼을 자처하면서 적극적이었고, 이로써 2001년 하반기부터 시민 주도의 녹색대학을 창립하기 위한 회합이 이루어지기 시작했다.

녹색대학 창립위는 2002년에 부지런히 움직이기 시작했다. 2월 14-15일 무주 자연학습관에서 '녹색대학 이념과 청사진 마련을 위한 토론회'가 열렸다. 4년제 대학 과정으로 운영하되, 생태적 삶을 구현하며, 초기 비인가에서 출발하되 교육부 인가를 지향할 수 있다는 정도로 논의가 펼처졌다. 당시 허목사님은, 내 수첩의 표현에 따를 때 '삶과 학문, 영성'이 어우러지는 삼위일체 공동체 성격의 대학으로 만들자고 제안하셨다. 이선종 교무님과 이병철 귀농운동본부장님, 박성준 평화주의자 등도 함께 하고 있었는데, 우선 학교 설립을 기획하는 단위와 이념학제를 정초하는 단위를 꾸리기로 합의하였다. 장원 선생님은 실무 책임자로서 녹창사(녹색대 창립 기여자)와 녹지사(녹색대 지탱 후원자), 녹운사(녹색대 운영하는 자) 등을 구분하여 함께 하는 분들과 더불어 재원을 만드는 등 분주하게 열심히 일하였고, 허목사님은 어른으로 역할을 하셨다. 생태철학이 전공인 나에게는 이념학제위원회 위원장을 맡는 것으로 모아졌는데, 이 과정에서 녹색 삶의 동지 김창수 선생님을 만남으로써 나의 소극적 역할에 다소 변화가 생긴 것만은 분명했다.

이념학제위원회는 자주 회합을 열면서 초안을 마련하였다. 학부에 네 개 학과, 즉 의식주에 해당하는 녹색살림학과와 생명농업학과, 생태건축학과 셋을 두고, 더불어 정신적 가치를 추구하는 녹색문화학과를 설치하는 것으로 의견을 모아 제안하였고 그대로 채택이 되었다. 당시 나로서는 환경정의연구소 소장으로서 '다음을 지키는 엄마모임' 등과 회합을 가지면서 아토피와 같은 환경성 질환에 대해 고심하고 있던 터라 대학원 과정에 자연의학과를 두자는 제안도 했는데, 생태건축학과와 녹색교육학과와 함께 두는 것으로 결정이 났다. 그리고 여름으로 기억되는 어느 날 장선생님이 내게 의논하기를 녹색대 초대 총장으로 서울대 장회익 교수님을 모시는 데 대해 내 의견을 물었고, 이에 바로 좋다고 답변해주었다.

개교를 2003년 봄으로 상정하고 있기에, 이 점에 대해서는 서두르다 일을 그르칠 수 있으므로 좀 더 착실한 준비를 해야 한다는 내 입장을 개진하였다. 좋게 보자면 장점일 수 있는데, 민첩한 장선생님은 다른 분들과 의논하면서 빠른 설립을 추진하였다. 녹색대 설립을 바라보는 언론의 보도는 몹시 우호적이었다. 결국 예정된 개교를 향해 밀고 나가는 것으로 결정되었다. 2002년 10월 26~27일 남원 실상사에서 신입생 선발을 위한 예비 면접이 진행되었고, 당시 지원자의 태도와 의지를 감안할 때 다소 만족스러웠으며, 그 수에 있어서도 첫 해 모집임에 비추어 향후 기대를 걸 정도는 되었다.

마침내 2003년 3월 대안 고등교육기관으로 녹색대학이 개교하였다. 장회익 선생님이 초대 총장을 맡는 것으로 여러 차례 언론에 보도가 나갔고, 허병섭 목사님은 늘 자신을 낮추시는 분이라 첫 생활관장을 맡으셨다. 장선생님은 자신이 재정을 담당해야 하는 관계로 사무처장을 담당하고 내게는 교무처장을 맡아 달라는 제안을 주었는데, 여러 이유로 맡을 계제가 아니어서 사양을 하였고, 그 대신 녹색문화학과를 주관하는 역할만 하겠다고 했다. 당시 서강대 수도자대학원에서 내게 환경윤리를 배우던 신부와 수녀님들의 활약으로 천주교 환경사목위원회 등이 신설됨에 따라 이를 이끌어줄 것을 요청하면서 상임위원을, 또한 주교회의 환경소위원 등을 맡게 된 상태였고, 몸이 편찮으신 어머니를 모시고 있었기에 귀농하듯 하방하기가 어려웠다. 그래도 초대 대학원장에 서울대 지리학과를 사임한 최창조 교수가 오기로 하였고, 대학원 녹색교육학과 주임교수는 김창수 선생님이, 교무처장은 무척 성실한 한광용 선생님이 맡게 되어서 안심이 되었다.

시작의 첫발을 뗄 때는 참여자 대다수가 향후 밝은 녹색의 꿈이 지리산 자락 함양 땅에서 발원하여 현실화할 수 있도록 기원했을 것이다. 그러나 그 염원은 오래가지 못했다. 개교 첫 달에 준 쥐꼬리만큼의 교수(학생을 물님으로 호칭하면서 대비적으로 '샘'이라 함) 월급을 둘째 달부터 줄 수 없는 등 재정난에 곧바로 돌입한 것이다. 예상보다 너무 일찍 난관이 찾아온 것에 모두 당황했다. 나는 당시 참석하지 못하여 후일 소식을 듣게 되었는데, 긴급 총회에서 재정 현황을 보고받으면서 담당자 장원 선생님의 공사 불분명한 회계 처리가 최대 문제로 부상하였고, 엄한 질책으로 인해 사퇴를 시키는 방향으로 결정된 것이다.

지나고 보면, 첫 녹색대 사태에는 아쉬운 점이 많다. 일을 하지 않고 회의석상에 앉은 사람들은 쉽게 책임 추궁을 할 수 있다. 그러나 그것이 다일 수는 없다. 예컨대 주어진 관행의 일만 하는 사람들(대표적으로 공무원)에게는 책임질 일이 없지만 변화하는 시대상황에 맞지는 않는다. 반면 일을 찾아서 열심히 하는 사람들은 개척자로 갈채를 받을 수 있지만, 사람인지라 크고 작은 잘못도 저지를 수 있다. 이때 중요한 것은 일하면서 과오를 저지른 자가 사익을 추구했는지 판단하여 그렇지 않은 경우 실수를 너그럽게 이해하는 자세가 요청된다. 역동적 현실 변화를 감안할 때, 우리는 전자의 유형이 아니라 후자의 유형을 필요로 한다. 개척하는 자를 통해서 새 세상이 열릴 수 있기 때문이다. 다소 일을 해 본 나는 조금은 안다. 내막을 자세히는 모르지만, 본시 사적 일로 연구소 작업을 하던 장원 선생님이 공적인 녹색대 일도 하게 된 것이므로 회계 불투명과 공사 불분명의 정도가 크지 않았다면 한 번 더 기회를 주는 것도 좋지 않았겠느냐는 생각이 얼핏 들었다. 도량이 큰 허목사님도 같은 생각이셨을 것이라고 보지만, 시비 쟁점의 회의는 본래 강경론이 득세하기 쉽다.

장원 사무처장이 사퇴하고 또 얼마 지나지 않아 총장인 장회익 샘도 물러났다. 가까운 동지를 떠나보냈으니 허전할 법했다. 이즈음 허목사님이 두 번째로 학교 대표를 맡으셨고, 결원의 대학원장도 김창수 샘이 맡게 되면서 다시 내게 적극적 동참을 요청하는 메시지가 왔다. 수첩에 적혀 있지 않아 불확실하지만, 개교 1년 후인 2004년 초로 여겨진다. 그 사이 모친도 이 세상을 떠나보낸 터라 주어진 내 여건에서 부응키로 했고, 기획처장을 찾아 맡는 것으로 정했다.

녹색대는 창립 시절부터 정체성에 관한 과제를 남겨두고 있었다. 대학이냐 녹색 공동체냐는 것이었고, 택일의 문제가 아니라 양자의 비율과 조화 문제라고 여겼다. 다만 학자인 장회익 샘이 총장을 맡을 경우 학문 탐구를 다소 우선시하면서 공동체 삶을 포용하는 형태가 되는데, 학자인 나도 유사한 입장이었다. 그런데 학자인 장원과 장회익 두 분이 연이어 퇴진한 상태에서 허병섭 목사님이 추대되어 스스로를 대표로 표현함으로써 어느덧 녹색 공동체의 느낌을 확연히 주고 있었다. 오르고 내리는 정체성의 사이클을 그리는 것도 나쁘지 않다고 보아 균형을 잡는 데 다소 신경을 쓰자고 마음을 먹었다. 1년 차와 2년 차로 온 물님들(학생)도 정도의 차이는 있을지언정 공동체의 녹색 삶에 순응하고 있었다.

기획처장으로서 나는 첫째 결사체의 비전(즉 녹색대학의 이념), 둘째 비전을 실현할 재원 마련, 셋째 현실에 뿌리내리는 것을 돕는 지원 네트워크의 구축을 핵심으로 꼽았다. 개교 2년 차는 창립 전과 비슷하게 다시 준비하는 기간이었고, 후반기부터 역할 차이에 따른 노력이 조금씩 부상하기 시작했다.

허샘의 노력이 드러나는 사건이 이어졌다. 안으로는 물과 샘의 공동체적 친화성이었고, 밖으로는 재원 마련과 건실한 홍보였다. 2004년 11월 26일 서울 종로에 위치한 선교600주년기념관 1층서 녹색대 기금마련 행사가 열렸다. 재원 마련의 시작을 알리는 행사였다. 이때 눈길을 끈 것은 행사 사회자로 안성기 배우가 등장한 것이다. 국민의 사랑을 한껏 받는 배우 안성기님이 아무 무대나 서지 않을 터인데, 무보수로 기꺼이 자원했다는 것은 제안을 한 허병섭 샘의 인품이 가져다주는 효과일 수밖에 없을 것이다. 이후 허샘이 내게 "안성기 배우가 녹색대 기금 마련을 위한 광고 출현에 무보수로 한 번 응하기로 했으니 방도를 찾아 주세요"라고 얘기해 주셨다. 그리고 같은 해 12월 24일 KBS 인물현대사 64회 편으로 "한 알의 밀알이 떨어져-꼬방동네 허병섭" 주제의 방송이 나감으로써 녹색대 삶의 감동이 잔잔하게 알려질 수 있는 여건이 조성되기 시작했다.

나로서도 녹색대 지원 인프라 구축에 먼저 나섰다. 김지하 시인이 손학규 경기도지사의 협조를 받아 세계생명문화포럼을 추진하면서 내게 학술기획을 담당하도록 부탁하였고, 그에 따라 2004년 11월 11일부터 14일까지 파주 출판협회단지에서 행사를 개최하게 되었고, 여기에 녹색대 학생들이 재원의 지원 속에 자원봉사 성격의 현장실습을 하게 된 것이다.

일이 순조롭게만 진행되는 것은 아니었다. 2005년 1월 5일 녹색대 비상교수회의가 열렸는데, 안건은 녹색대 부지가 경매에 붙여지게 된 상태에서 2014년 12월 29일에 우리가 2억 5천 8백만 원에 응찰을 함에 따라 한 달 이내에 이를 납부해야 한다는 것이었다. 큰 액수는 제2금융권 대출을 받기로 했지만, 일부 차액은 급히 만들어야 한다는 것이었다. 샘들은 열정과 지혜로 가르치면서 보수도 거의 받지 못하는 상태에서 재원까지 만들어내야 하는 몹시 부담스러운 상황이 형성된 것이다.

당시 녹색대 교수의 지위를 갖고 바깥에 서서 잘 활용하던 자연의학과 교수 한 분이 나름의 이유를 대며 사퇴를 했였는데, 나는 평소 그분이 녹색 정신에 부합한다고 보지 않았던 터라 차라리 잘 되었다고 판단했다. 세상사는 어려울 때 옥석이 가려지는 법이다. 그럼에도 부담은 피할 수 없었다. 샘(교수) 각자가 형편대로 부담하기로 했지만, 그래도 부족했다. 그러던 차에 생각나는 한 사람이 있었다. 나는 (사)환경정의연구소 소장을 여전히 맡고 있었고 그곳 이사 직책의 문국현 유한킴벌리 사장과도 가끔 일을 같이 하곤 했는데, 어느 날 내게 "꼭 해야 할 일이지만 재원이 없어서 못 하고 있다면, 한 번 얘기해 주세요"라고 말한 것이 떠올랐다. 공적인 일이니 전화를 하자고 마음먹었다. 전화를 했더니, 즉시 "이번 월급날 1천만 원을 보내겠다"고 해서서 학교 통장으로 보내시도록 조치한 일이 있다. 대표적으로 문사장님을 언급한 것이지만, 이렇게 녹색 꿈에 성의를 보태는 사람들이 적지 않음을 실감할 수 있었다.

그리고 배우 안성기님의 귀한 뜻도 현실화해야 하고 또한 여러 기증이나 사업을 통해 재원을 만들어야 했기에 법적 기구가 필요했다. 왜냐하면 녹색대는 교육부 미인가로 법적 실체가 없었기 때문이었다. 대표인 허샘 등 몇 분과 의논한 끝에 다소 급하게나마 2005년 1월 20일에 녹색문화연구원을 정동 프란치스코 회관에서 창립하여 사단법인을 만들기로 하였다. 이사장에 박영숙 선생님, 이사에 원택스님 등 다수를 모셨고, 상임이사는 내가 맡았다. 이 법인은 환경부 산하에 두기로 하고, 책임자급 담당 공무원을 만나 협조를 약속받기도 했다. 그러나 일정 기간이 지난 후 내게 온 통보는 해주고 싶어도 정관상 교육과 문화 사업 위주이기 때문에 환경부가 아닌 교육부나 문화체육부로 옮겨야 한다는 것이고, 사업 실적도 쌓아야 한다는 것이었다. 작은 차질이었지만, 이로써 일이 순조롭지 못하게 된 것은 내 불찰이었다.

일이 꼬이려고 했는지 바깥이 아닌 녹색대 내에서 큰 사건이 발생한다. 2005년 여름 한 여학생이 피해를 입는 성 관련 사건이 발생한 것이다. 허샘이 앞장서서 교수와 학생 간의 공동체적 친밀성에 역점을 두었고 또 한광용 교무처장의 헌신도 있어서 비교적 안심하고 있었는데, 그 틈새로 청년들의 남녀상열지사에 따른 성 사건이 초래된 것이다. 세상의 학문기관이라면 사적인 남녀의 문제로 치부하여 간단한 사과로 끝낼 수 있겠지만, 공동체 학문기관인지라 학교의 책임도 적지 않다고 해야 할 것이다. 대표인 허샘과 교수 전체의 사과문 발표, 뒤이어 신체 일부를 도려내는 심정으로 관련 학생 징계(최고 수위의 퇴학)를 거쳤지만 인근 낭만적 녹색주의자의 비난은 도를 넘을 정도였다. 받아야 할 비판을 겸손하게 받아야 하겠지만, 가난한 자와 함께 하며 스스로 낮추고 또 낮춘 허병섭을 사기꾼으로 모는 행태는 분명 과했다고 여겨지기 때문이었다.

교수회의는 남녀 기숙사가 한곳에 모여 있어서 이를 떼어놓는 조치도 필요하다는 의견이 대두되었다. 이에 다른 곳에 여학생 전용의 기숙사를 황토방 형태의 흙 건축물로 세워야겠다는 판단이 섰다. 재원이 문제였다. 재정 담당자가 없는 상태에서 기획처장인 나라도 나설 수밖에 없었다. 빠르게 조치를 취하여 2005년 10월 12일에 서울 대우조선해양 전시실서 '녹색대 흙건축 기숙사 신축 지원을 위한 그림전시회'를 열어 3일간 지속했다. 허샘과 내가 재야 민주화운동을 하면서 인연을 맺은 분들을 섭외하여 모시는 데 주력했다. 팸플릿에 따르면, 녹색문화연구원이 주최였기에 내가 사회를 보았고, 초청인 인사말로 김지하 시인, 축사로 이부영 의장과 정세균 의원, 이선종 교무님 등, 감사 말씀에 박영숙 이사장, 끝으로 허병섭 총장이 '녹색대의 꿈과 미래'를 발표하는 것으로 행사를 치렀다. 외부로 알릴 때는 대표를 총장으로 표기하곤 했는데 학문기관임을 인지시키기 위함이었고, 그래야 공동체로 비춰질 때보다 재원 마련에 용이하다고 여겼기 때문이었다. 물론 개인적으로는 대안학교이고 또 매우 작은 규모이기에 학교장, 즉 학장이라는 표현을 쓰고 싶었지만, 창립 당시 총장이라 썼기 때문에 그대로 따르게 된 것이다.

행사가 소박하든 화려하든 돈을 만드는 것이 핵심이다. 세계생명문화포럼 기획에 계속 참여하고 있던 나로서는 허샘의 동의 속에 김지하 시인에게 적절한 시기에 녹색대 총장을 맡아달라는 부탁을 한 상태(본인은 건강상의 이유로 극구 사양하심)이므로 전시회 의논을 하자마자 자신이 화지에 난초를 쳐서 내주셨다. 김정헌 문화연대 대표와 민중미술협의회 여운 회장, 가톨릭 류병창 수사님, 내 친구 서예가 어운 등으로부터 작품을 기증받거나 최소 작품료를 지불하는 조건으로 수집했다. 중요한 것은 값을 후하게 받는 것이다.

직접 찾아뵙거나 아니면 전화를 돌렸다. 환경부 차관 출신 정동수 대우조선해양 이사회의장을 만나 장소 협찬을 이끌어냈으나 그 기관의 주머니를 여는 것은 내 몫이었다. 문국현 사장에게도 전화를 넣었더니, 친히 전시장에 와서 유한킴벌리 몫 하나와 자신이 살 것 하나를 구매해 주었다. 마음속 미안함이 가득했지만, 녹색대를 위한 것이기에 어쩔 수 없다고 여겼다. 국무총리실에는 허샘을 팔아서(?) 당시 홍영표 비서관을 만나 당부를 했는데, 이 총리께서 13일 저녁 6시에 오셔서 허샘 등 우리와 대화를 나누고 김지하 난 그림을 하나 구매해 주셨다. 허목사님과 김창수 샘이 각각 권유한 지인 김상배 이사와 이공이 선생님도 오셔서 류병창 수사 그림 등을 구입해 주셨다. 서현과 이우승 두 변호사도 내 강권에 지갑을 열어주셨고, 강지원 변호사와 이선종 교무, 김근태 장관실에서 후원금을 보냈다. 후원에 힘입은 재원에 학교가 보태어 2층의 여학생 전용 기숙사를 지을 수 있었다. 일일이 적시한 이유는 기록이 필요하다고 여기기 때문이다.

학교 당국은 가난한 살림에 무언가를 해야 하겠기에 애를 쓴다고 해 보지만, 학생들 입장에서는 늘 불만일 수밖에 없다. 준비 부족으로 이른 개교를 했고, 또 이상을 향해 조금씩 만들면서 전진하는 과정임을 얘기했지만 불만이 적지 않았을 것이다. 2005년 말에는 농업 담당 샘의 전문적 지도가 필요하다는 외침이 메아리쳤다. 그동안 허샘이 주관하여 몸소 실천하면서 필요할 때 생태농업 전문가를 초청하여 가르쳤지만, 그것으로 성이 안 찼던 모양이다. 연말 교수회의서 농업담당 교수를 뽑기로 했고 서울농대를 나오고 관련된 연구원에서 일한 분이 지원을 했는데, 선뜻 임용하기에 몹시 망설여졌다. 나는 교수 대우도 시늉만 내는 상황에서 너무 살피지 말고 뽑자고 주장했는데, 이것이 최악의 패착임은 후일 깨닫게 된다.

2006년 초 허샘이 대표직을 내놓을 의사를 누차 표명하셨다. 다소 힘이 드셨거나 나를 비롯한 교수진이 제대로 부응하지 못한 데서 연유할 터이다. 당시 김지하 시인이 주도하고 손학규 도지사가 후원하는 세계생명문화포럼은 3박 4일 행사를 치르면서 사업비로 매년 5억에서 10억 가까이 쓰고 있었고, 허샘이 학생들을 데리고 오셔서 참가하시곤 했는데, 이를 우리 녹색대의 보잘 것 없는 살림과 대비됨을 느끼기도 하셨을 것이다. 다만 허샘이 이런 실정도 다 알고 시작한 것인 만큼 휴식을 통한 재충전이 필요하다고 판단하셨을 것으로 짐작했다. 총회가 열렸고 나를 3대 대표로 추인했는데, 다른 방도가 없었던 것으로 여겨졌다.

나는 곧바로 세 가지 시나리오를 상정하였다. 일단 나보다 훨씬 더 잘하실 훌륭한 분을 모시고 오는 짧은 역할로 마음을 먹었다. 이에 1안은 녹색의 상징성을 띤 분, 대표적으로 김지하 시인을 오시게 하는 것이었고, 곧바로 찾아뵙고 공식적 요청을 드렸다. 그런데 김시인은 당시 식후 열댓

개의 알약이 든 약봉지를 털어 드시고 있었는데, 이런 자신이 먼 지리산 자락 함양에 갈 수 있겠느냐며, 조만간 강원도 토지문화재단으로 들어가야 함을 언급하셨다. 예상은 했던 바였다.

곧바로 대학원장 김창수 샘과 의논하면서 2안을 추진키로 하였다. 창립 직후 장원 처장의 사퇴와 뒤이은 장회익 총장의 빠른 사임은 보기에 따라 초기 창립세력의 분열로 비춰진 측면이 없지 않았던 것이다. 화해를 통한 전진은 꿈을 피어나게 하는 데 큰 힘이 되리라 여겼다. 늘 2선에서 성원하던 수경 스님과 도법스님을 만났다. 간혹 뵈었던 수경 스님은 매우 좋은 생각이라고 화답하셨다. 장회익 선생님의 복귀가 이루어질 경우 뒤에서나마 적극 돕는 역할을 하실 것으로 느껴졌다.

2006년 7월 3일 녹색대 주요 창립세력이 전주 금선암에서 회동하였다. 학교 쪽의 허병섭, 한면희, 김창수와 더불어 장회익과 장원, 도법스님, 이병철이 참석하여 여러 얘기를 나누었다. 당시 허샘이 여는 말을 하시자 곧이어 학교 대표인 내가 간략한 경과 설명에 이어서 장회익 샘이 복귀하셔서 총회를 거쳐 총장 임기를 한 번 더 하실 것을 요청했고, 이런 화해를 계기로 여러 난관을 극복할 수 있기를 희망한다고 피력하였다. 이에 장회익 선생님은 자신의 학문적 뒷정리를 할 때임을 들어 강력히 고사하였고, 도법스님도 기대 밖의 이야기를 하셔서 더 진행할 동력을 유지하기 어렵게 되었다.

사실 허샘이 이런 모임을 썩 반기신 것은 아니었고, 새 대표가 추진하겠다니 성원을 위해 오신 것이었다. 우리가 작을지언정 잘못한 쪽에 먼저 손을 내밀었다면, 상대방이 자신들의 초기 잘못으로 녹색대 행보에 어려움을 끼쳐 미안하다는 말과 더불어 향후 화해와 상생, 발전을 도모해 보자는 화답으로 응했다면 새로운 기운이 조성되었을 터인데, 그날은 그렇지 못했다. 세상은 스스로 드러내지 않고 조용히 바른 일을 하는 분을 귀하게 여기지 않는 경향이 있다.

　내가 존경하는 생명교회 문대골 목사님은 함석헌의 제자이자 장준하의 동지로서 인권 탄압의 현장에서 결연히 몸을 던져 싸우다 잡혀가시고, 담당형사의 진술에 의하면, 트집 잡힐 거리가 없어서 방면되시면 조용히 돌아와 성도들과 함께 하시는 분이다. 과거 청계천 판자촌에서 축출되어 오지인 상계동으로 쫓겨 온 빈민들과 함께하다가 누군가 교회 터를 기증하자 집 없는 다수의 사람을 걱정하여 교회를 지하에 번듯하게 세우고 그 위에 집을 짓도록 조치했으며, 형편이 나아진 사람들이 기금을 내놓은 것으로는 신용협동조합을 조성하여 또 다른 사람들이 집 한 칸이라도 마련할 수 있도록 배려하신 분이다. 세상은 야속해서 수만 명 성도를 거느린 큰 교회 목사에게는 머리를 조아리기 바쁜 반면, 의를 행하면서도 스스로를 낮춘 분들에 대해서는 낮춰 보는 경향이 있다. 허목사님도 못지않은 분인데, 나를 비롯하여 우리가 귀하게 대하지 못한 것은 아닌가 반성하게 된다.

　그 이후 말이 나왔으니 삼고초려 차원에서 장회익 선생님을 두 번 더 뵈었다. 같은 입장이었다. 그러면서 대표인 내게 당부하기를, 창립 당시 장원 선생의 요청에 따라 1억 2천만 원을 빌려주었는데 5천만 원은 기증할 터이니 7천만 원은 녹색대가 상환을 해주었으면 좋겠다고 하셨다. 이에 경매 넘어간 학교 교사를 간신히 입찰받아 되찾은 형편이라 갚을 기약을 할 수 없지만, 먼 후일이라도 형편이 나아지면 응하겠다고 말씀을 드렸다. 어려운 시기에 큰돈을 내주신 것은 매우 고맙다 하지 않을 수 없기 때문이다.

　이제 내게는 마지막 3안, 녹색대를 어찌 발전시킬 것인지 고심이 되었다. 녹색 아카데미의 꿈은 야무지게 꾸었지만 이를 현실서 피어나게 하려면, 잘 자랄 수 있도록 물리적 토양을 조성하지 않으면 시들 수밖에 없다. 노무현 정부에서는 그래도 무엇인가를 할 수 있는 조건이었다. 총리도 허목사님 얘기를 하면서 다가가면 도울 방도를 고심하는 정도였다. 나 역시 노무현대통령직인수위원회 사회문화분과의 환경분야 자문위원이었으니 뭔가 합법적으로 움직일 공간이 있었다. 배우 안성기 님이 무료 광고 출연으로 지원을 약속한 만큼 협찬 기업과 그 기금을 받을 법적 실체부터 필요했다.

이에 2007년 1월 20일에 녹색문화연구원의 후신으로 (사)녹색누리를 창립하였다. 이사장으로 허병섭 목사님을 추대했는데, 상임이사가 고심의 자리였다. 나는 학교 대표였기에 당연직 이사일 뿐이므로 다른 분이 맡아야 했고, 적임인 한광용 샘은 교무처장으로 현장 지휘를 해야 했다. 김창수 샘은 대학원장이었고 또 몸에 무리를 주어서도 안 되는 형편이었다. 할 수 없이 자신이 하겠다는 열의를 계속 비춘 농업담당 샘을 임명하였는데, 녹색대 최악의 패착을 둔 것임을 얼마 안 있어 깨닫게 되었다.

어느 시대 어느 곳에서나 도를 넘어 사익을 추구하는 자들이 있다. 녹색대처럼 문호를 적극 개방하여 자율성과 배려를 중시하면서 누구의 참여도 허용하는 경우에는 그런 자들이 똬리를 틀 지대가 존재한다. 이에 건강한 양식을 지닌 분들이 주축을 이루면서 큰 흐름을 조성하면 부덕한 사람들 일부가 있다고 하더라도 대세는 바뀌지 않으므로 문제될 소지가 적다. 그러나 어려움을 겪을 때는 얘기가 달라진다. 좋은 분들은 오래 견디기 어려워 떠나기 쉽고 유능한 분들은 오지 않게 된다. 이럴 때 부덕한 사람들이 자리(교수직 등)를 차지하면서 어둠은 조금씩 깊어지는데, 이를 위축시키고자 하니 세력 결집으로 이전투구의 싸움판이 벌어질 기세이다. 2007년 초 녹색대 상황이 이와 같았다. 공익에 해가 될 곰팡이가 크게 번질 조짐이라면, 단호히 도려내는 조치를 취하지 않을 수 없다고 판단했다.

　녹색대 대학원의 경우 2년 과정이어서 적지 않은 분들이 졸업을 했지만, 학부는 공동체 삶과 함께하는 과정이어서 몹시 달랐다. 개교 4년 차인 2007년 2월 24일 마침내 녹색대 학부 졸업식을 처음 치르게 되었다. 딱 둘이었는데, 그것만으로도 소중했다. 녹색문화학과에서 나와 고락을 같이 한 두 학생(이희정과 백선희 물님)이 먼저 졸업을 하게 된 것이다. 입학 시 학부생 38명 가운데 보다 많은 학생들이 그 자리에 섰어야 했지만, 휴학과 탈락자가 적지 않았음은 녹색대가 겪은 파란만장한 이력을 말해준다. 애써 기쁜 마음으로 축하해 주었다. 졸업식을 마친 후 교수회의에서 나는 둘 중 하나의 단호한 결정을 내릴 수 있음을 비추었다. 위기감을 느낀 쪽 일부에서 타협의 제안도 들어왔지만 야합인 연유로 거부했다. 허병섭 이사장님과 의논했는데, 내가 취할 단호한 조치에 동의하지 않으셨다. 걱정은 깊어져 갔다.

　중국의 노자는 무위無爲를 내세워 저절로 이루어지게 내버려두는 반면, 공자는 무이위無以爲로써 마땅한 바를 힘써 행하도록 가르친 바 있다. 노자는 교육조차 불필요하다고 여긴 반면, 공자는 교육으로 인을 가르치려고 했다. 평소 허샘은 노자를 즐겨 읽으면서 학생들에게도 깨닫게 하고자 했다. 반면 나는 인간에게는 양심과 사심이 함께 잉태되어 있으므로 사심의 발동을 위축시키면서 양심의 발로를 이끌어내는 데 주력하는 편이었다. 2007년 초 맞이한 녹색대 위기 사태에서 나는 해로운 곰팡이를 도려내고 뒤이어 새 살이 돋도록 하려 했지만, 이사장인 허샘이 돕지 않거나 지켜보는 형세로는 일을 온전하게 처리할 수 없다고 보았다. 샘이

든 물이든 생각이 바른 분들의 의견을 청취하였다. 일각에서는 사태의 심각성을 깨달아서 허샘을 멀리 떨어뜨려 놓고라도 대표가 단호한 조치를 취해야 한다고 고언을 주었지만, 김창수 대학원장 및 교무처장과 상의한 나는 허샘에게 한 번 더 기회를 드리는 쪽으로 방향을 잡았다. 나로서는 최후의 방도였다.

봄은 인간의 세태에 아랑곳하지 않고 어김없이 찾아온다. 당시 이사로 위촉한 함양 두레마을의 김호열 목사님이 어려운 가운데 매달 지원을 하고 있었다. 채식연대 박재오 변호사도 힘껏 도울 의사를 피력하였다. 이에 4월 28일 함양군과 백전면 지역사회 주민들을 모시고 4백인 분의 채식 뷔페를 대접하는 창립 4주년 한마당 잔치를 열었다. 음식이 전부 동이 나는 성황이었고, 군수와 군의원들이 찾아주셔서 향후 군 차원의 적극 도움을 주겠다는 약속을 하시는 가운데 나로서는 대표로서 감사의 말씀을 올렸다. 그리고 다음날인 4월 29일 총회에서 학교 대표직을 포함하여 교수 전체의 보직과 지위 등 모든 자의 공적인 직책을 반납하고, 허병섭 목사님이 새롭게 구성토록 백지위임을 한다는 안건을 제시했고, 17대2의 찬성으로 가결을 이끌었다. 내게는 4월 28일 행사의 발언이 대표로서 공적으로 취한 마지막 행보였다.

김창수 샘도 행보를 같이 하여 함께 녹색대학을 떠났다. 그 이후 나는 녹색대 일로 도움을 받은 문국현 사장이 그해 늦여름 대통령 선거에 뛰어드는 바람에 이전 마음의 빚을 갚고자 힘을 키우는 데 동참했고, 곧이어 전북대에서 인문기금 교수 제안을 주어서 3년을 전주에서 지냈다. 그리고 다시 문국현과 함께 하는 사람들의 적극 요청에 따라 마지막 선거를 목전에 둔 상태에서 창조한국당 대표(비상대책위원장)에 취임하였다. 허 목사님 부고가 내게 날아온 것은 그 일을 마칠 무렵이었다. 참으로 안타까운 일이었지만, 세상사는 알 수 없음을 다시 절감했다. 서울대병원 영안실로 조문을 갔더니 인터뷰를 요청하는 곳이 있기에 몇 마디 말을 건넸다. 2012년 3월 29일의 경향신문은 "달동네 성자 허병섭 목사 영결식"이라는 제목으로 "덜 고생하시고 가게 했어야 하는데 그렇지 못했다"는 얘기와 더불어 "고인은 허례와 격식을 배격한다는 의미로 목사직이라는 권위까지 내던졌다…… 그는 진정한 아나키스트였다"는 내 말을 인용했다.

나는 지금도 학자로서 환경이나 정치 분야에서 우리 사회가 바르게 가야 할 길을 비추는 탐조등 역할을 맡고자 다짐하곤 하는데, 간혹 외로운 등대지기를 자임한 허병섭 목사님을 떠올리며 회상에 잠기곤 한다. 예수의 제자였던 그분처럼 기독교인인 나도 예수를 참되게 따르는 제자가 되고자 다짐을 해본다. 그리고 나 역시 허샘의 마음가짐으로 지난 시절 함께한 녹색대 학생들에게 사랑한다는 말을 전하고자 한다. 그리고 앞서 거론된 분들은 물론 허샘이 쓰러지기 직전까지 함께 온배움터(녹색대 후신)를 지키고자 온갖 애를 쓴 이종원, 유상균 두 분 교수와 이순일 운영위원장님 등 소중한 모든 분들께도 깊이 감사를 드린다.

나의 스승, 바보 허병섭 목사님

김창수(녹색교육학과 샘)

자유로운 사람, 허병섭 목사

광야에 섰습니다
좁은 길에 섰습니다
맨 앞에 섰습니다
죽임 앞에 섰습니다

세상을 변혁하고자 하는 동지들이 있었습니다
지혜를 함께 물을 수 있는 도반이 있었습니다
세상에 던져진 반짝반짝한 눈들이 있었습니다
나고 죽음보다 더 소중한 희망이 있었습니다

마지막 가는 길 옷 한 벌 남기지 않았습니다
죽어 묻힐 무덤도 남기지 않았습니다
사람을 알아볼 정신 한 올 남기지 않았습니다
물론 살아서는 아무런 빚도 남기지 않았습니다.

길이 되었습니다
생명이 되었습니다
희망이 되었습니다
사랑과 평화가 되었습니다

그는
죽음을 살아서
죽임을 죽인
자유인이었습니다

(김창수, 『꽃은 어디에서나 피고』에서)

 허샘의 일생을 총체적 시각으로 살펴보면 민중신학에 기초한 빈민공동체·생명공동체·영성공동체에 대한 지향과 실천으로 꿰어진다. 그는 가난한 집에서 태어나 고학으로 공부를 하고 평생 가난하게 살았으며, 가난한 이들의 친구요, 동지요, 도반이었다.
 허샘은 민중해방운동 바닥에서 활동하다가 투옥을 당하는 등 수 많은 고초를 겪으면서도 성북구 하월곡동에 '동월교회'라는 빈민교회를 설립하여 몇 년 동안 목회 활동을 하다가 목사직을 반납하고 평신도로 살면서 '일꾼 두레'라는 건설노동자 공동체를 꾸려 활동했다. 그가 목사직을 반납한 것은 우리 사회에 성직자에 대한 특권을 인정하는 문화가 형성되어 있어 부지불식간에 허샘 자신도 그러한 특권의 수혜자가 되어 있음을 보았기 때문이었다. 민주화운동을 하다가 감옥에 가더라도 일반인들과는 달리 성직자들은 고문과 같은 인권 침해를 덜 받는다거나 공공기관에 가더라도 성직자들에 대한 대우가 일반인들과는 다름을 뼈저리게 느꼈기 때문이었다. 아무런 방패막 없이 맨몸으로 견뎌내며 살아야만 하는 민중들과 함께 행동하고 살아가면서 불의한 권력과 세력에 맞서 그러한 모순을 극복해가려는 의지 때문이었다.

1987년 이후 우리나라에도 점차 형식적 민주화가 이루어져 가는 것을 보면서 허샘은 또 다른 꿈, 즉 생명살림의 꿈을 꾸게 된다. 자신이 믿는 하나님의 형상을 따라 지어진 인간들이 국가나 자본에 의한 폭력으로 고통받고 있는 것을 전면 거부하였던 허샘의 눈에 또 다른 민중, 생태계의 모습이 보인 것이다. 그는 몇 년 동안 환경문제에 대한 공부를 하거나 현장을 목도하면서 생명해방운동의 기지로 무주군 안성면 진도리를 택하여 귀농을 하게 된다. 그리고 거기서 생태교육의 필요성을 절감하고 무주 '푸른꿈고등학교' 설립 공동추진위원장과 함양 '녹색대학교' 설립 운영위원장을 맡아 활동을 하게 된다.

허샘은 우리나라에서는 거의 찾아보기 힘든 '까르마 요기(실천적 삶을 통한 영적 해방을 이뤄가는 수행자)'였다. 구체적인 일이나 사건 속에서 타인과 만나거나 온갖 존재들과 만나면서 자기 자신을 성찰하고 주시하며 자기완성을 이루어 가는 수도자였다. 허샘은 예수의 명령을 따라 그야말로 '공생애'를 살았다. 누가 무엇이 필요하다고 하면 자신이 가진 것을 그 자리에서 내어주고도 아무런 흔적을 남기지 않는, '나'가 없는 사람이었다. '추운 몸으로 부서지고 불에 타면서, 버려지고 피 흘리면서도 금가고 이그러진 것들을 사랑하고 상한 살을 헤집고 입 맞추며' (김남조의 시, '생명' 부분 인용) 살았다.

허샘과 나의 인연은 '푸른꿈고등학교'에서 시작해서 함양 '녹색대학교' 까지 10년이 넘게 이어진다. 내가 허샘을 처음 만난 것은 1997년 9월 전북 무주군 안성면 진도리 허샘 댁에서였다. 당시 허샘 부부는 1995년부터 진도리에 귀농하여 두 분이 알콩달콩 행복하게 농사를 짓고 있었다. 그때 나는 '푸른꿈학교' 설립 추진위원장으로 학교 터를 구하려 사방팔방을 헤집고 다니던 중이었는데, 허샘의 소개로 허샘 집 근방에 소재한 폐교를 구입할 수 있었다. 1년 넘게 찾아다녔지만 구하지 못했던 학교 터를 그렇게 쉽게 구할 수 있었던 것은 허샘의 선한 영향력 아니고서는 도저히 설명하기 어려운 사건이었다. 그런 연유로 자연스럽게 허샘을 학교 설립공동추진위원장으로 영입하게 되었다. 문동환 목사를 지도교수로 하여 한신대학교에서 기독교교육을 전공했던 허샘에게도 자신의 꿈인 생명해방교육의 현장을 만나게 된 계기이기도 했다.

학교를 만드는 과정에서 허샘과 모든 면에서 의견을 같이한 것은 아니다. 허샘은 학교에서 일하고 싶다는 사람들이면 이전부터 알고 있던 사람이건 처음 만난 사람이건, 전문성이나 능력이나 인격과 상관없이 무작위로 추천을 하여 나를 곤란하게 하곤 하였다. 허샘을 찾아와서 일하게 해달라고, 어떠어떠한 일을 하고 싶다고 말하면 허샘은 그가 말한 그대로 추천을 했다. 난감한 일이 아닐 수 없었다. 그리고 당시에는 이해하기 힘든 일이기도 하였다. 일을 하려면 합리적인 인력 배치와 관리가 중요한데, 일이 필요한 사람에게 일자리를 만들어주라는 허샘의 생각을 수용하기가 참 어려웠다.

허샘과의 의견 차이에도 불구하고 내가 허샘을 존경할 수 밖에 없었던 것은 허샘의 소유에 대한 자유함과 무아에 가까운 삶 때문이었다. 무엇도 어떤 자리도 가지려고 하지 않는 허샘의 빈 마음이 너무 커서 나를 불편하게 하는 작은 것들은 크게 문제가 되지 않았다. 허샘이 무주군 진도리 광대정에 집을 짓고 집들이를 하던 날, 평생 처음으로 집을 당신 앞으로 소유하던 날 허샘이 하셨던 말씀이 생각난다. 허샘은 그 작은 집을 소유하고 살게 된 것조차 과분한 욕심이라 말하면서 누구든 그 집을 필요로 하는 사람이 있으면 내놓겠다는 말을 하면서 민망해하였다. 그래서 내셔널트러스트 운동에 선뜻 그 집과 광대정에 소재한 땅을 기부하였으리라!

'녹색대학교' 설립과 운영으로 이어진 허샘과의 인연 마지막 자락에서야 나는 허샘과 나와의 차이를 이해할 수 있었다. 허샘은 성직자였고, 방장이었다. 그는 일보다는 사람을 소중하게 생각하는 사람이었다. 그는 경영자나 주지가 아니었다. 경영자가 갖추어야 할 합리적 상황판단 능력과 대책 마련 능력보다, 사람을 먼저 살피는 선생이었다.

나도 가끔 허샘 흉내를 내보려 하지만, 그것이 그리 쉽지 않음을 느낀다. 합리적 일처리가 우선 눈에 먼저 들어오는데, 그 다음에야 사람이 보이는데, 허샘을 흉내 내기가 만만치 않음을 절실하게 느낀다. 그러나 그런 나를 보며 내 아내는 나도 대중 앞에서 일을 이끌어 가는 사람으로서는 허점이 너무나 많다고 말한다. 사람을 쉽게 믿다가 발등을 찍힌 일이 한두 번이 아니지 않느냐고 핀잔을 준다. 그럴 때마다 나는 내가 다른 사람들의 발등을 얼마나 찍었을까, 그래서 그들에게 얼마나 깊은 고통과 좌절을 주었을까를 생각해 본다.

'녹색대학교'에서 보여준 허샘이 내 가슴을 뭉클하게 했던 두 가지 행적만 들어본다. 2003년 녹색대학교가 개교했던 첫 해, 허샘이 어느 재단에서 주는 상을 받은 적이 있는데 부상으로 오백만 원을 받아와서는 아무런 주저함이 없이 그것을 몽땅 학교에 기증을 하는 것을 본 적이 있다. 그는 무소유를 실천하는 사람이었다. 그리고 외부 강연을 하고 학교로 돌아오면 받은 강사료를 학생들에게 나누어주는데, 고스톱을 치면서 일부러 잃어주는 방식을 취했는데 실제로 그런 현장을 목격한 적도 있다.

 2014년 봄, 학교가 개교한 지 두 번째 해였던 어느 날 허샘이 외부 강연을 갔다가 돌아오자 학부생들이 허샘을 반갑게 맞이하는 것을 보았는데 그 자리에서 학생들이 허샘에게 오늘도 '행정학회'가 열리냐고 물었다. 허샘이 "당연하지"라고 대답을 하는 것을 보면서 뭔 놈의 학회를 아무 준비도 없이 오늘 밤에 연다고 하는지, 도무지 이해가 되지 않았다. 허샘은 그런 나를 보면서, 밤에 허샘 연구실에서 '행정학회'가 열리는데 나에게도 학회에 참가하라고 권했다. 무슨 소린지 모르겠지만 도대체 무슨 일이 벌어지는지 알아보고자 한 번 참가해보리라 마음을 먹고 밤에 허샘 연구실로 가니 허샘과 학생들이 모여 고스톱을 치고 있었다. 내가 가자 허샘이 내게도 고스톱 판에 끼라고 권했다. 참 어이없는 상황에 부딪혀 당황스러웠지만, 오후에 학생들이 말한 '행정학회'가 고스톱(Go and Stop) 치기였음을 바로 알 수 있었다. 알고 보니 허샘의 고스톱 판은 허샘 당신이 받아온 강의료를 학생들 자존심이 상하지 않게 나누어주는 현장이었다. 부모에게 의지하지 않고 학비와 생활비를 벌어야 하는 가난한 학생들에게 그들의 처지를 보아가며 잃어주는 허샘의 모습에서 나는 참 선생을 보았다.

 무등산에 솔성수도원을 만들면서 허샘을 수도원으로 모셔서 허샘이 수도원에서 여생을 마칠 수 있도록 하자고 김한중 목사와 뜻을 모았는데, 우리들은 물론이고 우리 지혜학교 아이들에게 큰 어른을 만날 수 있게 해주려 하였는데, 안타깝게도 허샘과 부인 이정진샘이 2009년 1월, 거의 한 날 한 시에 원인불명의 병으로 쓰러져 요양원 신세를 지다 돌아가셨다.

 나는 허샘이 병상에서 내게 들려주고 싶은 소리 없는 소리, 그래서 고막을 찢을 것 같은 큰 소리를 놓치지 않으려 한다. "교육자는 경영자가 아니다. 선생은 늘 자신을 성찰하며 아이들에게도 깨우침을 독려하는 길잡이여야 한다. 교장도 행정가 이전에 선생이다." 이래서 허샘은 지금까지 내 인생에 가장 큰 영향을 미친 스승이 되었다.

　허샘은 대중적 지도자로서는 실패하신 분이다. 대중들에게, 미래를 먼저 보는 사람은 이해할 수 없는 영양가 없는 사람이고, 현재를 깊게 보는 사람은 대중들에게 자기 자신의 모습을 적나라하게 보게 하는 고통을 강제하는 사람이다. 영양가 없고 자신을 성찰케 하는 허샘의 삶은 무지한 사람들에게는 바보같이 보였고 탐욕에 사로잡힌 이들에게는 큰 질책의 대상이었다. 1998년 8월초 '푸른꿈고등학교' 교정의 플라타너스 나무 아래에서 허샘과 이야기를 나눈 적이 있었다. 나는 허샘께, "목사님 삶은 실패의 연속이 곧 성공처럼 보인다."라는 말씀을 드렸다. 세계의 흐름을 멀리 볼 줄 아는 사람은 현실에서 실패할 수밖에 없기 때문이었다.

　실패해서 성공한 사람 허병섭! 사람들은 성공해서 하수구처럼 구린 냄새를 풍기다 가는 사람들을 향해서는 침을 뱉는다. 그러나 실패하여 성공적인 삶을 살아낸 이들을 인류는 성현으로 추앙하고 닮으려 한다. 허샘은 내게 그 어눌한 말솜씨로, 말 사이의 행간으로 큰 가르침을 주었다. 실패해서 성공하라고, 예수가 그랬다고!

내가 기억하는 허샘

유상균(온배움터 샘)

내가 허병섭이란 이름을 처음 들은 것은 2002년 미국에 머물고 있으면서 녹색대학이란 희망을 발견하고 망설임 없이 녹지사에 가입한 후 하루도 빠지지 않고 홈페이지를 방문할 때이다. 물리학자로서 새로운 삶의 방향을 모색하던 터라 사실 나의 관심은 허샘이 아닌 장회익샘이었다. 그가 개설한 '물질 생명 인간'이란 게시판에 열심히 글도 남기며 녹색대와의 인연은 그렇게 시작되었지만 허샘의 존재는 나에게는 크게 다가오지 않았다.

이후 귀국하여 학교의 시스템 변화와 더불어 장회익샘은 총장직을 사퇴하셨고 나는 녹지사 대표 운영위원으로 활동하면서 허샘을 근거리에서 자주 뵙게 되었다. 이후 허샘의 적극적인 추천으로 2005년 녹색대 전임샘이 되었고 그때부터 허샘과는 동료로서 함께 학교를 고민하게 되었다. 부임 첫해 내 인생에서는 전례가 없었던 어려움들이 닥쳤을 때 허샘은 다른 샘들과 물들을 다독이며 학교의 어른으로 남아 계셨다. 어른이지만 권위를 내려놓고 물들과도 함께 담배를 피우시던 모습이 아직도 아른거린다.

전임샘들의 사퇴와 더불어 허샘이 학교를 어깨에 짊어지게 되면서 어떤 철학과 사고를 가지고 계신가를 구체적으로 느낄 수 있었다. 학교의 대표로서 남기신 많은 글들을 통해 여러 면들을 읽을 수 있지만 나에게 다가

온 그분의 모습은 자신의 방식으로 방향을 정하고 실행해 가는 것이 아니라 샘과 물을 비롯한 구성원들의 다양한 생각과 경험들을 화학적으로 결합시켜 함께 만들어갈 수 있도록 돕는 것이었다. 허샘이 남긴 책 『스스로 말하게 하라』라는 제목이 잘 말해주고 있다.

나에게 가장 추억으로 남아 있는 것은 당시 기거하시던 관사에서 밤마다 몇 안 되는 물들과 더불어 책을 읽고 생각을 나누던 시간이다. 그 모임은 중단 없이 1년 동안 진행되었으니 모두가 애정을 쏟았고 또 만족했던 시간이었던 것 같다. 그 모임에서 2권의 책을 완독했는데 하나는 전남대 김상봉샘이 쓰신 『서로 주체성의 이념』이었고, 다른 하나는 장회익샘의 저서 『삶과 온생명』이었다. 각각 철학자와 과학자가 쓴 이 두 책은 결국 하나로 통하며 이것은 허샘의 철학을 너무나 잘 대변해주고 있다.

『서로 주체성의 이념』에서 김상봉샘은 독립된 개별적 존재로서의 나 자체는 주체가 될 수 없으며 오직 너와 함께할 때 가능하며 서로 주체성에 의해 생성된 공동체에 대해서는 집단 주체성으로 부를 수 있다고 이야기한다. 나는 오직 너와의 만남 속에서 우리가 됨으로써만 참된 의미에서 내가 될 수도 있다는 것이다.

또한 장회익샘의 『삶과 온생명』은 물리학자로서 '생명이란 무엇인가'라는 물음에 대한 해답으로 얻은 '온생명'에 대해 그 의미를 설명하고 우리의 전통적 삶의 방향과 '온생명'을 어떻게 조화시킬 것인가에 대해 기술한 책이다. 이 책은 우리가 생명을 이해하기 위한 어떤 노력도 '나 (낱생명)'와 나를 둘러싸며 나를 생존가능하게 하는 '다른 모든 물질적 존재 (보생명)'들을 함께 묶은 통합적 체계인 '온생명'을 고려하지 않고는 온전한 이해에 도달할 수 없다고 말한다.

허샘은 나와 학부의 물들과 함께 이 책들을 읽으며 이를 통해 당신의 생각과 방향을 천명하신 것이었다. 그리고 삶 속에서 매우 돈독하게 실천하셨다. 이 일이 매우 어렵고 고통스러운 일임에도 허샘은 이곳 온배움터라는 공간에서 끝까지 붙잡고 계셨다. 전공과정에 진입한 물들도 함께 상주할 수 있는 지도 샘을 찾기 힘든 상황에서 스스로 '공방'을 만들어 공부하며 다양한 샘들을 찾아가 필요한 배움을 청하는 연구소 체계를 구축하고자 은행에 개인 빚을 내어 각 전공별로 100만 원씩 종잣돈을 쥐어 주시기도 했다.

안타깝게도 경험이 부족한 물들의 입장에서 그 뜻을 따르기 어려운 게 사실이었기에 안정된 상황은 만들어지지 않았으며 허샘도 큰 변화의 동력을 이끌어내지는 못하셨다. 그렇지만 뜻을 함께할 사람들을 만나기 위해 서울은 물론 저 강원도까지도 다니시며 놀라운 자동차 주행기록을 남기신 허샘을 생각하면 지금도 고마움과 미안함에 울컥해진다.

이후 사모님이 편찮으신 관계로 이제 학교를 위해 많은 시간을 내놓기 어렵다는 말씀을 하셨다는 얘기도 2009년 1월초 서울에서 쓰러져 의식을 회복하시지 못하는 상황에서 전해 들었다. 그렇게 허샘은 떠나셨다. 20년 가까운 시간 동안 여러 우여곡절을 간직한 이 배움터 공간에 수많은 사람들이 드나들었고 또 초창기 사람들도 여러 명 지키고 있지만 어른 허병섭 샘이 가장 우리의 기억의 중심에 계신 것은 '나'가 아닌 '서로' 주체성이라는 어렵지만 옳은 길을 외롭게 걸었던 그의 아름다운 모습 때문일 것이다. 이제 허샘의 11주기를 맞아 온배움터는 더 넓은 세상을 향해 기지개를 켜고 있다. 오랫동안 기다림 속에 있었던 만큼 활기찬 공간이 되기를 희망하지만 허샘이 싹틔우신 '서로 주체성'의 학교이어야 함을 결코 놓치지 말아야 할 것으로 생각한다.

삼베 적삼 한 장

이순일(전 녹색대학교 공동대표)

허병섭 선생님하고는 녹색대학교에서 처음 만났다. 그 전부터 우리나라 빈민운동의 선구자로 듣고 있었다.

나는 한겨레신문 광고를 보고 녹색대학교가 설립됨을 알고 제1기로 2003년도에 자연의학 과정에 입학하였다. 그때 한 학기 등록금이 200~250만 원이었는데 나는 230만 원 낸 것으로 기억한다. 우리과에는 52명이 입학하였다. 자연의학과 외에도 대학원 과정에 생태건축학과, 녹색교육학과도 있었다. 또 학부과정도 학생이 37명이었던 걸로 기억한다. 그로써 아주 시골인 함양군 백전면 녹색대학교에는 푸른 대지 위에 젊음이 넘쳤다.

5학기 과정을 지나는 동안에 풍파를 많이 겪어서 자연의학과는 17명이 졸업했고 당시에 학교 대표였던 허병섭 선생님으로부터 수료증을 받았다. 자연의학과 학생들은 5학기를 지나는 동안에 3분의 2가 떨어져 나가고 학부나 다른 과도 비슷한 상황이었다.

그것은 학교설립 주체들이 학교를 운영할 준비가 덜 된 상태에서 학교를 개교하였고 너무 크게 그림을 그린 결과였다. 우리나라 최초의 대안대학이라고 '뻥'을 친 것이다.

개교한 2003년도 4월에 재정의 투명성에 대한 문제가 불거졌다. 어떤 학부생은 어른들이 아무 준비도 없이 청년들을 모집하여 사기를 치느냐고 비판했다. 회의에서 그 말을 들은 나도 이 학교설립에 관여한 바가 없지만 나이가 50대에 드는 현직 교사로서 가슴이 아팠다. 그래서 학교를 근 3년 떠났다가 학교운영위원장을 맡았다.

초기에 학교설립에 관여한 한국의 명망가들은 다 떠나가고 허병섭 선생님 혼자 남아서 똥바가지를 뒤집어썼다.

내부 의논을 통해서 2005(?)년도에 내가 학교 행정 책임자인 사무국장을 맡기로 했다. 그 이유는 각 과의 이러저러한 사정으로 당시 학교대표인 허병섭 선생님을 싸가지 없이 닦달해대는 모습이 너무나 안타까워서 내가 방패막이가 되어야겠다고 생각했기 때문이다.

이렇게 내부 약속을 했는데 그해 4월의 야단법석에서 허병섭 선생님이 나를 공동대표로 추천해서 엉겁결에 함께 공동대표로 취임했다. 말이 공동대표지 나는 그냥 말로나마 허선생님을 보좌할 뿐이었다.

그런데 2009년 초에 허병섭-이정진 내외분이 동시에 의식불명의 병에 걸려 병실에 누우셨다. 지금도 그 원인을 모른다. 그때 지어 먹은 한약 때문인지, 아니면 안성 집에서 사용하던 구들장 가스중독 때문인지.

허병섭 선생님은 늘 소명의식을 말씀하셨는데 이 세상에 아무런 욕심 없이 사신 분에게 그런 가혹한 운명은 너무나 어울리지 않는다. 당신 부부의 생명마저도 당신의 소관이 아니란 말인가.

허선생님의 육신은 그 연세에 비하여 아주 강건하셨다. 육십이 넘어서도 운동장에서 청년들과 공을 찰 때 잘 뛰어다니실 정도였으니까. 또 어느 해 여름 내가 주선하여 지리산 칠선계곡에 간 적이 있는데 그 폭포에 물이 쏟아지고 있었다. 보통 젊은이도 폭포수가 너무나 힘차고 차가워서 물을 맞고 잠시도 견디지 못하는데 선생님께서는 너끈히 견디실 만큼 건강하셨다. 그런 분이 갑자기 부인과 함께 정신을 잃어 일어나지 못하고 그 길로 세상을 떠나셨으니 참으로 애통한 일이다.

허선생님이 서울의 병원에 입원하시고 나서 녹색대학교 관사의 선생님 방은 당분간 내가 사용하였다. 그때는 여름이었는데 삼베 적삼 한 장이 옷걸이에 걸려 있었다. 그것은 내가 시장에서 사다 드린 수입 삼베로 지은 싸구려 적삼이었다.

여름에는 나도 그런 싸구려 삼베옷을 입고 다녔는데 허름한 나이롱 잠바를 입고 다니는 당신께 미안했다. 그 미안한 마음에 한 벌도 아닌 한 장을 사드렸는데 그것도 제대로 입어 보시지도 못하고 가셨다.

2021년 1월 3일, 허병섭 선생님의 부인 이정진 선생님의 부고가 인터넷에 떴다. 나는 이정진 선생님이 이 사회에 헌신하셨으므로 예를 갖추어야 한다고 생각했다. 나의 작은 자동차를 직접 운전하여 서울 김포로 갔다. 밤 10시쯤 도착했을 텐데 문상객은 아무도 없었다. 상주는 이 선생님의 막냇동생과 그의 아들이 있었다.

나 혼자 빈소를 지키며 잤다. 다음 날 발인제 때 쓰려고 조시를 지었다. 하지만 사정으로 조시를 읊지도 못했다. 그래서 여기에 싣는다

이정진 선생님 영전에

우리는 이 세상에 함께 왔으나
티끌만큼도 이 세상을 갖고 갈 수 없습니다

함안에서 서울까지

난생 처음
제 모오닝 차로 달려왔습니다

엊저녁 옆집 빈소에서 얻은
소주 두 병 비우고
선생님 빈소에서 잠들었습니다

꿈인지 생시인지
빈소에 촛불 켜고 향을 피웁니다

살아생전 꽃에 묻혀보지 못하신
이정진 선생님
오늘은 아름다운 백합으로
꽃에 묻혀 계십니다

저는 오롯이
허병섭 선생님 대신
이 밤을 지켜서 흐뭇합니다
이정진, 허병섭 두 분을 위하여
향을 피웁니다

좋은 세상을 위해 진력하신
생애를 위하여
향을 피웁니다

생전에 힘들게 사셨으니
가시는 길이나마 평안하소서

4354년 1월 4일 월요일 서울 강서 중앙장례식장에서

    나는 이 시를 유족에게 전하지도 못했다. 이정진 선생님은 전국참교육학부모회 사무국장을 지냈다. 안타까워서 장례 후 학부모회에 연락해 보았다. 이선생님을 알지 못했다.
    달구름(세월)이 흘렀다. 정들었던 사람들이 떠나간다. 남은 사람들은 그 시절을 그리워한다. 허선생님은 박헌영 선생의 아들인 스님을 만나게 주선해 주신다고 하셨는데 실천 못하시고 갑자기 가셨다. 인생이란 대체로 그럴 것이다.

허병섭 목사님, 그분에 대한 단상들 …

이무성(전 온배움터 녹색대학 대표)

　허샘 아니 허병섭 목사님에 대해 꺼내 펼쳐서 공유해야 할 이야기는 많이 있다. 허샘이 나에게 특히 강조한 것은 '많이 안다, 배웠다, 전문가이다'라고 자처하는 사람들의 한계에 대한 것이다. 부끄럽게도 허병섭 목사님에게는 내가 그렇게 비칠 수도 있었을 것이라는 생각을 해본다. 사실 허병섭 목사님을 떠올리면 비교되는 분이 권술용 선생님이다. 두 분 모두 내 곁을 떠났지만 그 두 분만큼 활동이나 성격면에서 분명한 차이가 있는 경우도 드물 것이다. 그러나 그럼에도 많은 공통점을 지니고 있다. 현장을 중시한다는 것을 우선 꼽고 싶다. 그리고 본인들이 앞장서서 명예 등 감투를 쓰는 것보다 기꺼이 자신들을 도구로 내놓는다는 것이다. 쉽지 않은 일이다.
　이분들을 모시면서 의전에 대해서는 거의 신경 쓰지를 않았다. 의외로 주위에서 존경받는 분들 중 상당수가 의전 흠결에 대해서 불쾌하게 여겨 힘든 적이 있어 특히 허병섭 목사님이 편하게 대해 주는 모습이 인상에 많이 남는다.
　1941년생인 허병섭 목사님보다 한 살 위인 권술룡 선생님은 기꺼이 악역을 맡기도 한다. 조직에 해가 되는 경우엔 그 엄격함을 잣대로 하여 명확히 그 잘못을 지적한다. 생전에 그 이유를 여쭈어 보았다. 함석헌옹과 천안 씨알농장을 하면서 얻은 경험에서 비롯되었다고 한다. 기회가 되면 별도로 이를 기술하겠다. 허병섭 목사님은 어느 경우에도 자신의 의견을 표명하지는 않는다. 권술룡 선생님의 일처리 방식이 필요한 시기라는 판단을 녹색대학에서 여러 차례 경험하였다. 실제론 허병섭 목사님이 병석에 계실 때, 대표였던 나는 권술룡 선생님처럼 일을 처리하기도 하였다. 그러나 구성원들의 반발로 인해 원래 취지대로 일을 추진하지도 못하고 사람과의 관계만 불편한 적도 있었다. 이를 겪고 나서 허병섭 목사님의 일 처리 방식을 충분히 이해하게 되었다. 일도 안되고 함께하고 있는 동료들과의 신뢰에도 틈이 생겨 일과 인간관계 두 가지 모두 뒤틀린 것이다.

허병섭 목사님과 함께 일하면 고생을 많이 한다고 한다. 먹을 것을 챙겨주는 분이 아니어 스스로 그것도 부담을 해야 한다는 것이다. 허병섭 목사님은 자신을 철저히 낮추신 분이다. 어쩌면 예수님 이상 더 예수님의 삶을 현장에서 사시었던 분으로 나는 생각을 한다. 자발적 가난은 구호로 외치기는 쉽지만 이를 실제 삶의 현장에서 실천하는 것은 어렵다. 그러나 허병섭 목사님은 이를 몸소 행동으로 보여주셨다. 녹색대학에서 허병섭 목사님과 인연을 맺기 전부터 허병섭 목사님에 대해서는 관심을 갖고 있었다. 이동철의 『꼬방동네 사람들』에서 '공목사' 라는 인물이 허병섭 목사님이라는 것도 익히 알고 있었다. 허병섭 목사님과 함께 일한 적은 없었다.

나는 명동 향린교회 청년회장으로서 현장 참여적인 목사님들과는 접촉도 하고 함께 많은 일을 했다. 그러나 허병섭 목사님과는 인연을 맺지는 못했다. 생태건축학과 정기용 선생님과 허병섭 목사님의 관계도 주목해 본다. '건축은 삶을 조직화' 하는 과정이라고 늘 강조하신 정기용 선생님은 허병섭 목사님과는 황금 콤비셨다. 정치가들이 이익을 챙기는 분위기에서도 무주지역을 생태적 공간으로 탈바꿈했던 것은 허병섭 목사님이 계셨기에 가능한 것이다. 정치가들은 자신의 영향력을 훼손하거나 자신에게 도전하려는 사람에겐 잔인할 정도로 비협조적이다. 그러나 허샘에 대해서는 그들도 그 진정성을 신뢰하여 허병섭 목사님의 제안들을 상당부분 수용했다. 지금은 아쉽게도 생태건축학과에서 이어가지 못하고 있지만 무주 폐교 공간을 흙건축의 기초로 활용했던 것도 허병섭 목사님의 큰 역할이다.

  무주 폐교를 무주군청으로부터 무상 사용허가를 받은 것도 비정상적인 정치가들까지도 감동시킨 허병섭 목사님의 그 넉넉한 품성 때문에 가능했다. 허병섭 목사님은 생태적 감수성은 빠를수록 효과가 있음을 여러 차례 나에게도 말씀하셨다. 무주 푸른꿈고등학교를 졸업한 학생들을 녹색대학으로 연결하여 대안교육으로서 그 의미를 현장에서 실현하고자 함이 허병섭 목사님의 일부 이해 못하는 구성원으로부터 낭만적이라는 오해를 받기도 하였다. 그러나 허병섭 목사님의 그 순수한 의도를 현장 실천에서 적극 활용했어야 하는데 그렇지 못하여 많은 아쉬움이 남는다. 흙건축을 무주에서 계속 지속시킬 수 있는 기회를 놓친 것이 미련으로 맴돈다. 정기용샘, 조성룡샘 등도 허병섭 목사님의 그 뜻을 적극 살리기 위하여 많은 역량들을 이에 집중하였다. 정기용샘의 서울 건축학교 제자이신 신근식 샘은 무주 현장에서 직접 실행을, 자원의 제약이라는 한계 속에서도 이어갔었다. 흙을 재료로 한 생태 자재까지 무주에서 개발을 하고자 밤새 의견을 나눌 정도로 진지하게 허병섭 목사님을 중심으로 행해졌다. 제도권 대학인 목포대학교 건축학과 황혜주샘도 수업이 없는 주말에 무주 생태건축학과에 적극 결합하였다. 당초의 약속을 이행하지 않은 무주군청의 진정성을 의심하여 흙건축의 상당한 학습효과는 제도권인 목포대학에서 이어받아 이를 지속시키고 있다. 대안대학으로서 그 효과를 이어가야 함에도 결코 그렇게 못하였다. 이를 조정할 수 있는 허병섭 목사님께서 무주에서 불의의 사고로 오랫동안 병상에서 투병 생활로 당초 구상한 계획들이 중단되거나 대폭 수정되었다. 주변 사람들이 허병섭 목사님과 함께 일하면 힘들게 뒤처리까지 해야 한다고 한다. 그 말은 일부는 맞을 수도 있지만 결코 사실은 아니다. 그 고생은 많은 학습효과를 파생하여 사회적 책무 진행에 큰 도움으로 지속되기 때문이다. 보건복지부에서 기초자치단체를 중심으로 진행하고 있는 자활후견기관(사회적 협동조합으로서 자활조직체 포함)도 허병섭 목사님이 서울 동월교회에서 제안하여 정부에서 사회경제적 약자들의 자립을 위해 이를 적극 수용한 것이다. 당초 허병섭 목사님이 기획, 현장 실천하고자 하는 내용과는 많은 차이는 있다. 창의성이 없는 관료사회에서 주도하여 예상되는 부작용이 발생은 하였다. 그러나 성과는 분명 있었다. 돌봄센터도 마찬가지이다. 허병섭 목사님은 끊임없이 창조적인 발상을 하신 분이다. 건축일꾼 두레도 건설현장의 하청 관행을 없애기 위하여 허병섭 목사님이 미장이로서 현장에 활동하면서 탄생한 것이다. 건축용어를 우리말로 사용하고 중간착취도 없애고 민주적인 운영의 틀로서 참여하는 현장 노동자들의 일할 의욕을 높인 것이다. 이후 사익을 우선하는 일부 조직 구성원들의 어긋난 행동으로 당초 그 취지가 더 확장은 되지 못했다. 허병섭 목사님은 청산과정에서 발생한 부채들을 본인이 상당 부분 부담, 정리하고 도시 생활을 청산하셨다. 허병섭 목사님은 당초 고 윤영규 선생님(전교조 초대위원장)의 권유로 화순으로의 귀농을 결심하셨다. 그러나 농촌의 도시 형태로의 무분별한 닮은꼴 편입에 대한 우려로 무주로 옮겼다. 무주에서의 본격적 활동을 하기 전에 미리 귀농지 마을회관 등에서 주민들과 동화를 꾀하였다. 그들과 함께 오락으로서 화투도 치고 맞담배도 하고 못 마시는 막걸리도 피하지 않고 어울렸다. 도시의 목회자에 대한 그들과의 거리감을 줄이고자 함이다. 아니 아예 없애고자 진실로 마을주민들과 애환을 나누며 그들의 삶으로 파고 들어간 것이다. 항상 낮은 자세로 임하는 허병섭 목사님은 세월이 흘러도 어느 장소에서도 그 모습은 변하지 않으셨다.

　무주 푸른꿈고등학교도 허병섭 목사님의 그러한 역할이 있기에 무주에서 그 둥지를 틀 수 있었을 것이다. 녹색대학에 허병섭 목사님의 지인이 오셔서 함께 자리를 했다. 그녀는 동월교회 교인이었다. 허병섭 목사님과 이야기를 나눈 후 별도로 대화를 할 기회가 있었다. 그분은 허병섭 목사님에 대한 교회에서의 몇 가지 사례를 이야기해주었다. 그 사례들은 추후 정리하여 공유하고자 한다. 그 중 하나만 아래와 같이 소개를 해보겠다.

　교회에서 자율 헌금함의 돈을 지속적으로 훔치는 사람이 있었다고 한다. 그녀는 그 사람의 도가 넘은 행위에 대하여 허병섭 목사님께 이를 알렸다. 허병섭 목사님은 아무 말 않고 그 이야기를 듣고만 있었다고 한다. 의당 교회 출입을 금하는 등 제재를 가할 것으로 여겼는데 아무렇지 않게 헌금함에서 돈을 가져간 자를 다른 교인들과 마찬가지로 대하셨다는 것이다. 이후 도적 행위를 한 그 사람이 어떻게 되었는지는 물어보지 않았다. 아마도 허병섭 목사님의 그러한 행동에 감동을 받고 재차 잘못을 범하지는 않았을 것으로 추측만 해 본다. 허병섭 목사님은 자신을 도구로 활용하고자 주변에 적극 자신을 낮춘다. 명예나 감투를 전혀 탐하지 않으신다. 고 제정구 의원으로부터 들은 이야기다. 필리핀 '막사이사이상'

수상자로 허병섭 목사님과 자신이 후보로 추천되었다고 한다. 그런데 허병섭 목사님은 그 상을 받지 않겠다며 자기를 적극 추천하여 그 상을 받게 되었다고 한다. 결국 제도권 정치에 진입하는 하나의 계기로 활용이 되었다는 것이다. 그러면서 허병섭 목사님의 그러한 양보 정신은 쉽지 않았을 것인데, 제정구 선생의 정치적 입지를 위한 도구로서 기꺼이 자신을 내놓으신 것이라는 말씀도 덧붙였다. 허병섭 목사님도 한때 정치권에 진입을 생각하셨다. 그러나 곧 좌절되었다. 자신을 도구로 다른 사람들은 정치권에 진입을 시켰지만 본인이 세상 변혁을 위해 정치권을 도구로 활용코자 했을 때에는 전혀 협조를 받지 못한 것이다. 도봉구청장으로 출사표를 던졌는데 그 뜻을 펼칠 수는 없었던 것이다. 세상의 속된 표현으론 허병섭 목사님의 삶은 실패의 연속이고 가까운 이들로부터 버림을 많이 받으셨다. 허병섭 목사님의 장례식에도 가족은 셋째 딸 미라님만이 끝까지 함께 하였다. 가족들 입장에서는 허병섭 목사님의 예수님 같은 현장 실천적 삶에 엄청난 어려움이 있었을 것이라고 생각을 해 본다. 그냥 안주해도 될 것을 오히려 고난을 자초한 삶을 이어갔기 때문이다. 기독교장로회 교단에 목사직을 반납한 것이 그 대표적이다. 그대로 목사직을 유지하고도 활동을 지속시킬 수 있었다. 은퇴 후 연금으로 경제적 어려움은 크게 해소될 수도 있음에도 이마저 버린 것이다. 문동환 목사님으로부터 한신대 교수 제안도 거부하고 가난한 목회현장에서 고난을 자초하셨다. 가난한 삶이 지겨웠을 것임에도 이를 전혀 멀리하지 않고 일부러 자발적인 가난을 택하신 것도 허병섭 목사님이기에 가능한 것이다. 허병섭 목사님은 항상 소탈하고 자신을 위해 소비를 하지 않으셨지만 다른 사람을 위해서는 기꺼이 자신의 모든 것을 내놓으셨다. 이젠 50대를 향해 달리는 물들이, 먹을 것을 한아름 안고 오신 허병섭 목사님을 떠올리는 것도 간절한 그리움 때문일 것이다. 허병섭 목사님에 대한 기억 가운데 지우고 싶은 기억은 떠오르지 않는다. 무주 푸른꿈고등학교 초대 교장 김경남 목사님에 대한 한때의 불편했을 관계도 그분이 새로운 역할을 교단에서 하고자 할 때에 적극 나서서 이를 행할 수 있도록 지원하고자 한 것도 함께한 동지에 대한 신뢰에서 비롯된 것이다.

 허병섭 목사님에 대한 일화는 책 몇 권으로 나눌 수 있을 정도로 그 소재는 다양하게 접근해 볼 수 있다. 포장마차를 해서 벌어들인 수입을 폭행 등 교도소를 드나드는 사람들을 위해 전달하기도 하셨다. 거만한 권력자에 대해서는 강하게 행동하지만 의지할 데 없는 약자들에게는 한없이 자신을 낮추시는 그 진정성 있는 모습에서 참 성직자의 자세를 엿볼 수 있다.

 얼마 전에 이정진 사모님께서 허병섭 목사님 곁으로 가셨다. 무주에서 밭일을 하시던 모습이 아직도 눈에 선하다. 두 분의 그 생활이 평화롭고 행복한 삶으로 기억이 된다. 오랜 병고 끝에 두 분 모두 주위 사람들과 작별한 상태이다. 그러나 두 분이 삶에서 보여주신 그 모습은 살아남은 자들의 삶 속에서 기억될 것이며 직접 두 분과 인연을 맺지 못한 분들에게도 영원히 이어질 것이다. 예수님과 직접 활동하지 않은 후대 사람들에 의해 예수의 삶이 부활하여 우리에게 전달되고 있는 것처럼 허병섭 목사님의 삶도 계속 반추될 것이다.

모든 이의 바탕이 된 사람

전희식(농부, '똥꽃' 저자)

울산 사는 어느 후배의 소개로 '어른 김장하'를 봤다. 경남 엠비시(MBC)에서 만든 1, 2부로 된 실존하는 사람 이야기다. 김장하는 지금 살아 계신다. 진주 사람이다. 너무도 닮았다. 김장하 영상물을 보는 내내 너무도 닮은 허병섭을 떠올렸다. 둘은 닮아도 판박이처럼 닮았다. 허병섭에 대한 그리움이 커서 닮아 보인 것일까. 세월이 지날수록 더 생생한 애잔함이 투사된 것일까.

그렇다. 한 사람은 살아있고 다른 한 사람은 다시는 볼 수 없는 불귀의 객이 되어 있다는 것은 분명 달랐다. 살아있는 사람, 김장하. 두세 다리만 건너면 당장 전화로도 연결될 수 있는 사람, 김장하. 다시는 볼 수 없는 사람, 허병섭. 떠올릴수록 그리움으로 가슴이 미어지는 사람, 11년 전에 죽은 사람, 허병섭. 그래, 선생님이니 목사님이니 앞뒤 다 떼어내고 허병섭이라 부른다. 살아 있을 때 드리지 못한 내 마음을 이렇게라도 건네고 싶다.

멋쩍은 웃음 그 너머

경기도 구리로 기억된다. 내가 처음 허병섭을 만난 곳이다. 두 다리를 건넜다. 마지막 다리는 누구나 아는 전 국회 사무총장 유인태다. 허병섭은 뒷머리를 긁적이는 듯한, 멋쩍은 웃음으로 나를 맞았다. 어설프게 웃는 모습. 좀 미안할 때 내보이는 어수룩한 웃음, 그 웃음만이 강렬하게 남는 사람 허병섭을 그렇게 만났다.

유인태도 시골 촌뜨기 모습인데 허병섭도 더하면 더했지 절대 꿀리지 않는 전형적인 촌놈, 아무렇지도 않은 촌놈의 상징 같았다. 첫 번째 다리 역할을 하신 아무개님은 내게 "목사인데 목사 아닌 것 같다."라고 했었다. 해당 장소에 먼저 와 있던 허병섭은 이미 시멘트 가루를 뽀얗게 뒤집어쓰고 있었다. 목사 근처에도 어른거릴 수 없는 막노동꾼 모습이었다.

같이 시멘트 반죽을 했다. 80년대 중반이었을 것이다. 장화를 신고 허름한 작업복에 목장갑을 꼈다. 허병섭 옷매무새처럼 허술한 슬라브 벽돌집으로 기억한다. 곡괭이로 깨고, 자갈을 넣고 물동이로 물을 떠 와서 반죽했다. 여기까지다. 첫 기억은 그의 어리숙한 웃음만이 봉긋하게 남는다.

김장하도 그렇다. 허세 풍기는 큰 웃음이 없다. 수백억 기부 자산가와 생판 어울리지 않는 살포시 배어나는 웃음이다. 그러다 속으로 스며드는 미소. 두 사람은 그게 닮아 보였다. 내보이지 않아도 되는 자기 충일감이랄까. 자기 안에만 간직해도 눈 밝은 누구에게나 보이는 보석 같은 존재라고나 할까. 그게 닮아 보였다.

우리는 첫 만남에 대해 한 번도 입에 올린 적이 없다. 무주로 내려오신 뒤로 그렇게 자주 만났어도 첫 만남의 기막힌 인연을 두고 단 한 번도 회고해 본 적이 없다. 나는 허병섭의 푸석해 보이는 그 멋쩍은 웃음의 강렬한 기억을 입에 올리지 못했다. 지난 얘기를 하기에는 앞에 닥친 얘기가 더 소중해서다.

나는 절로 알게 되었다. 누구에게나 멋쩍은 웃음부터 보내는 허병섭을 나중에야 알았다. 낮아지는 웃음이라는 걸. 자신을 낮추는 웃음이라는 것을. 첫 만남이 지나고 친숙해진 다음에도 허병섭은 예의 멋쩍은 웃음으로 첫 대면을 시작한다. 그걸 나중에야 알아보았다. 아래로, 아래로, 자신을 한없이 아래로 내려보내는 시추기의 피트처럼. 허병섭이 낮아지는 순간이라는 것을 알게 되었다.

무주 안성면 진도리에 집을 지을 때 자주 갔었다. 지금은 마을도서관이 되어 있는 2층짜리 황토집을 지을 때였다. 거푸집을 먼저 만들고 황토 반죽을 넣어 다질 때였다. 허병섭의 말이 긴가민가해서 믿음이 잘 안 갔다. 목소리도 낮고 어조의 변동도 없어서다. 그때의 얼굴에도 어린 듯 만 듯 미소가 번져 있다.

영적 편안함의 표시인 참된 미소는 불멸하는 내면세계의 예술작품이라고 생각한다. 자신 내면에 완전한 신성이 자리할 때 그것은 멋쩍고 수줍은 미소로 드러난다고 하겠다.

생각이라기보다 마음을. 그것도 슬며시

허병섭 말에 믿음이 가지 않은 것은 이유가 있었다. 새로운 공법을 설명하는 허병섭의 말에 무게감이 없었다. 원래 황토집은 벽돌 아니고서는 2층을 올리는 게 어렵다는 건 쉽게 이해되었다. 나무 골조를 세우지 않고서는 황토 미장으로만 2층을 올리는 게 어렵다는 건 누구나 아는 사실이다.

그러나 거푸집을 만들어 2층, 3층을 올리는 건 레미콘 타설로나 가능한, 황토로는 어림없는 일이다. 망치로 자기 손등 때려가며 개 집이라도 만들어 본 사람이면 안다. 허병섭은 그걸 설명하는 중이었다. 거푸집을 만들어 황토 반죽을 넣고서 2층을 올리는 정기용 건축가가 시도하는 신황토 공법을 내게 설명하는 자리였다.

이런 획기적인 신공법은 마치 자기가 개발한 것인 양 신이 나서 힘주어 설명할 법도 한데 먼 산 구경하듯이 설명하니 듣는 내가 긴가민가해지는 것이었다. 신빙성 있는 말인가 하고. 누군가에게 확인을 받아야 될 것 같은 생각이 들었다. 자신 없는 말투로 들렸다. 허병섭은 늘 그렇게 말한다.

황토를 하루에 30센티미터 이상 타설하면 안 된다고 했다. 다음날까지 건조가 되어야 그 위로 작업을 할 수 있다고 했다. 그래서 서리서리 뱀 똬리 틀 듯이 빙글빙글 돌아가며 벽채 작업이 천천히 진행된다고 했다. 황토 반죽이 너무 묽어서도 안 되고 너무 되면 또 안 된다고 했다.

컴프레서 진동기로 황토를 다지는 소음이 제법 컸다. 허병섭의 작은 목소리가 묻히기 일쑤였다. 무슨 설명을 하든 언성을 높이는 적이 없다. 주장할 때도 그랬던 것 같다. 주장이라기보다 생각을 전하는 느낌이다. 생각이라기보다 마음을 슬그머니 밀어주는 그런 기분이 든다. 그와 얘기를 나누게 되면 허병섭의 마음을 받았다고 여기게 된다. 강변이라는 게 없다. 누구나 강변은 스스로 자신 없을 때 나타나는 증상이다.

김장하가 말했다. 혼잣말처럼 조근조근 말했다. "우리 사회는 평범한 사람들이 지탱하고 있는 거다."라고. 어느 피 후원자가 장학금을 받고 대학까지 잘 마쳤지만 "특별한 인물이 못 돼서 죄송합니다"라고 했을 때 한 말이다.

누구에게 주입하거나 설득할 의도 없이 익숙한 문장 낭독하듯이 말한다. 허병섭과 김장하가 닮은 모습이다. 절대 뭔가를 가르치려고 하는 모습을 본 적이 없다. 바뀌건 안 바뀌건 그건 그 사람의 몫이다. 나는 내 생각을, 내 마음을 전하는 것으로 임무 '땡' 이다. "그가 말하게 하라" 가 허병섭의 가르침이었다. 그냥 그들과 똑같이 살아가는 게 그의 유일한 가르치는 방식이었다. 허병섭은 "가난한 사람들이 눈물을 조직하라"고 했다.

한 학생은 데모를 하다가 감옥까지 갔다. "부모도 아니고 친척도 아니고 남이 장학금을 주셨는데 공부 열심히 안 하고 데모해서 죄송합니다"라고 말했을 때도 그랬다. 김장하는 같은 반응이었다. "나라를 위해 봉사하는 건 둘 다 똑같다"라고. 그러면서 덧붙이기를 "둘 다 똑같지만 그래도 비교하자면, 고생할 것 알면서 선택한 데모하다 감옥가는 게 더 귀하다"라고.

티브이에 어른 김장하 1, 2부가 다 방영되고 나서 김장하의 반응이 궁금했다. 방송 기자가 물었다. "어디 잘못된 부분이나 수정할 게 있던가요?"라고 물었을 때다. "그것은 피디의 영역이고 내가 뭐라 할 것은 아니지"라고 했다.

이렇다. 두 분은 이렇다. 생각을 물어봤을 때 마음을 주시는 분이다. 슬며시…… 그렇게 서로 마음을 주고받기에 생각의 일치가 쉽게 이뤄지게 된다.

또박또박 말 잘 듣는

묻지도 않는다. 이유도 안 캐묻는다. 하라는 대로 한다. 그냥 막둥이처럼 한다. 말 잘 듣는 학동처럼.

당시 내가 행사 진행을 맡았던 전북생명평화설레임의 전북생명평화학교가 열렸을 때다. 운영위원들과 여러 차례 기획 회의를 해서 정한 새로운 진행방식이 있었다. 그 진행방식대로 따라 준 사람이 허병섭 딱 한 분이었다. 다른 강사 세 분은 그렇게 간곡하게 행사의 기조와 원칙을 전달했는데도 불구하고 끝내 제 맘대로였다.

행사 진행의 대원칙은 '강연'이 아닌 '대담'이었다. 이른바 '인터뷰 특강' 방식으로 진행하자고 했다. 강사가 20분 정도 얘기하고 나면 사회자를 중심으로 참석자들과 대화를 나누는 자리로 설정했었다. 이유는 너무도 분명했다. 강사가 두어 시간을 한 가지 주제에 대해 체계적으로 이야기하면 누구나 감동만 하고 자기의 삶을 '생명'과 '평화'로 바꾸어 내는 데에는 한계가 있다는 문제의식이 있었던 것이다.

행사의 모든 참석자가 자신의 문제를 풀어내면서 각자 처지에 맞게 평화의 기운, 생명의 기운을 북돋우기 위한 상당히 새로운 시도였다. 참석자가 질문을 하면 강사가 직접 대답하기보다 참석자 중에 누구든 대답해 보라고 공을 넘겨도 좋다는 말도 했지만, 어느 강사도 주최 측의 취지를 따르지 않았다. 이름을 대면 다들 알만한 내로라하는 사람들이 강사였다. 딱 한 사람만 예외였다. 예외적으로 주최 측의 요청을 따라 주었다. 바로 허병섭이었다.

말씀과 질문과 대답과 가르침을 서로서로 나눌 수 있게 하자는 기획이었다. 강사도 청중들에게 질문을 던져 달라고 했던 게 이런 이유에서였다.

허병섭을 제외한 모든 강사가 마이크를 잡으면, 정해 준 20분은커녕 1시간을 넘게 얘기를 쏟아내고 있었다. 내가 중간에 징을 울려서 말을 마무리하게 해야 했다. 허병섭 덕분에 주최 측에서 내정한 보조강사 세 분이 비로소 빛을 보는 자리가 되었다. 보조강사들의 역할이 생긴 것이다. 허병섭은 막둥이 아이처럼 주최 측 요청에 따라 청중의 질문에도 답을 하는 기회를 다른 청중에게 넘겨주었다. 답은 누구나의 가슴 속에 있기에 그걸 끄집어낼 기회를 주자는 기획 의도대로 허병섭은 따라 주었.

낮아진 사람의 특징 같았다. 낮아질 대로 낮아진 사람은 모두를 높이 받든다. 우러러본다. 낮아지는 게 과시를 위한 연극이 아닐 때 그렇게 나타난다. 허병섭이 그렇다고 본다. 그는 말이나 표정이나 글에서 위압적이지 않다. 단정적이지 않다. 고분고분하게 말한다. 고분고분하기 위해서는 말을 잘 들어야 한다. 허병섭은 말을 참 잘 들어 주는 분이다. 내게 단 한 마디도 묻지 않았다. 묻지 않고 그냥 하라는 대로 했다. 뭘 어떻게 하든 빛나는 사람은 빛난다.

캐묻지 않는다. 어른 김장하 방송을 만든, 김주완 기자가 쓴 『줬으면 그만이지』(도서출판 피플파워. 2022.)에도 나온다. 자신이 설립자였던 명신고등학교에서 대학 장학금 대상자를 정해서 그가 운영하는 남성당한약방으로 보내면 가타부타 묻는 말 없이 장학금 봉투를 꺼내 준다.

미주알고주알 캐묻지 않는다. 안 물어도 장학금 받는 학생의 그 긴장, 그 다짐을 다 안다는 것일까? 서로의 역할이 다르니 자기 할 역할만 충실히 하면 된다는 것일까? 내가 잘하면 '또 다른 나'인 상대는 그냥 잘하게 될 것이라는 믿음이 있어서일까?

허병섭 집 옆에 땅을 샀었다. 500평을 사서 그곳에 가서 살려고 했다. 내가 터를 잡을 땅 500평을 같이 둘러보며 양손에 갈대 한 줄기씩 들고 수맥을 찾았다. 갈대 끝이 오므라드는 곳에서 우리는 환호했다. 수맥 위치를 알아낸 신기에 환호했다. 수맥까지 찾아 놓은 그곳에 나는 못 들어가게 되었다. 말씀을 드리자 캐묻지 않고 땅값 500만 원을 돌려주셨다. 따져 묻지 않는 인격은 거룩한 고요를 아는 분이다. 침묵으로 가는 길을 잘 닦아 놓은 분이라 할 수 있다. 말과 생각이 짧고, 끊어진 자리에 생명 꽃이 핀다.

침묵으로 바탕이 되다

『꼬방동네 사람들』, 『어둠의 자식들』, 『오과부』 등의 책을 탐독하고서 길거리 목사, 공목사를 알게 되었다. 공목사가 허병섭 목사임을 알았고 그 허병섭을 목사님으로, 때로는 선생님으로 부르며 만났었다.

그때가 언제였던가. 강남성심병원에 계시다 구리에 있는 녹색병원에 찾아갔을 때 손을 맞잡고 하염없이 눈물만 흘리시더니 그게 마지막 만남이 될 줄이야. 결코 영안실로 부랴부랴 찾아가며 후회하지 않으리라 다짐하면서 병원을 나왔었다. 매월 찾아뵈리, 날을 잡아 공동으로 병문안 가리, 기도회라도 하면서 병든 우리 삶의 쾌유를 빌리라 했는데 모두 헛되게 허공으로 날려버렸다. 참 허망하게 떠나갔다. 허병섭.

아마 2008년 가을이었을 거다. 쓰러지기 1년 전이다. 서울 가는 버스에서 만났다. 내가 장수에서 탔는데 허병섭은 무주 안성에서 탔다. 안성면 진도리에 사시니까 당연하다. 나는 그때 침묵을 봤다. 천둥처럼 울리는 허병섭의 침묵을 만났다.

당시 내게 가장 궁금했던 큐(Q)자료 이야기를 했을 때였다. 흔들리는 버스에서 허병섭의 침묵이 길었다. 도마복음, 사해문서, 외경 등을 연이어 물었다. 기다리던 내가 "성경을 어디까지 믿어야 됩니까? 어느 게 사실이고 어느 게 설화입니까?"라고 물었다.

한참만에 침묵을 깨고 허병섭은 그 멋쩍은 웃음을 씩 보여주면서 딱 한마디를 했다. "문학작품"이라고 했다.

우리의 앎, 우리가 보는 물질세계, 우리가 듣는 무형의 존재계, 모두 나의 내면 이미지다. 내면 이미지가 생각을 만나서 자라고 자라 형상을 갖추게 된다. 신적인 광채를 받아 형상화된 것일 뿐이다. 모든 현실은 자기 상념이 객관화되어 나타난 것이다. 이 과정에서 침묵이야말로 거대한 산실이다.

허병섭은 거대하고 거룩한 침묵이 되었다. 아래로 내려가 침묵으로 가라앉은 허병섭은 존재의 바탕이 되었다. 사람들 마음 속 기반이 되었다.

내가 허병섭의 집 뒤꼍에 쌓여 있던 황토벽돌을 가져다 집을 지었다. 허병섭은 무주 진도리에 집을 다 짓고 남은 벽돌을 천막으로 덮어 뒀는데 빗물이 들어가 벽돌이 몇 개 녹아내린 것도 있었다. 값을 드리지도 않고 트럭으로 완주 소양까지 날랐다. 나중에 얼마 드리면 되겠냐고 물었다. 그때도 침묵이 있었다. 그의 침묵은 하나님이 일러 주시는 말씀을 기다리는 시간이었을까? 반의반 값도 안 되는 벽돌값을 말했다.

침묵. 내 영혼 은밀한 곳에서 모두를 새로 태어나게 한다. 작고 고요한 음성으로 영혼 속에서 말씀하신다. 침묵은 말한다. 허병섭이 되어 말한다. 먼 데서 찾지 말라고 하신다. 허병섭을 그리워하지 말고 곁에 있는 사람을 그리워하고 사랑하라고 하신다. 돌아가신 분, 돌이킬 수 없는 분, 먼 데 계신 분을 떠올리며 천사니, 생불이니 하지 말고 오늘 만나는 사람을 생불로 모시라 하시네. 천사임을 알아보라 하신다. 자 옆 사람을 둘러보자.

II부

허샘을
다시 읽다

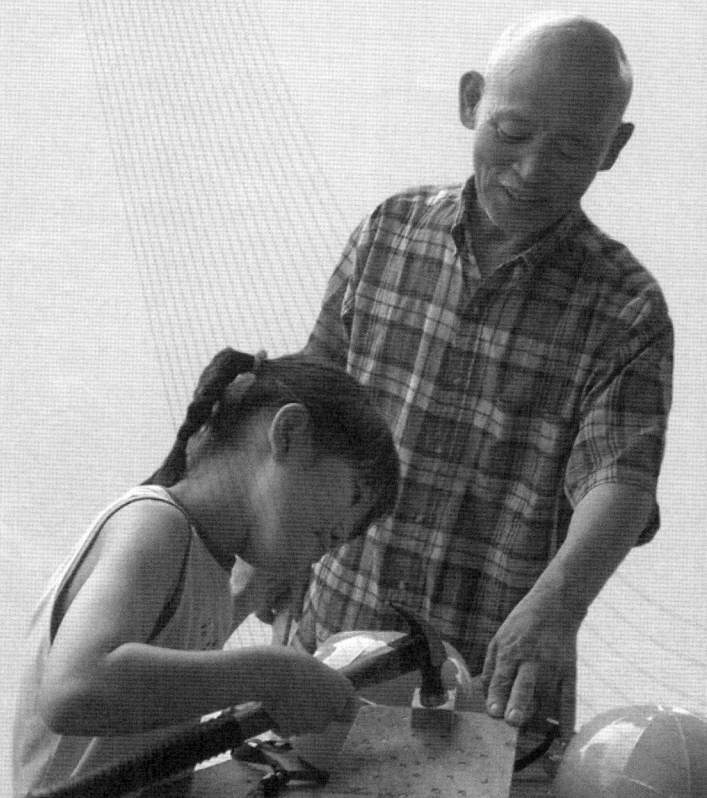

01 고요하고 평화로운 삶의 자리

매일 아침 일곱 시 10분 전에 백운산의 꼭지점에 의식을 집중하고 눈을 감고 있습니다. 더러는 안개가 가로막기도 하지만 아침 햇살을 끌어들이고 있는 백두대간의 기운을 받고 있습니다. 아침의 나라라 했던가요? 그 고요함에 흠뻑 젖어 있으면 한반도를 내 몸 안에 모신다는 느낌이 일게 됩니다. 그리고 부챗살처럼 펼쳐진 평지에는 지금 황금벌판을 이루어 가을의 정취가 하늘을 받들고, 우람스러운 수탉이 들판에 공명을 일으켜 늦잠 자는 사람을 깨우겠다고 울어댑니다.

무허가 녹색대학에서는 아침마다 이렇게 명상과 몸풀기와 돌봄, 주변 청소를 하면서 환경을 모시는 시간을 가집니다. 웅장한 자연에 압도되면서 그 자연을 마음속에 끌어 담아 모신다는 것이 어찌 짧은 시간에 가능한 일이겠습니까? 그럼에도 자연의 생명 기운에 휩싸여 낱생명 하나하나를 마음속에 모실 수 있는 짧은 순간이 이토록 편안하고 고요하고 맑아질 수 있다니 놀랍습니다.

밤이 찾아옵니다. 지금은 달빛이 휘영청 밝아 들판을 은빛으로 물들이고 있습니다. 멸시당하고 천대받으면서도 생명 산출에 지칠 줄 모르는 농민들의 후광으로 들판은 은은히 자리 잡고 있습니다. 그러나 칠흑 같은 어둠이 감싸는 그믐에 자연은 깊은 잠에 빠지지요. 우리는 시골의 어둠을 헤치면서 길을 걷노라면 무서운 생각도 듭니다. 조심스럽게 가슴을 여미기도 합니다. 말로 표현할 수 없는 경외심이 일기도 하지요. 풀벌레, 고라니가 지나가며 바스락거리는 소리, 너구리가 뛰는 소리가 우리의 걸음소리를 삼키고 있지요. 어느 사이에 우리는 친구가 되어 버립니다. 우리가 지은 농산물도 저들과 함께 나누어 먹으니까요.

하늘을 쳐다보면 별빛이 찬란합니다. 가까이 있는 별, 멀리 있는 별, 그 사이에 박힌 별들이 장관을 이루고 있습니다. 별나게 반짝이는 별, 은은하게 비추는 별, 시샘하는 별, 수줍어하는 별, 속삭이듯 말하고 있는 별들을 쫓아 마음을 따라가면 우주를 두루 여행하는 듯합니다. 멀리 도로 한편에 서 있는 점멸등도 깜빡깜빡하고 있구요.

그러다가 서울을 가 봅니다. 눈에 보이는 것들이 너무 많습니다. 지하철에서 보고 있는 신문의 기사들, 선정적인 광고들이 저의 시야에 들어옵니다. 길거리로 나가면 하나도 똑같은 게 없는 옷을 입고 다니는 사람들과 그 표정들이 눈에 들어옵니다. 무엇이 바쁜지 서두르는 사람, 깊은 고뇌에 빠진 사람, 화를 참지 못해 소리 지르는 사람들이 붐비고 있습니다. 길가에 한 치의 빈 공간도 없이 연이어 있는 상점들과 음식점, 귀금속 가게들이 있는가 하면 드문드문 은행과 신용금고, 사우나, 약방, 노점들이 즐비합니다. 이 길거리의 사람들이 많은 건물과 상점을 드나들지요. 볼 것이 많아 보고 싶은 것을 마음껏 보고, 먹을 것이 많아 먹고 싶은 것을 마음대로 먹고, 입을 것이 많아 입고 싶은 것을 뜻대로 입을 수 있고,

들을 것이 많아 듣고 싶은 것을 마음껏 들을 수 있는 곳이었습니다.

밤이 되면 거리는 휘황찬란한 불빛으로 사람을 유혹하고 냄새를 밖으로 풍기면서 사람을 끌어모으고 있었습니다. 욕망의 거리였습니다. 욕망을 부채질하고 욕망을 채우고 있었습니다. 욕망은 삶의 에너지였습니다. 욕망을 위해서 돈을 벌어야 했고 욕망을 위해서 친구를 사귀고 가정을 유지하며 사회관계의 그물망을 치고 있었습니다. 사람보다는 차를 우선하는 길을 내고 건물과 건물을 이어주는 길, 상점과 상점을 이어주는 길로 인해 사람이 밀려나고 있었습니다. 사람을 경제 동물이라 하던가요?

동물들은 경제 개념으로 말하면 자급자족하고 있습니다. 우리는 개나 고양이, 닭을 키우고 있습니다. 집을 며칠 비울 때는 사료를 잔뜩 주고 떠납니다. 주인이 없는 동안 저들은 일정량을 먹고 남겨 두었다가 주인이 올 때를 맞추어 먹습니다. 폭식을 하지 않습니다. 욕망이 절제되어 있습니다. 야생 동물들도 마찬가지입니다. 자연과 어울려 공생하고 공존하며 평형을 유지하고 있습니다. 그런데 사람들의 경제는 욕망의 덩어리를 무한대로 키우려는 것처럼 보입니다.

다시 녹색대학이라는 공간으로 돌아옵니다. 운동장을 갈아엎어 밭을 일구고, 물(학생)들이 제각기 심어 돌보는 갖가지 남새들이 있지요. 자연 살충제와 영양제를 뿌리는 일을 하면서 생태농법에 관한 학문을 실천에 옮기고 있습니다. 운동장 모서리에는 목공소가 있지요. 대목과 소목 수업에서 배운 것을 실습하고 연마하는 곳이랍니다. 물론 흙의 입자를 분석하여 강도 높은 벽돌을 생산하는 기술도 익히고 있지요. 생태 건축학과의 물들이 노동을 통해서 자연의 고요와 신비에 젖어들고 있습니다.

실내 공간 세 곳이 있는데 한 곳에서는 자연의 식물들(남새와 약초, 들꽃 등)로 발효식품을 만들고 실험하며 대안 식품을 연구하는 공간이 있는가 하면, 재봉실도 있습니다. 물들이 스스로 옷을 지어 입을 수 있도록 돕는 교실입니다. 우리 선조들의 지혜와 문화를 바느질에서 익히고 스스로 재단을 하고 작업복을 만들어 입는 곳입니다. 또 하나의 실내 공간은 영상실입니다. 인터넷 공간인데 세계의 여러 가지 정보를 접하는 곳입니다. 물론 사회에서 말하는 문화공간이지요. 그러나 우리의 생활문화와 사회의 문화가 만나고 소통하는 공간입니다.

외부의 대학생들이 혹은 사회인들이 녹색대학으로 찾아와 이러한 공간에서 체험도 하고 실습도 합니다. 그들은 하나같이 새로운 경험에 충격도 받고 감동을 받습니다. 특히 고요와 평화로 인해 자기를 되돌아보고 성찰하는 기회를 얻는가 봅니다. 그러나 숙박 시설이나 기타 생활에 불편한 것들이 많겠지요. 오히려 이러한 경험이 더 소중하다고 합니다.

작고, 희미하고, 볼품이 없어 사람들에게 귀히 여김을 받지 못하면서도 초야에 묻혀 잡초처럼 끈질긴 생명력으로 우리의 존재감을 드러내고 있으며, 탐욕을 절제하고 향유와 지배를 멀리하는 우리는 지속가능하지 못하게 된 인류의 삶에 희망의 등불이 되고자 오늘도 내일도 우리의 길을 가고 있습니다. 우리는 학교 주변의 주민들과 함께 지역이라는 공간을 생태 문화적으로 가꾸어갈 수 있는 능력을 기르고자 합니다. 이와 같은 우리의 꿈에 동참하고 있는 가족들이 지금은 5백여 명이 됩니다. 그러나 5천여 명이 되는 날 한국은 물론 세계의 희망이 될 수 있을 것입니다.

오늘도 아침명상에서 백두대간이 슬픈 눈물을 흘리고 있음을 보았습니다. 추수를 끝낸 황량한 들판이 그렇게 만든 것일까요? 지난 일요일 KBS 일요스페셜에서 돌아오지 않는 꿀벌의 반란(?)을 보았기 때문일 것입니다. 손전화의 전자파와 농약, 그리고 바이러스 때문이라고 가정했지만 꿀벌의 멸종은 자연의 수정을 돕지 못하여 인류가 머지않아 멸망할 것이라는 예상을 숨기지 않고 있었습니다. 백두대간의 눈물에 인류의 멸망을 바라보아야만 하는 안타까움이 배어 있었습니다.

02 틈 사이의 존재

　고추밭과 콩밭, 그리고 뒷간 길목에 쑥대밭처럼 풀이 우거졌습니다. 고추와 콩은 쑥대밭으로 인해 숨을 쉴 수 없어 잘 자라지도 못하고 잎이 맥없이 늘어져 있습니다. 뒷간 가는 길목에서 자란 풀은 칼이 되어 우리의 장딴지를 할퀴고 걸음을 방해하고 있습니다. 그래서 그 풀을 베어주었습니다. 저는 고추나무와 쑥대밭 사이에서 일하고 있었습니다. 그런데 어느새 저는 낮은 풀과 풀 틈새에서 일하고 있는 제 자신의 모습을 보았습니다. 저는 산과 산, 산과 계곡, 시냇물, 갖가지 농작물들 사이, 그 틈새에 존재하고 있다는 것을 깨달았습니다. 풀을 베는 것처럼 그 틈에서 접촉할 수 있는 것에 얽매이고 있다고 생각했습니다. 저의 작음을 보았습니다. 가냘픔도 보았습니다. 멀리서 바라본 나의 모습은 희미할 것입니다. 즉 보고 듣고 냄새 맡고 모기에게 물리고 땀 냄새를 좋아하는 왕벌이 내 몸 주변을 날아다니는 소리를 친구로 삼고 있었습니다. 자연 속에서 하나가 되는 경험을 합니다. 다시 말하면 자연이라는 대상이 나의 자기와 동일화되고 있다는 느낌입니다.

　그런데 서울에 가서 이 사람 저 사람을 살피고 대화하고 강연을 하다

보면 제 자신이 그들 틈새에 존재하는 것은 분명한데 제 자신이 크고 굵고 분명하다고 느낄 때가 있습니다. 정치나 경제의 문제를 보고 실망하거나 짜증을 내는 일도, 통일의 문제를 놓고 제 나름으로 비판적이면서 독특한 관점을 가지면서 별스러운 존재로 느끼는 일도, 혹은 세상 위에서 세상을 내려다보는 존재로 느끼는 일도 제 자신을 크고 굵고 분명하다고 느끼는 증거입니다. 이는 세상이라는 대상을 나의 의식 속에 가두어 놓고 재단하고 판단하며 그 대책과 프로그램을 제시하고 있습니다.

그런데 녹색대학에서 비친 저의 자화상은 어떨까요? 물들의 틈에서 혹은 샘들의 틈에서 작고 가늘고 희미한 존재로 '마음자리'를 다지면서 내면의 덕(德)을 일구려 했습니다. 덕의 이치를 공부하고 눈으로 보고 싶었습니다. 덕의 눈을 뜨고 덕스러운 마음을 갈고 닦는다는 보람과 감동, 만족과 행복이 있었습니다. 그러나 때때로 '문제의식'과 비판의식, 당위의식과 종말의식이 움트기 시작하면 틈 사이의 존재에서 녹색대학이라는 대상을 '문명치료사 양성소'라는 도구로 의식하기도 합니다. 이런 의식이 발동할 때는 근육이 긴장되고 숨도 빨라지며 마음이 산란하고 머리도 아픕니다. 그러면 다시 농사일이나 집안일에 몰두하면서 자신을 틈 사이의 존재로 수련을 합니다.

저는 마늘을 캐면서 흙 속에서 그 뿌리를 흰 이빨로 드러내어 웃고 있는 모습을 보았습니다. 그들은 지난 겨울부터 땅의 미생물들과 작고 가늘고 희미한 존재로 상호 교류하고 교감하였습니다. 그들은 서로 먹여주고 먹는 소박한 밥상도 차렸습니다. 그 밥상으로 흙 속의 풍성한 생명의 덕을 펼치기도 했을 것입니다. 그리하여 주인에게 알토란같은 마늘을 선물하면서 웃고 있는 것이라고 저는 보았습니다. 그래서 저들에게 고맙고 따뜻한 화답을 할 수밖에 없었고, 흙에다가 잡풀의 잔해물을 먹이로 다시 넣어줌으로 덕을 갚았습니다. 저는 자연의 품속에서 일하고 명상할 때 해마다 새로운 경험을 합니다. 금년에는 자연의 행복한 웃음소리를 들을 수 있었습니다. 그래서 저도 웃었습니다. 평소에 잘 웃지 않는 저는 웃음의 의미를 새롭게 깨달았습니다.

문제는 '마음자리'와 '문제의식' 중에 '어느 하나를 선택할 것이냐?' '두 가지를 다 가질 것이냐?' 입니다. 녹색대학은 학문을 하는 공간이기에 문제의식을 가져야할 것입니다. 그러나 동시에 생태적 삶 속에 학문을 녹여야 하기 때문에 마음자리도 함께 다져야 할 것입니다. 농사의 언어로 말한다면 마음 밭을 일구어야 한다고 할 수 있겠지요. 그렇다면 마음 밭을 일굴 수 있는 방법과 프로그램을 개발하기 위해 의식을 동원할 필요성도 생깁니다. 이점에 관해서는 방학 중 학부 들과 샘님들이 작은 수업을 하면서 함께 그 방법과 프로그램을 모색해 볼 것입니다. 만약 이러한 일이 녹대의 필수 과제라고 한다면 학문과 삶을 대하는 태도가 진지하고 치열해야 할 것이며, 만일 공론의 과정과 합의를 이끌어낼 수 없다면 소수의 무리가 특수 사명을 부여받아 과제수행에 임해야 할 것입니다. '특수사명과 연관된 과제수행'이 반드시 마음 밭 일구기와 문제의식의 상호관계에 국한되는 것이 아니겠지요. 각 전공별로 특수화된 과제도 설정할 수 있겠지요. 우리가 준비하고 있는 연구원과 연구소의 명실상부한 소임을 감당하기 위해서도 필요한 일입니다. 만일 그 어떤 것도 아니라면 대학이라는 자의식을 포기해야 할지도 모릅니다.

농사하는 삶과 연관해서 학문하는 것이 무엇인지를 '틈사이의 존재'라는 화두를 중심으로 풀어보았습니다.

03 스승님이 오신다

비 내리는 날이다. 경기도 일산에서 아침 일찍 부산하게 채비하시고 궂은날 집을 나서는 스승의 마음을 헤아려 본다. 바로 며칠 전 지구 반대편에서 비행기로 날아오시고 6·15 민족 행사에 참여하시고 뒤이어 이곳 함양까지 오시는 스승에 대해 고마움과 죄스러운 마음을 담고 있다.

문동환 박사님은 나의 인격을 새롭게 다듬어 주신 분이다. 불안정하고 갈팡질팡하던 자아(자기)를 안정시켜 주시고 바로잡아주신 분이다. 나의 잘못과 실수를 아시면서 스스로 일깨우고 극복하도록 지켜봐 주신 분이다. 그 후 새로운 과제를 주시고 다시 성장하도록 이끄신 분이다. 나는 다시 태어난 인격과 인성을 바탕으로 하고 있었기 때문에 무엇이든 할 수 있었고 어떤 두려움도 갖지 않았으며 실험하고 도전하고 앞으로 나아가는 삶에 지치지 않았다. 그래서 나에게는 위대한 스승이다.

나의 스승은 인간의 가치에 대한 신뢰와 희망을 끝까지 붙잡고 계신 분이다. 그분의 강의와 강연 그리고 대화를 접한 모든 곳에서 이러한 사실을 확인할 수 있었다. 그러나 인간을 괴롭히고 억압하고 멸시하는 제도와 구조에 저항하게 된 것은 가난한 사람 즉 민중에 대한 가치와 희망 때문이다. 민중에게서 민족을 보셨고 성서를 통해서 이 사실을 증언하셨다. 그래서 민중신학을 설파하시고 민중의 해방을 위해 정치권에서 그 실마리를 찾으시려 했던 것도 사실이다. 나의 스승은 항일 운동의 근거지였던 용정과 오산학교의 혼을 안고 성장하셨다. 부모님이신 문재린 목사님과 김신묵 권사님의 애국 애족 정신과 신앙이 내 스승의 자궁이었을 것이다. 문익환 목사님과 함께 민족 통일에 대한 열망과 실천에 몸을 던지는 것도 사필귀정이라 할 것이다.

지금은 세계화 과정에서 미국의 악마적 역할에 대해 분노하시고 고발하며 세계적 양심을 일깨우고 계시지만 동시에 세계화 과정에서 고난당하는 '떠돌이'에 대한 관심에 집중하고 계신다. 지난날을 회상하며 정리하고 편히 쉬실 연세에도 불구하고 아직 젊은 기상이 묻어나고 있다.

돌이켜보면 나의 스승은 한국 사회에서 최초로 공동체를 실험하신 분이다. 자본주의 체제와 구조가 인간을 슬픔과 고통으로 내몰고 있는 현실 즉 비인간화되는 현실을 보면서 자본을 극복하고 사유재산을 넘어선 삶을 모색했던 '새벽의 집'이 1970년대 초에 시도되었다. 그때 방학동이라는 입지는 서울의 외곽이었다. 그러나 공동체의 구성원들이 도시에서 직장생활을 하고 있기 때문에 생길 수밖에 없는 한계를 극복하기 위해 과감히 도시를 탈출하여 경기도 양주군이라는 농촌에서 공동체를 시작한다. 이를테면 지금의 생태공동체이다. 생태공동체의 처음 모습을 볼 수 있다. 스승이 걸어가신 삶의 궤적을 곁눈질한 나는 그때의 모습을 잊을 수 없다. 농사라는 삶을 자식들과 함께하면서 대화하시던 모습을 보았기 때문이다.

나도 빈민지역에서 가난한 사람들과 자본을 극복하고 사유재산을 넘어선 공동체를 모색했고 지금 생태공동체를 모색하고 있는데 스승을 닮고 있다는 생각을 지울 수 없다. 생태공동체를 중심으로 학문을 하고 실사구시를 하되 철학과 영성을 추구하는 녹색 온배움터는 나의 스승에게서 배운 바를 실천하는 것이다.

스승을 만난다. 끊임없이 모색하고 실천하는 삶의 현장에서 스승을 만난다. 제자로서 행복한 일이고 보람이다.

04 우리의 전통적 탐구방법에 관한 단상

녹색대학에 있으면서 학문하는 것과 공부하는 것, 그리고 탐구하는 것에 관한 생각을 하게 되었다. 그동안 대학에서 귀납법, 연역법, 추론, 변증법 따위의 연구방법론에 관한 안내도 받았고, 파울로 프레이리에게서 도움을 받아 학문하는 방법을 시도해 보기도 했다. 그리고 서구의 관찰, 분석, 종합의 방법론과 다른, 동양 및 성리학의 방법론인 격물치지를 접하기도 했다. 격물치지의 방법론은 주자학(만물의 도리를 관찰 연구하는 뜻으로 해석)과 양명학(마음으로 사물을 판단한다는 뜻으로 해석)의 논쟁이 있다는 것도 알게 되었다. 논어의 '대학지도'의 8조목에서 '격물' '치지' '성의' '정심'이 '수신' '제가' '치국' '평천하'와 연결되어 있음도 알았다. 그 깊은 뜻을 다 헤아리지 못하고 있지만 우선 그 전반부를 중심으로 소견을 피력해 보고자 한다.

지금은 격물치지格物致知와 관련하여 성의誠意, 정심正心을 포함한 탐구방법에 관한 단상을 정리해 보고 싶은 것이다. '대학지도'의 8조목 중 전반부의 4조목은 개인의 탐구이면서 개인이 도달해야 할 학문적 목표에 관한 설명이 될 것이다.

우선 격물치지에 관해서 생각해 보겠다

　격물을 한자 뜻풀이로 보면 '사물의 격'이 될 것이다. 이를 다시 풀어 보면 사물 혹은 물, 현상, 사건 등등의 '있는 그대로의 모습'이라고 말할 수 있을 것이다. 이 말은 사물 등을 있는 그대로, 꾸밈없이, 해석이나 주관 없이 '드러나는 그대로 바라보는 것'을 함축하고 있다. 무엇을 꾸미고 싶어 하고, 해석하고 싶어 하며 주관을 가진다는 것을 '의식의 작용'이라고 한다면 그런 의식의 작용 없이 바라본다는 것을 '마음의 작용'이라고 말할 수 있을 것이다. 이 사실은 동양의 여러 고전에서 드러나고 있다. 마음으로 바라볼 때 사물의 이치가 제대로 보인다는 것이며 이러한 상태에서 지식에 이를 수 있다는 '치지'의 단계에 올라서게 된다.

　그러나 '있는 그대로의 모습'이란 겉으로 드러난 모습만을 말하는 것은 아닐 것이다. 그 내면에 있는 사실, 즉 그 속성과 운동성을 포함하는 것이다. 그런데 그 속성과 운동성을 서구에서는 분석과 종합, 연역법과 귀납법, 추론과 변증법 등을 사용하지만 동양에서는 통시적으로 바라보며 직관을 중요하게 생각하는 것이다. 즉 마음을 담은 직관과 통찰이라는 것이다. 서양의 경우는 이성을 동원하고 합리성을 따지며 명확한 증거를 확인하는 과정을 방법론으로 채택하고 있어서 그 연구의 결과가 사물의 부분적 사실을 드러내고 있다. 그 방법론이 지니고 있는 한계는 전체를 통합적으로 바라보지 못하는 것이다. 그리고 각 부분에 대한 격물이 기능과 효용과 실용성에 맞춰져 있기 때문에 인간의 도구적 대상으로 사물을 규정하게 된다.

　반대로 인간이 사물을 통합적으로 바라보고 직관으로 지식에 이르는 결과는 사물을 자기와 동일화하는 '자기화'의 과정(헤겔)에 몰입하게 되는 것이다.

성의에 대해서

'격물치지'라는 학문 방법에서 보는 대로 학문의 목적이 사물의 도구화가 아니라 자기화로 인해 인간과 사물이 긴장과 갈등, 대립과 모순을 일으키지 않는 조화와 통합, 전일적 관계를 구축하는 것임을 알 수 있다. 그것으로 학문이 끝나는 것이 아니다. '성의'의 단계로 옮겨가는 것이다.

성의를 한자의 뜻으로 풀이해 보면 '말 혹은 글로써 무언가를 이룬다'는 '성'誠과 '뜻' 혹은 '의지'를 뜻하는 '의意'로 구성되어 있다. 이 단계가 어떤 것인지를 말하기는 쉽지 않을 것이다. 격물치지와 연관해서 보면 사물과의 동일화 및 자기화를 향한 의지와 뜻을 말과 글로서 드러내는 것이라고 풀이할 수도 있을 것이며, 자기화 및 동일화 이후의 어떤 뜻과 의지를 이루어야 한다는 뜻으로 설명할 수도 있을 것이다. 후자의 경우 8조목의 후반부 4조목과 연관되어 있을 수도 있다. 다시 말해서 자기화에 머물 것이 아니라 가족, 이웃, 사회, 나라, 세계로 펼쳐야 한다는 의지와 뜻을 내포해야 한다는 말일 수도 있다.

정심에 대해서

'마음을 바르게 한다'는 정심을 학문하는 방법론으로 포함시키는 이유는 무엇인가. 위에서 격물에 담긴 뜻으로 '마음으로 바라보는' 것과 연관하여 이해될 수 있지 않을까? 그리고 '성의'의 단계에서 '펼침'이 자칫 '권위' '지배' '권력' '이념' 등에 빠지지 않도록 하려는 것이 아닐까? 왜냐하면 그렇게 될 경우 사물은 자기와 멀어지고 자기로부터 소외되기 때문일 것이다. 다시 말하면 자기화 및 동일화란 자기의 실천 주체적 행동을 포함한 학문과 삶의 조화 및 통합을 주장하고 있는 것이다. 이렇게 하여 학문하는 사람의 '진정성'이 드러나야 한다는 것이다.

녹색대학에서 학문한다는 것이 이와 같은 것이어야 하지 않을까 하는 것이다. 필자는 녹색대학에서 '생태적 인간' '생태공동체' '생태적 삶'이라는 과목을 통해서 '삶을 읽고 쓰는' 프레이리의 방법론 및 '삶의 현장을 텍스트로' 해야 한다고 공부하는 방법에 관해서 주장했다. 되돌아보면 이러한 방법론과 텍스트 이론은 격물치지라는 동양의 방법론과 상통하는 것이라고 생각한다. 그 정교한 탐구과정에 관해 논술할 기회가 있을 것으로 생각하지만 이 방법론에 관한 토론과 대화 및 공동작업을 희망하고 있다.

05 공간 중심의 생태공동체와 밀알 노동

교육 공동체

우리는 4천 평의 공간에서 15명이 살고 있다. 농사도 하고 목공을 배우고 흙 건축 재료인 벽돌을 생산한다. 그리고 약초를 채집하고 이를 말리거나 덖어서 약효를 시험하고 있다. 뿐만 아니라 야생화와 식물들을 이용하여 발효식품을 개발하거나 된장과 고추장을 만드는 작업을 하고 있다. 그리고 폐식용유를 주요 원료로 한 바이오 디젤을 실험하기도 하고 메탄 가스를 활용하여 난방을 효율적으로 할 수 있는 방법도 연구하고 있다. 또 어린아이들과 청소년들에게 생태교육을 할 수 있는 교재를 만들기 위해 자료를 모으고 교육방법론과 철학을 공부하고 있다. 나아가 문화 예술 분야 특히 우리의 전통문화와 예술을 노동과 기술을 겸하여 수련할 것이다. 이러한 연구와 활동은 각각의 '공방'이라는 곳에서 이루어진다.

5년 전 폐교된 중학교를 구입하여 대안 대학인 녹색대학을 만들고 지금은 '온배움터'라는 이름으로 생태문화 공간을 창조하기 위한 인재를 기르고 있는 것이다. 건물의 면적은 600평, 논 150평, 밭 250평, 기숙사 150평, 식당 70평 등으로 구성된 공동체다. 이를테면 교육 공동체이다.

공동생활과 학문 그리고 공간

위에서 설명한 것처럼 여러 가지 기능과 기술을 배우고 익힐 뿐만 아니라 이와 관련된 방법론과 이론을 학문적으로 공부하기도 한다. 나아가 일상생활에서 명상을 하고 몸을 깨우고 생활 나눔을 하며 우리의 공간을 돌보면서(청소하고) 영성을 생활화할 뿐만 아니라 공간의 영성적 성격에 관한 학문도 공부하고 있다. 모든 개인의 주체들이 '홀로 주체성'을 넘어 '서로 주체성'으로 공동체를 구축하기 위한 이념을 공부하기도 한다.

다시 정리하면 공간 중심의 공동체라 할 수 있는데 이를 더 상세하게 말하면 인간은 공간적 존재라는 사실을 각성한다는 말이다. 공간이 인간의 존재감을 드러내고 존재의 본질을 더 명확하게 규정해 준다는 인식이다. 우리를 공동체라는 의식을 지니고 이를 지속하게 해 주는 것은 공간의 성격에 의존하는 것이라는 사실에 주목하고 있다는 말이다. 달리 말하면 그동안 공동체가 잘되지 않았던 이유가 공간이 공동체에 주는 영향을 간과했기 때문이라는 사실이다. 그리고 공동체에 참여하는 주체가 '홀로 주체의식'이 아니라 '서로 주체의식'으로 무장되어야 한다는 점이다. 왜 그런가? 이를 경험적 사례를 통해서 밝히려 한다.

이전의 공동체 경험

필자는 많은 공동체 경험을 했다. 이러한 경험들이 필자를 성장시키고 변화 발전에 큰 도움을 주었다는 사실을 숨길 수 없다. 이전에 경험했던 공동체가 모두 가치가 없다는 말도 아니다. 그럼에도 불구하고 공동체로서 성공하지 못한 것도 사실이다. 그러나 이러한 공동체들을 끊임없이 시도하고 있다. 필자가 실패한 것은 필자의 한계 때문이라고 생각한다.

사람의 인격을 변화시키는 교회 공동체

필자는 교회라는 공동체를 통해서 새로운 인격으로 다시 태어났다. 교회 공동체에 관한 신학적 설명은 하지 않겠다. 쉽게 말하면 하나님의 사랑에 영향을 받은 교회의 구성원들이 쏟아준 사랑의 힘으로 필자의 인격이 새롭게 태어난 것이다. 기독교의 사랑이 빚어낸 열매인 것이다. 억눌리고 짓밟힌 자아가 해방된 자기로, 폐쇄적이고 닫혀 있는 자아에서 열려 있는 사회적 자기로, 개인적 자아 몰입에서 역사적 자기로, 현실에 안주하는 자아에서 진보적이고 창조적 자기로 다시 태어난 것이다. 그렇다면 모든 교회 공동체에서 한 인격이 이처럼 새롭게 될 수 있는가? 그 판단은 독자에게 달렸다. 그렇다고 필자가 새롭게 태어나도록 한 기독교 공동체의 구성원들을 다 밝힐 수는 없다. 지면의 한계 때문이다.

삶의 진실을 일깨워 준 가난한 사람들의 지역 공동체

'기득권자' 들 즉 지위와 지식과 재물을 가진 사람들과 달리 가난하고 못 배워서 소외당한 사람들 속에 살면서 삶의 진실을 배웠다는 말이다. 노동하며 사는 삶, 허위의식이 없는 정직 담백한 삶, 화려하고 큰 것과는 먼 거리에서 소박한 사랑과 작은 희망을 나누는 삶 등에서 인간의 진실을 보고 그 삶을 지키겠다는 결심을 하게 된 '빈민지역공동체' 이다.

인간의 존엄성을 일깨우고 사회를 바꾸는 선교 공동체

가난한 사람들과 함께 인간의 존엄성과 사람됨의 가치를 공감하고 이를 세상에 알리는 행동을 통해서 사회를 일깨우고 독선과 아집에 사로잡힌 기득권자를 일깨우는 선교 공동체에 참여한 것이다. 공동체 조직론과 주민의 의식화 방법론을 수련한 공동체이다.

독재체제에 저항하며 민주화 운동을 한 공동체

전국정의평화실천목회자협의회라는 공동체에 참여한 것이다. 인권과 언론·학원탄압은 물론 민중의 생존권을 짓밟는 군사 독재정권에 저항하면서 민주화와 사회 개혁 및 교회 갱신운동에 참여한 것이다.

가난한 사람들의 자활을 위한 협동 공동체

월곡동 '건축일꾼 두레'라는 공동체를 조직한 일이다. 건축업의 관행인 중간 착취구조를 없애고 건축 노동자와 건축주가 건축 직거래를 하여 노동자와 건축주에게 공히 이익을 주는 공동체인데 신뢰와 성실·정직을 자본으로 한 협동공동체 운동이기 때문에 정부의 지원이나 기타 후원금 없이 자활하며 주체적인 일자리를 창출하자는 운동이었다.

대안교육을 위한 도시 교육 공동체

'민중교육연구소'는 민중의 언어로 민중 스스로 교육하는 과정과 방법론을 연구하고 모색한 공동체가 있고, 서민들의 생활 속에서 경제이론을 정리하고 서민 경제론을 구축해 보려는 시도로 '생활경제연구소'를 만든 일도 있다. 그리고 빈민 지역의 교회라는 공간을 이용하여 인문학과 사회학을 지속적으로 공부하는 사회교육 프로그램을 구상해 본 일도 있었다. 이 일을 위해 빈민지역에서 활동하고 있는 활동가들을 훈련해 본 것이다.

귀농한 사람들과 함께 시도한 밀알 공동체

전북 무주군 안성면에 귀농한 10세대와 함께 공동체를 꾸려보고 생태 마을을 구상하기도 했다. 그러나 공동과제를 설정하고 협동노동과 공동생산, 협동육아 따위를 시도했지만 잘되지 않았다. 그러나 서로 좋은 이웃으로 살고 있다. 우리의 공통점은 흙으로 집을 지은 것, 유기농업을 한다는 것, 자급자족을 지향한다는 것, 물을 오염시키지 않는다는 것, 서로 부담을 주지 않고 상호 부조를 위해 최선을 다한다는 것 등이다. 실제로 어려운 일이 있을 때는 모두가 돕고 후원하며, 기쁜 일에는 함께 참여하고 때때로 친목을 도모하며 마을회의를 하여 반장을 뽑는다. 눈을 함께 치운다거나, 물탱크를 함께 청소하는 일을 한다. 문제점은 귀농자들이 토착주민들과 교류가 없고 친밀하지 않다는 것이다. 서로 다른 가치관과 다른 의식 코드 탓이다.

자연의 생명체와 함께하는 밀알 공동체

필자는 6백 평의 논과 6백 평의 밭을 경작하고 있다. 그밖에 마당이 있고 주변의 산과 개천 오솔길에 둘러싸여 있다. 농작물 이외에 많은 유실수와 관상목들, 잡풀과 약초, 그리고 다양한 꽃들의 품속에서 살고 있다. 이 모든 자연의 생명체들을 사람처럼 대하고 있다. 사람은 삶이며 삶은 생명이다. 필자도 자연의 생명체다. 그러므로 이들과 함께 공동체를 이루고 있다. 때로는 이 생명체들의 틈 사이에서 일하고 그들을 보살피고 그들은 필자를 보살핀다. 그리고 우리는 매일 다른 모습으로 만나고 인사하고 대화를 나눈다. 필자의 집으로 찾아오는 사람들에게 서로 인사를 시키고 사귐을 권한다.

자연의 생명체는 일을 한다. 노동을 한다. 함께 노동하는 것이다. 그 노동의 성격은 자기를 내어주고 남을 취하는 밀알과 같은 것이다. 그래서 밀알 노동이라 할 수 있다. 타자의 생명을 위해 자기를 내어 줄 때 타자의 배설물을 먹고 자기가 자라는 이천식천以天食天의 노동이다. 그래서 필자의 집 마당과 논밭의 생명체들과 함께 밀알 공동체를 일구고 있다.

공간 중심의 공동체란

　필자는 1천 2백 평의 농토와 3백여 평의 주거 공간 위에서 존립한다. 이 공간은 존립의 기반이다. 나아가 이 공간은 필자의 사유체계와 의식을 결정한다. 그리고 희망과 꿈의 원천이 된다. 상당 부분 공간의 지배를 받는다. 우리의 공간은 지평으로만 머물지 않는다. 하늘의 별과 달, 그리고 태양과 햇빛 그리고 우주의 기운이 미치는 공간이다. 그리고 이 공간을 스쳐 지나간 모든 사람들의 흔적이 남아 있는 공간이다. 사람들이 살지 않았을 오래된 과거에 이 들판과 산을 오갔을 야생동물들의 흔적이 있는 공간이다. 어쩌면 원시인이 있었고 공룡이, 원숭이가 살았음직한 공간이다. 이러한 공간 위에 필자가 존립하고 있다는 사실을 지금 의식하고 있는 것이고 지금의 삶에 영향을 받고 있다는 점이다. 그리하여 생태적 밀알 공동체로 자리매김되는 것이다.

　이러한 공간 중심의 공동체에서 이익, 편리, 효율을 중시하는 사회적 관계, 혹은 사회적 공동체의 입지는 밀려날 수밖에 없을 것이다. 아니 사회적 공동체에 빠져 있는 생태적 밀알 공동체를 보태야 할 것이다. 사회적 공동체는 필자가 말하는 공간적 생태공동체를 기반으로 해야 한다. 공동체에 관한 대안적 인식은 이 지점에서 출발한다. 그리하여 온배움터에서 교육공동체를 꿈꾸고 그 실험을 시도하고 있는 것이다.

결론

　대안은 모색되어야 한다. 대안이라 함은 기존의 문명과 문화, 사회 체제와 제도, 신자유주의와 세계화를 거스르고 바로잡을 수 있는 흐름을 형성하는 것이다. 흐름은 운동하는 것이다. 그래서 대안 운동은 진보이다.

06 소통의 문제와 마음

녹색대학이라는 조직은 자기의 고유하고 독특한 이념과 정체성에 따라 인재를 길러내기 위한 교육 훈련 조직인가? 아니면 교육 훈련이 올바르게 진행되기 위한 혹은 이념과 정체성이 담고 있는 공동체적 성격에 어울리기 위한 조직인가? 이 두 가지 질문은 분리되는 것인가 아니면 통합되는 것인가?

이러한 질문을 하게 된 이유는 녹색대학이 학문적으로나 공동체적으로 정체되어 있다는 인식 때문이며 3년째를 맞고 있는 현시점에서 성찰하고 변화를 일으켜야 한다는 갈망 때문이다. 그래서 다시 지난 2년여를 되돌아보고 함께 공감하고 공동으로 새 돌파구를 찾기 위한 모색을 해야 한다는 생각 때문에 정리해 보는 것이다. 함께 생각해 보고 토론하자고 제안하고 있지만 또 메아리 없는 목소리에 지나지 않을까 하는 한갓 노파심이나 늙은이의 잔소리로 치부될까 염려스럽다.

- 녹색대학이 설립 당시부터 깊이 있게 고민하거나 생각하지 않고 학문과 공동체적 삶의 조화를 주장했지만 3년이 된 지금 녹색대학의 모습이 정착되지 못하고 있다는 고민이 깔려 있다.

녹색대학 설립을 위한 준비 기간에는 대안대학의 필연성 및 당위성에 압도되어 있었다. 그 필연성과 당위성의 근거는 환경운동, 녹색운동, 귀농운동, 도농교류운동, 건강한 먹을거리 운동의 질을 높여야 한다는 당위성이 있었다. 그리고 제도권 대학의 모순과 문제점을 극복하여 고등교육기관의 참모습을 찾고 학문하는 방법이나 자세 및 학문의 내용을 구축해야 한다는 필연성이 있었다. 이 필연성과 당위성은 논란의 여지가 없었기 때문에 설립준비 과정에 참여한 사람들은 개교일을 정해놓고 설립준비에 몰입한 것이다.

따라서 학문과 공동체적 삶의 조화를 어떻게 일구어낼 것이냐에 대해서 연구하거나 고민하지 않았다. 물론 이 과제는 '함께 만들어간다.' 는 이상적 대학의 상을 설정했기 때문에 당연한 것이었다. 그러나 함께 만들어가는 과정에서 이미 탈락한 샘도 있고 물도 있고 녹지사도 있다. 다시 말하면 함께 만들어가자고 약속했지만 함께 만들어 갈 동지 혹은 가족이 될 수 없었다는 것을 말한다. 그렇다면 남아 있는 사람들이 함께 만들어가야 할 것인데 함께 만들어갈 식구로서 혹은 동지로서 호흡을 같이하고 대화와 토론을 할 수 있는가? 아니면 명분만을 유지하기 위해, 더 이상의 분열과 이탈을 막기 위해 급급하고 있는 것은 아닌가? 그래서 함께 만들어가는 치열함이나 성실성이 떨어지고 있는 것은 아닌가? 그동안 겪었던 혼란과 위기를 추스르는 일에 소진했기 때문이라고 말하지만 함께 해결하는 대화와 토론 과정이 있었던가? 그렇지 못했다는 증거는 혼란과 위기의 불을 끄는 소방수의 역할을 위해 마음을 모았을지언정 혼란과 위기의 본질과 성격을 밝히거나, 떠난 사람의 아픔과 고통을 무시하고 입장과 태도의 차이를 규명하려 한 것이 녹대의 이념과 정체성에 적합했었는가라는 물음에서 자유롭지 못하기 때문이다. 온 가족이 공론을 통하여 획득된 정체성이나 이념의 틀이 아니라 특수한 견해, 강변된 입장, 정서적 편견, 독특한 논리에 의해 주도된 '원죄'로 인해 녹색대학이 제 모습을 정착시키지 못하는 것은 아닐까?

● 그리고 지난 3년 동안 녹색대학의 학문적 성격과 공동체적 성격을 실현하기 위해 끊임없이 노력했지만 지금 공동체적 모습이 드러나지 못하고 있다. 그 실상을 예시하면 다음과 같다.

녹대의 학문적 성격은 실력 있는(공부를 많이 하여 학문적 성과를 인정받은) 샘이 있는 곳, 제도권의 틀에서 벗어나(재야학자로서) 대안을 모색하려는 샘, 문명이 제도권 학문과 정치·경제·사회·문화에 의해 병들었다는 인식으로 치료해야 하며 이러한 문명을 개조해야 한다는 사실을 학문적으로(?) 규명하려는 샘, 학문이란 실사구시되어야 하고 삶과 통합되어야 하며 학문 간의 통합을 추구하려는 샘들에 의해 드러나고 있었다. 그러나 녹대의 샘들은 개인의 학문적 입장이나 성과에 매달리고 있었고 그 입장과 성과를 물들과 개인적으로 소통하며 물들은 샘의 입장을 따라 다양한 학습에 열중하게 되었다. 그리하여 학문 간의 통합점(접점)을 찾지 못하고 물들도 다양한 개인으로 분화되었다. 돌이켜 보면 다양한 샘들의 입장을 공론의 장에서 논의된 경험이 없다. 개교 기념 심포지엄을 국제적으로 한 번 실시해본 일밖에 없다. 이 말은 녹대의 학문적 성격이 개별화되어 있었으며 소통되지 않음으로 인해 긴장과 대립이 있었다는 것이다. 따라서 녹색대학의 이념과 정체성을 함께 만들어갈 수 없게 되었고 '녹대의 학풍'이 드러나지 못했다. 그래서 공부를 열심히 하도록 돕고, 책을 많이 읽게 하고, 다양한 샘들로부터 다양한 지식을 배우도록 돕고, 물들로 하여금 다양한 체험의 장을 열어주는 방법으로 녹대의 학문이 펼쳐지고 있었다. 녹색대학은 다양한 지식을 배워 교양의 폭을 넓히는 수준을 넘지 못하게 되었다. 이러한 현실에 대한 문제인식으로 학부에서는 전공과정에서 연구소와 프로젝트 수업이라는 형식으로 그 학문적 성격을 높이려고 하고 있지만 이미 다양하고 화려한 지적 욕망, 다양한 체험에 매료되어 물들의 집중력이 떨어지고 있으며 샘들도 각종 연구소를 알차게 꾸려나갈 인적 자원과 전문성이 준비되어 있지 않다. 그래서 더 난감한 처지에 놓여 있다.

   그렇다면 공동체적 성격은 어떤가? 학문 공동체로서의 성격은 위에서 설명한 대로 많은 문제점과 어려움이 있다. 샘들이 생활 공동체를 일구지 못하고 있기 때문에 생기는 문제도 있다. 샘들이 의식주 즉, 농사를 하거나 살림을 하거나 집을 짓는 삶을 학교 울타리에서 살지 못하기 때문에 녹색대학의 공동체적 삶은 물들의 몫으로 떠넘겨진 상태이다. 물들은 학교 울타리 안에서 공동체적 삶을 집요하고 치열하게 모색하고 있다. 그들은 함께 먹고 일하고 잠을 자고 있기 때문에 치열할 수밖에 없다. 그 치열함은 공동생활 과정에서 생긴 문제를 야단법석이라는 장에서 토론하고 조율하는 과정에서 읽을 수 있다. 야단법석의 성격상 토론과 대화의 규칙이 없기 때문에 난상토론이 되고 난장판이 조성될 수밖에 없다. 난장판이나 난상토론은 모든 구성원이 열심히 말하고 주장할 수 없게 만든다. 성격적으로 내향적인 사람은 멀뚱하니 듣기만 하고 말을 하더라도 간단명료하다. 깊은 생각을 읽을 수 없다. 많은 말을 해야만 자기의 생각을 전할 수 있다고 생각하는 사람은 그 많은 말로 자기의 논리와 정합성을 전개한다. 결국 야단법석은 몇 사람에 의해 주도된다. 그래서 합의하고 결정한다. 그 결정은 몇 차례 공동체의 삶으로 연결되지만 그 후로는 합의와 결정의 공동체적 실천이 흐트러진다. 그래서 각 분과위원회로 분화되기도 하지만 전 구성원들에게 보편화되지 못한다. 역할 분담이 기능화되고 기능화되면 몰입하게 되어 개인의 희생과 헌신을 강요받게 된다. 역할 분담의 순환도 잘되지 않는다. 그래서 공동체적 삶의 활력은 떨어지고, 공동체적 삶에 대한 회의가 생기고, 사람 사이에 긴장과 갈등이 생긴다. 물들은 그래서 '자유'와 '개성', '다양성'을 주장하면서 그 조화를 모색해 보려 한다. 그러나 조화될 수 없음을 간파하게 되면 개인주의적 성향으로 되돌아간다. 샘들이 이 야단법석의 진행을 돕고 물들의 공동체적 삶을 도우려고 지혜와 경험을 말해보지만 자율성이라는 무기를 더 소중하게 생각하며 미숙함에서 스스로 깨우쳐 일어설 수 있다고 말하기도 한다. 물들은 개인적으로 사고하고 활동하는 동안 마음껏 즐기고 즐거운 여행을 할 수 있다. 그렇게 되면 학교 밖에서 개인적 욕구를 채우기도 한다. 물들은 학교의 삶이나 수업, 샘들의 생각이나 지혜를 비껴가기도 하며, 물들에게 샘들의 존재는 학교 지킴이 정도일 것이다. 물들도 학문과 삶을 공동체적으로 일굴 수 없는 한계를 경험하고 있다.

- 기존의 공동체 이론이나 공동체에 대한 관념과 인식의 틀로 보면 녹색대학은 이념과 정체성을 구현하기 위해 논의 구조를 '큰 야단법석'-'운영위원회'-'소위원회'-'작은 야단법석'-'분과활동'이라는 구조를 만들어 민주성, 투명성, 공개성, 만장일치를 추구하는 공동체를 구현하려고 했다. 이 구조 안에서 공동체의 성격이 구현되려고 하면 각 논의 단위에서 모색된 사안이 체계적이고 효율적으로 집행되고, 집행된 내용을 반성하는 절차가 있어서 시행착오를 줄이는 장치가 있었어야 했다.

위에서 제기한 현실적 난제를 극복하기 위한 시스템의 구축이 필요한

데 녹색대학은 바람직한 시스템을 갖고 있다. 이러한 시스템 혹은 구조와 장치를 형식적으로만 만들어 놓고 실현하지 않으려고 한다면 기존 이 사회와 총장 중심의 학교 체제를 거부하는 반사적 '발상'으로 머물 수밖에 없다. 기존 대학에서는 찾아볼 수 없는 올바른 구조를 만든 지 2년이 넘었다. 어떤 구조나 체제를 만들어서 그 정당성이 입증되려면 그 활용과 운영의 결과를 드러내어 보여야 한다. 형식만 만들어 놓고 그 내용을 채우지 못한다면 자가당착에 빠질 것이다.

녹대의 공동체를 성공하게 할 논의의 통로는 이중구조로 되어 있다. 하나는 '큰 야단법석' - '운영위원회' - '각종 소위원회'의 통로이다. 큰 야단법석이 위임한 사안을 운영위원회가 위임받아 토론과 논의를 하여 결정하고 집행하는 흐름이 있다. 그러나 큰 야단법석이 충분한 문제인식과 방향 설정을 검토한 후에 운영위에 구체적으로 위임할 수 없기 때문에 운영위는 녹대의 사실적 주체이고 몸체이다. 운영위는 샘 1명, 물 7명(학부 4명 + 대학원 3명), 녹지사 3명으로 구성되어 있다. 녹대의 몸체로서 역할과 기능을 하기에는 한계가 있기 때문에 5명 정도의 각종 소위원회 5개(대개는 물과 샘으로 구성)를 두어 그 지체를 두고 있다. 그러나 각 소위원회 단위에서 논의되는 내용은 운영위에 보고 될 따름이고 결정에 참여할 수 없다. 그러나 운영위는 소위의 논의 내용을 존중하려 할 것이다. 그러나 결정하고 집행하는 과정에서 민주성·투명성·공개성·만장일치의 성격이 모두 수용될 수 없는 것이 현실이다. 왜냐하면 각종 소위원회가 논의하는 내용이 타 소위원회와 충돌할 수도 있고 겹칠 수도 있기 때문이다. 이런 사안을 운영위가 단독으로 결정하는 데는 많은 어려움이 따른다. 이 어려움이 결국 운영위라는 몸체가 지체를 도구적으로 대상화할 수도 있고, 그럼에도 불구하고 결정을 따를 수밖에 없는 것이다. 또 소위원회의 독특성과 전문성이 당면한 문제를 시급하게 풀어야 할 일도 생기겠지만 운영위의 결정을 기다려야 하는 원칙에 얽매일 수밖에 없다. 그래서 각종 소위원회의 규칙 혹은 내규를 만들어 시의적절하게 학교의 공동체적 성격을 펼칠 수 있도록 결정하고 집행할 수 있어야 할 것이다. 만일 이 구조가 정착된다고 하면 운영위는 각종 소위원회의 흐름과 입장이 공동체적으로 발전할 수 있도록 조정과 조율을 감당하는 의회 기능을 할 수 있을 것이고 이에 따라 소위원회는 집행 주체가 될 수 있다.

토론과 논의의 통로로서 또 다른 하나는 '작은 야단법석' (샘과 물로 구성) - '분과위원회' (샘과 물로 구성) - '소위원회' (샘, 물, 녹지사로 구성) - '운영위원회' 구조가 있다. 작은 야단법석에서는 학사, 행정, 시설관리, 공동체적 삶, 노동, 재정, 학교 운영 등에 관해 매주 논의되고 있다. 여기에서 논의된 내용의 분과위원회를 통해 분류 정리되고 그 내용이 소위원회에 전달되어 운영위원회에 보고되고 있다. 이 논의의 통로는 활력과 동력이 넘치는 현장의 문제에 적절히 대처하고 풀어나가는 구조이다. 따라서 분과위원회도 비상대기 상태에서 작은 야단법석의 논의에 주의를 집중하고 있다. 소위원회에 현안문제를 상정하고 운영위원회의 결정을 기다린다. 그러나 운영위원회는 학사와 행정, 시설관리와 노동 등에 관한 결정과 집행을 사실상 분과위원회에 위임하고 있고 분과위원회는 실질적 집행기구가 된다. 이 기구에서 실무 일을 하고 있는 물들에게 아르바이트 비용을 지급하고 있다.

따라서 논의와 토론의 이중구조는 민주성, 투명성, 공개성, 만장일치라는 녹대의 공동체성을 잠식할 가능성도 생긴다. 이와 같은 문제점을 해소할 수 있는 중간 조정자는 결국 소위원회이다. 그러나 소위원회의 책임자 혹은 구성원이 운영위원회에 참여할 수 없기 때문에 민주성, 투명성, 공개성, 만장일치의 성격이 흐려질 수도 있다.

  그러나 좋은 시스템이 만들어졌다 하더라도 각 논의 단위가 토론하고 대화에서 소통이 잘 이루어지지 않는다면 좋은 시스템의 가치가 떨어질 것이다.

- 그러나 각 단위에서 논의했던 내용이 토론하는 방법과 자세의 결여로 인해 미숙한 결정을 할 수밖에 없었고, 미숙한 결정이 절차를 거쳐 최종 결정 단위에 상정된다 하더라도 잘못된 결정을 내릴 수도 있고 최종 결정이 초기(하부)의 결정을 번복하는 경우도 생기는 것이다.

  토론하는 방법과 자세의 결여 그리고 미숙한 결정이라는 고질적 현상은 한국사회의 어느 집단에서나 똑같이 나타나고 있다. 물들은 1년 전 이러한 문제 인식 때문에 스스로 대화법, 토론 방법에 관한 공부도 한 일이 있다. 그리고 소통의 문제에 대해 심각한 고민을 하고 있지만 해결의 실마리도 잡지 못하고 있다.

  그러나 녹대의 여러 단위에서 토론과 논의, 결정과 집행이 계속 진행되고 있고 미숙한 결정이라 하더라도 운영되고 있지만 불안함과 허전함을 감출 수 없다. 불안함과 허전한 공동체가 학문의 영역이든 삶의 영역이든 얼마나 지속할 수 있을까? 이런 회의에 빠지면 아무것도 할 수 없다. 그래서 '그럼에도 불구하고 믿어보자' '희망을 잃지 말자' '사랑하자' 라는 말만 되뇌고 있는지도 모른다. 어쩌면 죽어도 같이 죽고 살아도 같이 살자고 말할지도 모른다. 녹색대학을 일구어온 지난날의 고통과 시련을 지금 좌절로 날려버리기에는 너무 아깝다고 생각할지도 모른다. 아니 대외적으로 표방한 녹대의 선언과 드러난 녹대의 실체에 대한 자존심을 구길 수 없다고 생각할지도 모른다. 그렇다고 마냥 붙잡고 있을 수만은 없지 않은가? 막연한 희망에 기댈 수만은 없지 않은가? 희망은 기다리는 것이 아니라 만들어가야 하지 않은가? 녹색대학이 지금까지 고생하며 만들어 온 사람들의 집합체가 아니지 않는가? 다시 일어서야 한다. 그러기 위해서는 우리의 현실을 직시하고 뼈를 깎는 아픔으로 우리 자신을 경신해야 한다. 문명을 치료하거나 바꾸어야 할 도구적 대상에 대해 사고하는 것은 물론 우리 내부에 도사리고 있는 병든 세포를 치료하고 수술해야 하지 않는가?

우리가 서로 소통할 수 없어서 우리로 하여금 신음하게 하는 병균의 실체는 무엇일까? 위험을 만나면 자기 목을 숨기는 자라목병일까? 아니면 업적을 쌓고 기념비를 세우고 싶어 하는 왕초병일까? 아니면 자기 모양만 가꾸고 대접을 받고 편안을 일삼는 공주병일까? 이러한 병으로 신음하고 있는 우리는 우리 자신이 아니며 이 시대의 문명이 아닐까? 자라목병이든 왕초병이든 공주병이든 아니 그밖에 다른 병이든 우리는 병든 문명의 피해자들일 것이며, 그 질병을 은폐하려는 의식도 질병이며 그 질병을 노출하고 있는 의식도 질병이다. 이러한 질병 때문에 우리가 소통하지 못하고 있는 것은 아닐까? 이 시대의 문명이 그렇기 때문에 우리는 인격적으로 대화하고 소통하며 이성적인 토론과 논쟁을 하지 못하는 병적 체질로 굳어버린 것은 아닐까? 자기 몸과 정신을 치료하는 일과 문명을 치료하는 일은 하나이다. 문명을 바꾸어야 한다고 하면 우선 자기 몸과 정신부터 바꾸어야 할 것이다.

녹색대학의 문제점을 질병의 형태로 인식해 보는 이유는 녹색대학을 설립할 때 '문명 치료' '문명 개조' '녹색 게릴라' '대안 문명의 창출' 이라는 슬로건을 걸었고 이 슬로건을 중심으로 우리가 모였기 때문이다. 그러나 치료사든 개조자든 게릴라든 창출자든 의식의 작용이 작동할 수도 있고 마음이 작동할 수도 있다. 그동안 한국의 사회운동은 의식의 작동으로 펼쳐졌다. 그러나 의식의 작동으로만 그 운동이 펼쳐진 결과가 이합집산, 분열 파쟁, 분화로 나타났음을 알 수 있다. 그래서 공동체성은 물론 힘의 결집이 해체되고 개인의 초능력적 힘과 역량의 비교우위의 경쟁을 일삼고 있는 것이다. 그러나 솔직히 말해서 병들어 신음하고 비명을 지르며 살려 달라고 절규를 하고 있는 소리를 듣고 있다면 의식이 앞서는가 아니면 마음이 앞서는가? 마음이 앞서는 것이 사실이고 동양 사람들 특히 한국 사람들의 미덕이다. 그 신음과 절규를 들을 때 가슴이 뛰고 마음이 쓰리고 그를 구하지 않으면 견딜 수 없는 마음의 실상을 숨기지 못한다. 이 마음 때문에 동양의 문화나 문명이 발전하고 학문이 발달한 것이다. 이러한 맥락에서 우리도 그 병든 사람과 사회 문명에 대한 '측은지심'을 유전자로 갖고 존재하고 있다. 다시 말하면 우리는 하나 같은 측은지심을 갖고 있다. 이 마음으로 우리는 이심전심이다. 녹대의 경험으로도 이를 입증할 수 있다. 학교로 들어오는 도로의 은행나무가 무참히 뽑혔을 때 그 은행나무의 고통과 아픔에 우리 모두는 한마음이었다. 학부의 어떤 물이 학업에 불성실하고 의식으로는 와닿지 않았지만 진실을 위한 고뇌와 혼란을 달래기 위해 술을 마실 때 그에 대한 연민과 측은한 마음으로 물들이 하나가 된 기억이 있다. 뿐만 아니라 어눌하고 세련되지 못한 친구들이나 유능하고 똑똑한 친구들이 하나가 될 수 있었던 것은 우리에게 서로를 향한 측은지심이 있었기 때문이다. 이 측은지심은 단지 불쌍히 여기는 자비심과는 다르다. 있는 그대로 바라보고 존중하며 귀하게 여기는 '격물'이다. 어떤 편견과 해석과 분석의 대상이 아니다. 우리 주변의 친구들을 있는 그대로 바라보고 존중하고 귀하게 여길 뿐만 아니라 더 깊이 이해하고 배우기 위해 마음을 쏟았던 일이 있었다. 식당에서 밥을 먹을 때 우리는 마음을 주고받으면서 하나가 되고 있다. 술잔을 주고받으면서 마음을 주고받는다. 학교가 어려움에 빠졌을 때 우리는 마음을 모으지 않았는가? 우리 중에 외톨이가 있고 마음의 상처를 받은 사람이 보이면 그 친구에게 위로와 격려를 보내고 그의 친구가 되려고 마음 쓰고 있는 사람이 있었지 않은가? 이 마음들이 우리를 공동체로 묶어가고 있다. 이렇게 마음으로 묶인 녹색대학이라는 공동체는 문명의 아픔과 신음을 향해 측은지심을 갖고 있다. 그러나 우리는 우리 자신의 아픔을 알고 측은한 마음을 가지지만 문명의 병과 신음을 느끼지 못하고 있다. 아니 그 신음 소리를 듣지 못하고 있다. 우리가 학교에서 학문을 연구하는 내용이 문명의 신음 소리를 듣기 위한 것이 아니었던가? 그 신음 소리를 듣기 위해 우리의 의식을 발동하여 탐구하고 분석하고 추적하며 함께 토론하고 다시 탐구하는 과정이 필요했던 것이 아닌가? 우리가 물리학을 배우고 과학과 철학 윤리학을 탐구하는 것이 개조해야 할 병든 문명에 대한 측은지심이며 격물치지의 과정이 아닌가? 그러나 측은지심을 앞세우지 않고 의식을 앞세웠기 때문에 사실이나 현실을 통시적으로 이해하고 이를 분석하며, 방향을 잡을 수 없었던 것은 아닐까? 논의와 토론의 중심을 잡을 수 없었던 것은 아닐까? 의식의 작동이라는 설득력 있는 논리를 펼치기 위해 스스로 의식을 무장하게 되고 그 무장으로 타자를 지배할 수도 있다. 이 지배의지가 무너지면 비판이라는 보복을 하게 될 것이며 비이성적인 비틀기를 일삼을 것이다. 그럴 수 없어서 참고 기다리는 동안 자신의 마음도 몸도 상하게 되고 앓게 된다.

● 성찰과 반성이란 미숙함의 본질과 그 내용에 대한 분석을 말한다. 그러나 우리는 분석에 익숙하지 않다. 분석하는 방법도 다양하기 때문에 분석의 틀을 마련할 수도 없다. 분석의 틀에 관해 토의를 하면 다시 끝없는 논쟁을 할 수밖에 없다.

성찰과 반성이란 개인의 심성과 윤리적인 성찰을 넘어서야 한다. 공동체적인 성찰을 수반해야 한다. 그러기 위해서는 우리의 구조적이고 제도적인 문제점과 논의와 토론의 자세, 이념과 정체성에 대한 토의, 발전 방향에 대한 공동 모색을 하는 과정에서 자기 우월의식과 독선, 배타성, 교조적 생각을 뿌리 뽑아야 할 것이다. 겸손과 절제, 자연을 닮음, 비움, 경청, 존중, 신뢰의 마음으로 대화와 토론에 임해야 할 것이다. 그러나 우리는 논쟁과 비판을 해야 한다. 우리의 논쟁과 비판은 상호 보완과 통합의 원리에 따라야 한다. 차별성과 다름이 강조될 경우도 있다. 그 차별과 다름을 역할 분담과 다양성이라는 아름다움으로 인식할 때 가치와 의미를 지닐 것이다. 확대해석과 근거 없는 편견은 금물이다. 오해와 편견은 편 가르기로 이어질 수도 있기 때문이다.

07 쉼을 시작하며

2005년 9월 중순, 여름이 고개를 숙이고 있었다. 느티나무 아래에서 운영위원장과 핵심 전임샘들이 둘러앉았다. 나는 한여름 같이 엄습한 분위기에 젖어들고 있었다. 조금 전 축제와 같은 대학원 졸업식의 열기가 흩어지고 난 다음이기 때문인지도 모른다.

2002년 3월 전부터 나는 녹색대학에 대한 꿈과 희망을 갖고 노병의 열정을 쏟았다. 아니 새로운 꿈으로 모인 사람들 틈바구니에서 신바람을 맛보려 했을 것이다. 그러나 신바람이라는 것이 밖에서 불어오는 것이 아니라 우리 내부에서 일으켜야 하는 것이기에 더 큰 의미를 지닌다고 생각했고 꿈을 위한 의지를 불태우고 있었다. 그 준비 과정에서 일고 있었던 진지함과 치열함 그리고 사람 사이의 긴장과 갈등은 한 권의 다큐멘터리가 될 정도이지만 나는 그것을 정리할 생각이 없다. 3년 남짓한 녹색대학의 생활에서 10여 년의 세월을 겪었다고 느낄 정도로 많은 사건과 경우의 수를 만났고, 고민과 좌절 그리고 비판과 성찰이 있었는가 하면 축제와 감동, 보람과 희망 그리고 엑스터시도 있었다. 그리고 내가 몰랐던 많은 지식과 인간에 대해 알게 되었다.

이러한 녹색대학의 삶에 종지부를 찍으려 한다. 그러나 교수들과 타협

안으로 얻어진 결론은 한 학기 동안 휴직하는 것이었지만 나는 녹대의 일을 놓겠다는 마음을 다지고 있다. 갑작스러운 '사직'이 몰고 올 파장을 줄이기 위해서 어떻게 할 것인지를 고민하고 있다.

  내가 사직을 위해 고민한 것은 금년 1월이고 사직의 의사를 밝힌 것은 금년 4월 20일이다. 나 자신을 향해 채찍질하면서, 부정적 가능성을 열거하면서 나 자신을 녹대에서 몰아내도록 선동하였다. 그러나 '제물론'에 관한 비난과 빈틈만 있었고 주변 사람들은 아무도 반응하지 않았다. 그래서 녹대의 정체성을 빌미로 대표 순환제를 제의했다. 물론 이 제안의 이면을 다 적을 수는 없다. 그러나 이 제안도 받아주지 않았다. 학사 운영과 재정 운영을 분리하는 안도 제안했다. 그리고 내가 녹색대학이라는 학문 공간에서 학문하는 자세와 그 얼개를 발표해 보기도 했다. 학부의 학제를 굳히기 위한 3학년의 프로젝트 수업을 시도해 보기도 했다. 이런 제안과 시도는 내가 학교 일에 손을 떼더라도 잘 굴러갈 수 있는 토대를 마련해 보고 싶었기 때문이었다. 그런데 홈페이지에 나를 비난하고 공격하는 사람들이 생겼다. 괴로운 일이긴 하지만 나에게는 다행한 일이었다. 녹대를 떠날 수 있는 분위기가 조성되고 있기 때문이다. 미안한 일은 다른 교수들에게 쏟아진 비난의 화살을 막지 못했다는 것이다.

나는 왜 녹대를 떠나려 했던가?

  지금이 처음은 아니다. 2003년에도 그랬다. 학생들을 앞에 두고 주도권을 잡으려 한다는 오해가 생겼기 때문이다. 사실이 그렇지 않다는 점을 설명하기 위해서 샘으로서의 능력이 없다는 점, 대화에서 수용되지 않고 소통이 되지 않는다는 점을 문서로 열거하면서 당시의 총장에게 제출하고 짐을 싼 일이 있었다. 녹색대학이 학문 공동체로 단순화되어야 한다는 생각이 있었고, 공동체를 추구하는 나는 쓸모가 없다는 판단 때문이었다. 그 후 학교의 설립 과정에서 재정 운영의 파행과 제2의 녹색대학 캠퍼스 운영에 관한 문제제기가 생기면서 내부의 긴장과 대립, 혼란과 분열이 있었다. 이러한 문제의 근원은 이사회 중심의 운영 구조 때문이라고 진단하고 운영위원회 중심으로 학교의 구조를 재편하게 된 것이다. 이 과정에서 상당수 샘들이 학교를 물러나고 탈퇴하는 녹지사도 많이 생겼다. 그러나 이사회는 학교의 존재 이유를 지속하기 위해서 나를 총장 대행으로 임명했다. 그리고 이사들 대부분 이사직을 사퇴했다. 그 후 나는 학교에서 개인적으로 '총장 대행'이라는 직함, 특히 '총장'이라는 권위적인 직함을 거부한다고 했다. 그러나 운영위원회도 샘들의 회의에서도 내가 제안한 '대표'를 공식적으로 결의하거나 천명한 일이 없지만 학교의 의결구조나 집행구조로 볼 때 나 스스로는 나의 직책을 '대표 대행' 정도로 인식하고 있다. 이런 사실들을 명확히 하자고 주장하지 않았던 것은 직책이 중요한 것도 아니고 어떻게 불리느냐는 것도 중요하지 않았기 때문이다. 단지 존재한다는 것 자체에 만족하고 있었다. 나의 제안을 이구동성으로 받아들이고 그렇게 호칭하고 있었을 뿐이다.

그 후 2기 신입생을 선발하는 과정에서 집단 입학하려는 가족이 있었다. 고심 끝에 가족 중에 어머니만 입학시켰다. 그의 두 자녀를 입학시키지 않았던 것과 관련해서 '녹색대학에는 녹색이 없다'는 어떤 샘의 불만이 지속적으로 제기되고 있었고 결국 그분은 학교를 떠났다. 또 다른 여러 가지 사정과 맞물려 그 샘이 주도한 대학원 학생들이 집단 자퇴를 한 일도 있었다. 그때 나는 그 샘에게 녹색이라는 색깔보다 녹색을 만들어 가는 과정에 참여해야 한다고 했다. 그러나 그분의 개인적 문제점(자연의료에 배치되는 행동에 대해 여기저기에서 소문으로 듣기는 했지만 본인에게 사실 확인을 할 수는 없었다)으로 인해 그를 학교로 돌아오게 할 수는 없었다. 그런데 이분을 전혀 다른 각도에서 공격하고 비판하는 사람들이 학교의 한 축을 형성하고 있었다. 조화와 통합을 위해서 많은 대화를 하고 독려하며 토론을 했지만 돌이킬 수 없었다. 이 과정에서 정의와 진실을 강변했는데 무참하게 인권과 인격을 짓밟는 폭력적인 언어가 녹대의 홈페이지에서 난무하고 있었다. 녹대의 홈페이지가 이래도 되는 것일까? 나는 분노하고 있었다. 분노하면서 화해와 대안적인 삶을 호소해 보았다. 그러나 또 다른 분노를 일으키고 있었다. 공격과 비난이었다.

이 시점에서 나는 나 자신을 되돌아보게 되었다. 그리고 나의 존재에 대해 아무런 의미를 부여하지도 않았지만, 희망이 보이지 않는 현실을 보고 있었다. 그러나 단지 이 학교에 머물러 있다는 것이 희망이 없는 현실을 이어가게 하는 버팀목 이상이 아닌 나 자신을 발견한다. 이 희망의 부재는 녹색대학이 개별적이고 다양한 꿈과 이상의 집합체로 머물고 있고 그 증거로는 정상적인 대화와 토론 그리고 소통이 이루어지지 않는다는 것이고, 이러한 현실은 문명 치료사로 혹은 녹색 게릴라로 학생들을 교육할 수 없는 공간이라고 판단한 것이다.

지난 2년여 동안 이러한 문제점의 극복을 위해 부단한 노력을 했지만 물거품이 되고 있다는 것을 경험하고 있다. 이 모든 것은 나 자신의 무능력으로 인한 것이라고 결론을 내리게 된 것이다. 그래서 모든 문제점을 나 자신에게 귀결시키려 했다. 이것을 사건으로 만들어야 한다고 생각했다. 그래서 나 자신을 제물로 삼는 사건을 만들어 학교가 새로운 전기를 만들기를 바랬다. 그래서 스스로에게 던지는 '고언'을 공개했다. 이를 계기로 어떤 철부지는 근거 없는 공격을 했고, 비아냥대기도 했다. 홈페이지는 또 다른 인신공격의 장이 되었다. 이에 대한 반론도, 제재도 없었다. 나의 의도를 제대로 알아차리고 소통을 유도하는 사람도 없었다. 무시당하고 있다는 느낌도 지울 수 없었다. 치열하게 고민하고 고뇌하고 있는 나에 대한 무관심이다. 이러한 사실을 또 표명하면 내 중심으로 소통이 되어야 한다고 강변하는 꼴이 되기 때문에 현실을 받아들이기로 했다. 그러나 나의 마음은 무겁다. 그래서 샘들과 회의를 하거나 대화의 자리에서 대표의 순환을 제안하기도 했다. 나는 학교 안에서 대표의 역할과 책임이 없기 때문에 누가 대표직을 맡아도 상관이 없다고 생각했다. 샘들도 이 점에서는 동의하고 있었다. 녹색대학이 민주성, 투명성, 순환성, 공개성을 대내외에 천명하고 있기 때문에 실제로 대표의 순환을 일구어 내면, 대외적으로도 신선한 충격을 줄 수 있을 뿐만 아니라 내부적으로도 모든 가족이 대표라는 주체의식을 가질 수 있다고 했다. 예를 들어 물이나 녹지사가 대표직을 맡게 될 경우 학교의 분위기가 한꺼번에 달라질 것이라고 판단했다. 그래서 홈페이지에 공개적으로 제안해 보았다. 그러나 반응은 없었다. 무관심인가? 무시하는 것인가? 아니면 변화를 두려워하는 것인가? 다시, 학교의 교육을 위한 교과목 설정을 위한 샘들의 회의에서 발제를 중심으로 치열한 논쟁을 해보자고 제안을 해보았다. 그러나 몇 차례의 치열한 대화가 있었지만 그 이상 계속될 경우 감정이 돌출될 것 같았다. 참으로 어렵고 힘든 일이다. 대안을 모색하고 아름다운 꿈을 꾸고 있는 녹색대학의 구성원들 속에서 치열함이나 아름다움을 경험할 수 없는 현실을 마주하면서 참담함을 느낀다.

다시 학교 설립을 준비하던 처음으로 기억을 되돌려 본다

나는 '녹색대학 설립 추진 위원회'의 운영위원장으로서 학교의 이념과 철학 및 정체성에 관한 논의를 철저히 해보자고 제안했지만 개교 일정에 매몰되어 무산되었고, 개교 후에도 이념과 정체성과 관련한 '공동체냐 학문의 장이냐?' 를 주제로 뒤늦은 토론을 제의해 보았다. 그러나 준비되지 않거나 마음에 없는 토론은 근거 없는 논쟁과 상상과 비약을 낳고 오해와 불신을 낳기도 했다. 그래서 운영의 파행을 낳게 했다. 이를 견디지 못해 도중하차를 하는 사람도 있었고 비상 체제를 구축하게 되면서 학교의 내분이 일고 말았다. 이 위기를 극복하기 위해 내가 다시 시도한 것은 물들과 이념과 정체성을 무장해 보는 것이었다. 경기 생명문화포럼에 참여한 물들에게 이 과제를 제안했다. 2003년 여름 방학에 물들은 방학을 반납하고 학교의 이념과 정체성에 관한 스터디를 하게 되었으며 물들은 태스크 포스팀을 만들어 학교 운영의 주체가 될 수 있는 역량을 키우고 있었던 것이다. 한광용 샘은 1기생이 입학하면서 구상했던 학부의 '분과회의' 를 상기시키면서 명실상부한 실무 역량을 키워가고 있었다. 개교 원년에는 여울의 숫자가 10명이나 될 정도로 많았는데, 재정의 파국에도 불구하고 물들과 여울의 대립감 및 대학 경영의 안정적 구조를 구축하기 위한 직원 노조 설립 움직임 등의 부담도 엄청난 것이었다. 학교를 함께 만들어 갈 수 있는 역량을 물들 스스로 키워가자는 것이었다. 이들이 학교를 졸업한 이후 녹색대학에 준하는 대안학교를 만들 수도 있기 때문이다. 이것도 대안 교육의 내용 중에 하나였다. 그러나 물들의 이러한 노력을 뒷받침해 줄 수 있는 샘이 두 사람으로는 부족했다. 운영위원회와의 관계 문제나 물들 내부의 의사소통의 한계를 다 풀어낼 수 없었다. 물들의 경우 의사소통의 기술과 방법 혹은 자세의 문제도 있었지만 그들 스스로 갖고 있는 체질과 기질 및 자유주의라는 이념적 틀에서 벗어날 수 없는 한계도 있었다.

나는 학부 물들의 교육에 대한 관심을 놓칠 수 없었다

그리고 2005년에는 전공 수업이 본격적으로 펼쳐지는 해이다. 전공별 교수진도 확보되지 못했을 뿐만 아니라, 물들이 가지고 있는 다양한 관심과 전공 의욕에 맞춰서 지도할 수 있는 샘이 없었다. 물론 물들의 숫자도 12명 정도밖에 되지 않았다. 이런 현상을 미리 내다본 나는 2004년 12월 3학년이 될 물들을 우리 집으로 불러 내년의 수업 방향과 과제에 관한 안을 제시했다. 소위 '청년 포럼'을 위한 수업이다. 물론 샘들에게도 이 내용을 이메일로 보내 함께 논의하자고 했으나 샘들은 반응도 없었고 샘들의 논의 안건으로도 올라오지 않았다. 실망했다. 그래서 진지하게 항의 섞인 분노를 털어 놓기도 했지만 그래도 반응은 없었다. 그래서 물들과 단독으로 포럼 수업을 모색해 보았다. 포럼에 발제할 주제를 찾아보게 하고 그 주제를 어떻게 펼칠지를 연구해서 글로 발표하게 했다. 물론 홈페이지에 글을 올리게 했다. 그렇게 하면 많은 사람들 특히 샘들이 읽고 코멘트를 해 주면서 샘과 물, 물과 물, 샘과 샘이 학문에 관한 대화를 할 수 있고 공개토론이 이루어질 수 있을 것이라는 믿음이 있었다. 물들은 제각기 자기의 관심을 글로 홈페이지에 적었다. 나는 그 글들 하나하나 코멘트를 달아주며 다시 정리해 보라고 했다. 그러나 물들은 더 이상 계속하지 않았다. 물들은 자기의 전공에 대한 목적의식이 뚜렷하지 않았고 무엇을 어떻게 공부해야 할지 알지 못했다. 문제를 발굴하고 인식하는 능력과 풀어가는 과정에 대해 알지 못하는 듯했다. 이런 능력을 교과 과정에서 어떻게 도와주어야 할 것인지를 샘들의 회의에서 제의한 일도 있다.

나는 녹대에서 수업을 통해 기여해 보고 물들을 돕고자 했던 것이 있다

삶을 읽고 쓰는 방법론을 가르치고 훈련하려 했다. 그러나 훈련하는 데

까지 가지는 못했다. 그러나 생명농업도, 생태 공동체 혹은 대안 공동체의 원리도, 생태적 인간학도 현장을 텍스트로 삼으려 했다. 내가 충분히 준비하지 못한 측면도 있겠지만 물들도 나의 접근 방법을 따라오지 못한 것 같다.

학생들의 삶과 농사에 관한 안내는 어떻게 했는가?

개교 3개월 전부터 백전면 서백에 들어와 이장을 만나고 주변의 빈집을 확보하려고 했다. 다섯 채 정도의 빈집이 있었지만 수리하는 비용이 만만치 않았고 주인과의 계약 관계도 간단한 문제가 아니었으며 학생들을 다 수용할 수도 없었다. 그래서 컨테이너 기숙사를 짓게 되었다. 동시에 농토를 2천 평 가량 임대하여 개교 준비를 했다.

농사 지도나 안내를 내가 담당했는데 모든 것을 내가 가르치고 준비하고 집행해야만 했다. 그러나 농사의 경험이 없는 학생들에게는 노역이었고 흥미를 느끼지 못했다. 모심기나 벼 베기 같은 집단 노동이 학생들에게 흥미와 보람을 준 것 같다. 농업이 강의 수업과 현장 수업으로 전개되었지만 육체노동이었기 때문에 힘들고 지친다는 느낌을 가지게 되었고 그 피로가 다른 수업과 생활에 방해가 된다고 느끼는 것 같았다. 농사 현장에서 학생들을 따로 모아 땅과 생명에 대한 이야기를 하면서 노동의 의미와 자연의 삶을 과학과 철학으로 연결시켜 보도록 안내했지만 너무 생경스런 이야기인지 학생들은 마이동풍이었다. 학생들과 함께 심은 농작물들을 방학기간 동안 사후 관리하는 일, 그리고 15개의 다락논을 경운하는 일은 나와 몇몇 학생들의 몫이었다. 그러나 첫해의 수확으로 한 학기 동안 양식으로 충당했지만 임대료가 너무 비싸서 양식 값이 되고 말았다.

다음 해(2004)에는 학생들이 논을 직접 임대해서 자기 농사를 하려고 했다. 결국 개인 농사로 바뀌고 다른 학생들은 품앗이를 하면서 농사 경험을 하게 되었고 이도형씨가 합류하면서 운동장을 개간하여 밭농사를 문전에서 하게 되었다. 그러나 마사토 땅에서 밭농사를 제대로 할 수가 없었다. 그 후 학생들은 농사 수업이 선전선동적 강의로 전개되면서 학교의 근본 문제에 대한 의문을 가지게 된 일이 있다. 농사 중심의 자급 자족 자립이 녹색적이라는 명분만 강조하는 흐름이 생기고 있었다. 학문 공동체와 농업, 그리고 내가 정립하고 있었던 농노동의 영성이 대립하는 현상도 생겼다. 학생들의 입장에서는 농사도 해야 하지만 시설을 감당하고(나중에는 학교 내에 건축물까지 스스로 지어내는 일도 하게 되었다), 쓰레기를 분리수거하고 조리도 하면서 학교의 주인으로서 함께 학교를 만들어가야 한다는 의식이 생기고, 도서관이나 학사 및 교무 행정의 일까지 분과활동으로 이어지면서 의식주뿐만 아니라 학사 행정까지도 자급자족해야 한다는 의식으로 확대된 것이다. 공부와 학교 운영의 자급과 자립이라는 명분은 있었으나 현실적으로 학생들에게는 너무 큰 부담으로 다가갔고 학생들 사이에서도 내분이 일고 있었다. 공부하는 그룹과 일하는 그룹으로 분화되기 시작한 것이다. 부족한 공부를 보완하기 위해서 학생들은 방학 중에도 세미나그룹을 스스로 만들어서 공부하는가 하면 방과 후 소그룹을 통해서 스스로 공부하고 있었다.

학생들의 고뇌와 고민을 돕고 해결하기 위해서 샘들은 노력하지 않았다. 그 이유는 샘들이 학교의 경매 문제와 재정 문제에 골몰하고 있었고, 그리고 학생들은 자기들의 문제를 운영위원회에의 논의를 통해 풀려고 했기 때문이다. 그러나 나는 교수들이 학생의 학문과 생활에 관심을 두고 학문의 통합, 생활과 학문의 통합을 위한 모색을 해야 한다는 의견을 제기하면서 교수회의 활성화를 제의했으나 교수회의는 학교의 운영과 현안 문제를 논의하기 바빴고, 간신히 교과 과정에 관한 치열한 논의를 시도했으나 오해와 편견이 감정 표현으로 확대되고 있음을 보았다. 그리고 이러한 현상이 생길 수밖에 없는 것은 인문학과 공학 및 자연과학 분야의 샘들이 지닌 의식과 표현의 코드가 다르기 때문이라는 것도 알았다.

나는 녹색대학의 이념과 정체성에 대해 집착하고 있었다. 모든 식구들이 함께 공론하여 이념을 세우고 정체성을 밝히는 것이 중요하다고 생각했다. 창립 선언문이 있었지만 이 선언문은 하나의 서류로만 남아 있었고 모든 구성원들이 그 구절 한 줄도 기억하거나 마음에 담아두지 않고 있었다. 그래서 아전인수로 '녹색' 논쟁이 생기고, 불명확한 녹색 고집을 내세워 다른 사람에게 상처주기 위한 도구로 사용되면서 그것이 마치 이념 논쟁인 양 홈페이지를 장식하고 있다. 그럼에도 불구하고 이념과 정체성에 대해 관심을 버리지 않았던 이유는 이것이 녹색대학의 교육 목표이기 때문이다. 다시 말하면 녹색대학의 존재 이유는 그 목표가 뚜렷하고 고유하며 독특해야 하는 것이다. 녹색대학의 목표가 없는 것이 아니라 그 목표를 중심으로 마음과 생각과 뜻을 모으지 못하고 있다는 것이다. 나는 일찍부터 이 일을 위해 노력했다. 전공 과정에 돌입하는 학부의 3학년이 생긴 2005년에는 녹색대학의 목표에 맞는 수업을 펼쳐야 할 필연성이 더 절실했지만 이를 위한 노력도 무산되었다.

녹색대학의 목표를 위해서 한마음으로 전진하지 못했기 때문에 실천방안이나 구체적 프로그램이 마련될 수 없다. 그래서 여러 가지 문제점이 발생한다고 보았다. 녹색대학은 공동체냐 학문하는 곳이냐 라는 논쟁을 시작으로 녹색 논쟁에 이르기까지 많은 논쟁들은 논쟁이 아니라 말싸움, 기 싸움, 자존심 대결, 흠집 내기 따위로 전개되면서 혼란에 빠질 수밖에 없다.

  이상에서 나는 학교의 전환을 위해서 학교를 떠나야 한다는 결심을 하게 되었다. 4월 20일 나를 향한 고언에 금년 8월에 떠나겠다고 시사한 바가 있다. 그때를 앞두고 나는 여러 가지 제안도 하고 학교의 정상화를 위한 제의도 하면서 카운트다운을 하고 있었다. 그래서 서서히 짐을 옮기기 시작했고 9월 2일 학교 밖에서 운영위원장님께 사직서를 전자 메일로 보냈지만 전송되지 않았다. 그래서 홈페이지에 사직서를 두 차례에 걸쳐 올렸지만 곧바로 지운 사실을 알았다. 그래서 김창수 샘과 직접 만나 나의 입장을 이야기했다. 대학원 졸업식이 나의 이름으로 공고되고 손님들이 올 텐데 내가 없으면 학교가 망신당한다는 이야기를 들었고, 내가 학교를 그만두면 한광용 샘 자신도 그만두겠다고 한다. 그래서 내가 학교를 그만두면 대외적으로 학교의 이미지가 흐려질 것을 고려해 휴직이라는 명분으로 일정기간 쉬는 것으로 하고 대외적 행사에는 얼굴을 내미는 정도로 하자고 했다. 샘들과 만난 자리에서 내년 3월에 돌아온다고 했지만 돌아올 생각이 없다. 학교의 체면을 위해 직분만 일정기간 유지하기로 했다.

  이제 나 자신의 재충전을 위해서 더 공부하고 세상을 배워야 하겠다. 이후의 진로와 삶에 대해서는 집사람과 의논하면서 결정해야 하겠지만 지금은 그동안의 삶을 정리해 보고 새롭게 만나는 세상을 정리해 볼 것이다. 새롭게 세상을 만나기 위해서 무전여행을 생각해 보았지만 집사람이 함께 하겠다니 무전여행은 할 수 없을 것 같다. 그래서 집사람이 좋아하는 바다를 구경하면서 조금 쉴 수 있을 것 같다. 틈나는 대로 어린이를 위한 생태 동화 한편을 써 보고 싶다. 빈민선교 후배들이 주선해 주는 대로 아시아 여행도 할 수 있으면 좋겠다.

그럼에도 불구하고 녹색대학은 지속되고 발전되어야 한다

 녹색대학을 준비하는 사람들이 너무 큰 꿈을 가졌고 그 꿈을 이루기 위해 크게 시작했다. 그러나 이 꿈을 중심으로 사람들이 모였고 지난 3년을 걸쳐 많은 시행착오를 겪지 않을 수 없었다. 녹색대학이다.

 꿈을 크게 가졌다는 것은 욕심이나 허영이 아니었다. 현대 사회 혹은 세계가 멸망의 질곡 속에 너무 깊이 빠져 있었고 급변하는 산업 자본주의가 문명의 종말 아니 인류의 종말을 가속하고 있었기 때문에 문명을 치료하고 구원해야 한다는 급한 마음이 앞섰다는 증거이다. 이 증거는 창립 선언문에 잘 나타나 있다. 이 꿈에 함께 동참한 사람들이 처음에는 녹창사, 녹운사, 녹지사들이고 샘이며 이들과 함께하겠다고 찾아온 사람들이 물이다. 바로 그 꿈이 식지 않았기 때문에 그동안 많은 어려움과 내홍을 견디고 지금에 이른 것이라고 생각하고 있다.

 일부에서 교수들의 자질에 관한 왜곡과 비난이 있기에 소신을 피력해 보려 한다. 교수들은 위에 적은 꿈이 일치한다는 것이고 개인별로는 생태 윤리와 철학의 학문을 이론과 실천 부문에서 학자들 사이에서나 사회적으로 공인된 분, 대안학교를 세우는 일을 여러 곳에서 실천하셨으며, 참교육, 민주적인 교육, 민족 교육의 지평을 갖고 계신 분, 녹색대학의 학생들에게 대안 학문의 기초를 닦아줄 수 있는 환경과학을 이론적으로 혹은 몸으로 구현하려는 산 증인, 물리학을 학생들의 생태적 삶과 연계하여 집요한 탐구를 할 뿐만 아니라 개인 별로 과외 수업도 마다하지 않는 분, 기존 건축학의 대안인 생태건축 분야에서 학문적이면서 실천적인 모범을 창출하고 계신 분들, 끊임없이 연구하고 실험하면서 새로운 상품을 만들고 새로운 살림살이의 비전을 보여주시는 분, 자연 의학에 대한 철학적 사상적 토대가 확립되어 있으면서 몸으로 실현하시려는 분, 생태 철학과 사상을 교육학적으로 정립하고 환경교육의 실천 담지자와 함께 생태교육의 전문성을 추구하고 계신 분이 현재 학교의 전임 교수로 참여하고 있다는 것은 녹색대학의 큰 자산이 아닐 수 없다. 뿐만 아니라 문화 예술 분야에서 민중, 민족, 생태적 이념과 철학으로 무장되었을 뿐만 아니라 실천과 운동의 현장에 계시는 분들, 한국의 농촌 사회를 중심으로 문화 인류학을 탐구하신 분, 시민 사회 운동을 생태적 관점에서 풀어내시려는 재야의 학자들이 참여 교수로 혹은 후원자로 버티고 있다. 녹지사 뿐만 아니라 한국의 지성사회에서 최초의 대안대학인 녹색대학을 주목하고 있으며 함께 합류하려는 사람들이 많이 있다. 학생들은 이러한 교수를 통해서 대안적 삶을 구현하는 자질과 실력을 함양하는 데 부족함이 없을 것이다.

그리고 녹색대학을 비방하고 왜곡하려는 일부 사람들은 샘들이 외부에 구걸하다시피 모금을 하고 있다고 말하고 있다. 그러나 분명히 말하건대 이것은 구걸이 아니다. 지금의 녹지사들도 그렇지만 녹색대학의 이념과 목표에 동참하려는 사람들을 발굴하는 과정이다. 녹색대학이 창립될 무렵 설립을 주도한 사람들은 녹색대학을 함양에 국한시키려 한 것이 아니었다. 움직이는 학교 혹은 전국 여러 곳에서 녹색대학 캠퍼스를 확대해야 한다는 신념이 있었다. 그 말은 녹색대학이 교육 개혁이라는 운동, 문명 구원을 위한 확대 의지가 분명히 있었다는 뜻이다. 모금이라는 것이 단지 돈을 끌어 모으는 일이 아니라 생태환경, 생명운동의 확산을 위한 '마음 모으기' 인 것이다.

그리고 어떤 특정 개인을 지적하여 장학금을 모금하여 개인의 인적 그

물망을 구축하려 한다는 뜻으로 비방하고 있는 사람에게 말하고 싶다. 인간을 의심하고 너무 비열하게 바라보는 심성에 대해 비난하고 싶지는 않다. 그러나 녹색대학의 교수들 중에 권력 욕망이나 지배의지가 있는 사람은 한 사람도 없다고 확신한다. 한국 사회나 세계는 미치광이가 운전하는 버스의 운전사에게 맡겨진 현실을 직시하면서 이 위기에서 한국 사회와 세계를 구원할 수 있는 인재를 양성하려는 교육적 사명에 투철한 사람들이다. 우리 학생들이 녹색대학의 꿈에 참여하기 위해 부모의 반대에도 불구하고 아르바이트라도 해서 공부하겠다고 발버둥을 치고, 힘에 겨워 안절부절하고 있는 학생들에게 장학금을 끌어오는 교수의 사랑과 교육적 열정을 그토록 왜곡하고 폄하한다는 것은 도를 넘은 것이고, 불신 사회에서 당한 피해망상이라 하지 않을 수 없다.

그동안 학교 안에서 일어났던 크고 작은 불상사에 대해 지금 교수들이나 학생들 그리고 운영위원회에서 자성과 반성, 회개를 하고 있는 것을 볼 수 있다. 그동안 이러한 일들이 생길 수밖에 없었던 학교의 문제점을 여러 가지 관점에서 분석하고 자성할 필요가 있다고 본다. 필자의 개인적 관점에서 몇 가지를 지적해 보고 대책을 말해보겠다.

첫째, 이상에 치우친 나머지 현실을 직시하지 못했다는 점이다. 현실이라 함은 학문을 하는 공간으로서, 혹은 공동체로서 갖추어야 할 체제나 제도를 구축하지 못했다는 것이다. 이러한 현실을 낳게 한 원인도 결국 이미 설정한 체제나 제도에 학생들을 끼워맞추는 것이 아니라 학생들과 함께 만들어 가면서 전혀 새로운 대안 학교를 만들어 가자는 원칙이 공감되고 있었기 때문이다. 녹색 공동체가 되려면 개인의 자율과 의식을 규제하고 녹색 공동체의 원칙과 틀을 만들어 놓고 엄격한 통제를 했어야만

했었다. 성숙한 성인들이라는 믿음과 자기조절 능력이 있다는 신뢰 때문에, 아니 아름다운 꿈을 지닌 사람들에 대한 기대 때문에 체제나 제도 혹은 엄격한 통제를 해야 한다는 생각도 못했고 그럴 필요도 없었다.

교수나 학생들은 이상과 아름다운 꿈이 있다고 하더라도 자유주의적 탐욕과 폭력성까지도 지워지지 않는다는 사실을 반성하고 그 대책으로 녹색대학의 설립 과정과 그 과정에서 생성된 정체성과 이념에 대한 이해를 모든 구성원들에게 알려야 한다. 그리고 진솔한 충고와 보완에 관한 의견에 귀를 기울여야 한다. 이러한 내용들도 모두가 공유되어야 한다.

둘째, 녹색대학의 교수들은 학생들을 주인으로 생각하면서 학생들의 의견과 제안을 많이 수용하고 존중하였다. 예를 들면 교과 과정을 짜는데 학생들의 의견을 상당부분 수용하였고 교수들의 의견도 학생들이 이해할 때에 반영되었다. 학생들의 수업 태도가 다르거나, 수업을 중요하게 생각하지 않을 경우에도 일상생활에서 모범을 보이고 동료들의 지지를 받을 경우 그 가능성에 대해 신뢰하기도 했다. 교실 수업이 최대 가치는 아니라는 학생들의 입장을 이해하려 했기 때문이다. 뿐만 아니라 70%의 문제점에도 불구하고 30%의 가능성을 보고 인내와 설득으로 혹은 가능성을 북돋우려 했던 것이다. 학생들의 의욕적인 실험과 도전에 대해 그 추이를 지켜보며 파행을 막으려고 했다. 학생 J의 경우도 그렇다. 그 나름으로 녹색적이고 생태적 삶을 살려고 했다. 공부에는 관심이 없었지만 노동, 봉사, 배려 등 남다른 인간애가 묻어나고 있었고 이를 지켜보던 주변의 동료들은 그를 반면교사로 삼기도 했다. 그러나 음주를 과하게 하므로 파생되는 문제가 발생했다. 처음에는 자기 신념과 학교의 흐름이 일치하지 않아서 저항하는 몸부림인 것으로 판단하고 그에 대한 학사 징계도 반대하면서 올바로 지도하려 했다. 그러나 나중에 치료를 받아야 할 정도의 알콜 중독자라는 사실을 알고 그를 견제하고 자퇴하도록 유도했고 학교 출입을 막았다. 그러나 그는 학교 주변에 살면서 학생들을 만나고 있었고 교수들이 모르는 상태에서 학교의 기숙사를 넘나들고 있었다. 그의 행동이 일으킨 파장이 너무 크다. 어쩌면 이러한 관행이 성폭력 사건으로 연결된 것이 아닌가 판단된다. 성폭력의 가해자들 중 다른 두 사람은 학교에서 수업이나 생활면에서 모범을 보이던 사람이어서 충격은 더 큰 것이다. 그리고 어떤 교수가 학생을 폭행한 사건이 발생하면서 학교의 치부가 눈덩이처럼 크게 드러나고 있는 것이다.

비록 성폭력 사건이긴 해도 이 사건을 해결하고 풀어가는 과정과 방법을 교육적으로 접근하려 했다. 피해자에 대한 무한 책임을 학교가 지겠다고 부모님께 약속하고 피해자가 정신적으로 육체적으로 정상을 되찾을 때까지 은밀하게 풀어갔던 것이다. 다행히 가해자들도 진지하게 회개하고 반성하면서 자신의 죄에 대한 대가를 책임지고 달게 받겠다는 말과 실천을 보여 주었다. 피해자가 거의 정상으로 돌아왔다는 소식을 전해 들었지만 그 후 이 사건의 전모가 알려지면서 학교의 모순이 적나라하게 드러나게 된 것이다. 한 교수가 학생을 폭행한 사건이 겹치면서 걷잡을 수 없는 회오리가 발생한 것이다. 9월 이후 나는 학교 밖에서 그 회오리를 지켜보면서 나 자신을 비롯한 교수들은 은연중 가해자인 남성들에 대한 연민을 드러냈고 이에 대해 피해자 여성을 비롯한 주변의 동료들이 분개하고 저항하는 것으로 보인다. 이 점은 교수들이 반성해야 할 일이라고 판단한다. 반성하고 그 잘못을 구체적으로 적시하여 공개해야 한다고 판단한다. 남성 중심적인 권위주의 혹은 가부장 문화에 대한 비판이 이러한 근거에서 나온 것이라면 그 비판은 타당한 것이라고 본다. 두 교수에게 이런 사태에 대한 책임을 물어 운영위원회가 감봉 처분한 내용을 접했지만 나는 이에 대한 책임을 통감하고 반성문을 쓰는 정도로는 부족하다고 판단했다. 그래서 홈페이지에 사직서를 썼지만 웹분과에서 바로 지우고 말았다. 그런데 겨울 결사를 하고 있는 프로그램을 보면 억울하고 분노하는 사람들에 대한 반성은 보이지 않고 자기 수양에 치우치고 있는 점은 이해할 수 없다.

셋째, 공적 기구로서 구성원들이 가져야 할 역할의 분담과 책임성에 대한 인식이 없었다. 녹색대학이 함께 만들어가는 과정에서 순환성과 투명성, 공개성이 견지되면서 구성원들의 역량과 특성에 따른 역할과 그 분담 그리고 순환에 관한 설계를 공동으로 할 수 없었다는 말이다. 지금까지는 소통의 통로 즉 만장일치를 지향한 야단법석을 통한 운영위원회의 결정이라는 경로를 구축하기는 했지만, 재정 학사 행정 인사 시설이라는 큰 항목을 중심으로 소통이 되었고 큰 항목을 충족시킬 수 있는 세목들 사이에는 큰 항목과 겹치면서 복잡해지고 이견을 조율하기에는 많은 어려움이 있었다. 이 과정에서 책임지는 사람은 없고 이견이 중복되어 병렬적으로 나열되면 한두 사람의 정교한 이론과 목소리가 큰 사람의 의견으로 합의가 되면서 공동 합의의 명분은 쌓았지만 내심으로는 동의할 수 없어 불만을 가지게 되거나 소극적으로 참여할 수밖에 없었다. 이 불만과 소극적 참여가 축적되면 긴장과 갈등이 생기고 불신이 생긴다.

소통 즉 대화와 토론을 원활하게 할 수 있는 기술과 방법 혹은 마음 자세에 관한 능력을 키워야 할 것이며, 이성적이고 합리적이면서 관계의 기제를 읽을 수 있는 능력도 키워야 할 것이다. 그러나, 각 단위별(분과별, 학년별, 전공별)로 책임자를 두고 단위별 논의를 충분히 하고, 책임자들의 모임에서 통합하여 운영위원회에 반영하는 체계를 세워야 할 것이다. 그리고 이 책임자를 순환시키면 민주적 지도력도 개발될 것이다.

넷째, 학제의 개편이 필요하다.

지금의 학제는 학부 4년, 대학원 2년으로 되어 있지만 대학원이 학부의 전공과 일치하지도 않고, 전공 과정도 2학년부터 전공탐색 과정에 들어가도록 되어 있지만 학생들이 전공의 유동성이 강하다는 측면에서 전공을 탐색하는 기회로는 불충분하며 3, 4학년 2년 동안 전공하여 그 분야에서 문명을 구원할 수 있는 인재를 양성하기에는 한계가 있고, 녹색 이념이나 녹색 영성을 함양하거나 전공을 위한 기초 학문이 닦여지지 않는 상태에서 전공을 탐색하거나 전공에 돌입하는 것도 한계가 있기 때문에 학제에 관한 재검토가 필요하다고 본다.

학생들이 학업을 중도 포기하는 이유 가운데 하나는 '빵빵한 콘텐츠'가 없기 때문인 경우도 있다. 그동안 녹색대학은 화려한 교과목으로 학생들의 교양과 지적 폭을 넓힐 수 있었지만 문명을 구원할 담지자로서의 책임성과 전문성을 위한 교과 과정에 대해서는 관심을 쏟지 못했다. 3학년 학생이 생긴 금년에 모색을 하고 있지만 뚜렷한 비전이 보이지 않아 방황할 수도 있다. 그래서 다음과 같이 대책을 제안해 본다.

- 학부는 2년 과정으로 농사 및 살림 노동을 통한 녹색 영성, 기숙사 생활과 자급자족 프로젝트를 통한 공동체 훈련, 기초학문(과학, 철학, 윤리학, 사회학, 인문학)을 이수하여 그 자격을 인정받은 학생들에게 졸업장을 주고 함양 캠퍼스를 주 공간으로 한다.
- 지금 준비하고 있는 '녹색문화연구원'을 중심으로 그 내부에 전공

별 연구소를 두어 학부 졸업생 중에 전공 희망자를 연구원으로 등록하게 하여, 전공을 연구 중심의 수업으로 전환하게 할 수 있을 것이다. 이 연구원 과정을 현 대학원과 연계하여 운영하는 방안을 검토해야 할 것이다. 연구원의 사무실도 함양에 둔다.

- 지금 대학원도 격주 주말 수업을 하고 있는데 이 또한 고급 교양 수준에 머물고 있다. 다시 말하면 문명 구원자로서의 전문성이 담보되지 못하고 있다. 녹색문화연구원과 대학원을 합병하고 지금의 3, 4학년을 연구생으로 받고, 2년간 수업을 수료한 사람에게 연구원 과정을 밟도록 하는 것이 어떨까 한다. 그리고 대학원도 주말반과 주중반으로 나누어 주말반은 고급교양 및 사회교육 프로그램을 중심으로, 주중반은 전문 연구를 중심으로 재편하는 것이 바람직하다고 본다. 가능한 대학원은 타 지역으로 분산하고 역량이 조성되는 각종 연구소도 분산하는 것이 녹색대학의 저변을 넓히는데 기여할 것이다. 그리고 독립 채산 제도를 검토하여 상호 경쟁력을 높이면서 녹색대학의 이념과 정체성으로 통합한다. 그리고 공생을 위한 상호 지원 시스템을 구축한다.

08 생태문화 공간의 신학을 실천하기 위하여

왜, 생태문화 공간에서 신앙을 실천해야 하는가?

사람들의 갈망이 아니라 하나님의 갈망이다. 천지만물이 신음하고 울부짖으면서 갈망하고 있기 때문이다. 하나님은 우주 만물을 창조하시고 "보기에 참 좋았다." 하셨다. 빛과 어둠, 바람과 공기, 생물과 동물, 그리고 인간이 순환하며 조화를 이루고 풍성한 생명으로 가득 찬 우주 만물에 크게 만족하셨던 것이다. 그런데 에덴동산의 과일에 탐을 낸 인간은 양식을 위하여 자연을 파헤쳐야 했으며 피와 땀을 흘리지 않으면 곡식을 취하지 못하게 되었다. 그런 이유로 인간과 자연의 관계가 무너지기 시작했고 사과에 대한 탐욕이 땅을 지배하고 착취하며 수탈하는 탐욕으로 확대 재생산되었다. 그리하여 자연이 신음하고 고통을 받게 되었다. 동시에 인간도 유랑하게 되고 포로로 잡혀가기도 하고 노예생활을 하면서 신음하고 울부짖게 되었다. 그때마다 하나님은 인간을 긍휼히 여겨 인간을 구원하고 이끌어주셨다. 탐욕의 탑을 쌓아가는 사람들을 구원하기 위해 불 심판(소돔과 고모라)도 내리고 물 심판(노아의 홍수)도 내리면서 사람을 구원하려 했다. 그 후 예언자들을 통해서 하나님의 구원사가 계속되었지만 회개하지 않았다. 드디어 자기의 독생자 예수 그리스도를 보내셨지만 오늘날까지 세상은 죄의 사슬에서 벗어나지 못하고 있다. 인간의 탐욕은 땅을 지배하는 것을 넘어 공기와 바람을 지배하고 하늘을 지배하며 우주를 넘보고 있다. 하나님의 창조질서를 쑥대밭으로 만들고 있다. 하나님의 창조물이 인간에 의해 파괴되고 오염되며 지구의 지속 가능성이 불확실할 정도로 긴박한 위기에 몰렸다. 이러한 세상을 바라보며 하나님은 울고 계신다. 그럼에도 불구하고 신학과 교회는 물질 중심으로 치닫고 있고 세상의 가치를 옹호하며 탐욕의 회오리에서 헤어나지 못하고 있다. 하나님은 탄식하면서 창조질서의 복원을 갈망하고 있다. 세계교회협의회가 이 하나님의 갈망에 응답하기 위해서 정책과 프로그램을 개발하려고 하고, 창조질서의 회복을 위한 신학을 말하고 있지만 교회와 신학은 이를 받아들이지 못하고 있다. 그래서 한국의 현장에서 지금 "생태문화도시의 신학"을 갈망하고 계신다. 이 신학의 정립은 하나님의 갈망에 대한 응답이다.

천지 만물의 신음과 울부짖음 속에서 어떤 갈망을 볼 수 있는가? 하나님의 피조물인 자연은 하나님의 뜻을 따라 생명을 일구고 양육하며 번성하고 있었다. 그러나 인간에 의해 생명을 일굴 수 없기 때문에 자연은 양육하기에 영양이 부족하며 번성하기도 전에 싹을 잘라버림으로 신음하고 있다. 성서 여기저기에서 그 울부짖는 소리가 들리고 있다. 예수님도 그 자연의 생명적 가치를 소중히 여겨 말씀 속에서 비유로 지혜로 여러 차례 말씀하지 않았던가? 그러나 최근 2백여 년 사이에 인간에 의해 훼손되고 오염되고 멸종되는 식물과 동물이 그 얼마며 인간이 배출한 독가스로 인해 자연의 생명이 시들시들 메말라 가고 있지 않는가? 그러나 자연은 하나님의 뜻을 외치고 자연을 되돌려놓아야 한다고 인간을 향하여 몸부림치고 있다. 돌들이 외치고 있다. 인도네시아의 해일에서, 유럽의 산불과 고온현상, 그리고 폭설, 미국의 토네이도, 도쿄의 지진과 폭우, 이 모든 사건들은 하나님의 갈망을 대변하고 있는 것이다. 생태문화 공간의 신학을 말하라고 갈망하고 있다.

이처럼 '신학한다.'는 것은 역사의 매 순간 속에서, 세계의 상황과 조건에 응답하고 계시는 하나님을 만나고 그분이 하시는 말씀을 듣고 제사장과 예언자의 역할, 예수님의 제자와 사도의 역할을 감당하는 실천 과제를 찾는 작업이다. 21세기라는 역사적 순간을 어떻게 인식하느냐? 21세기의 세계는 어떻게 움직이고 있는가? 그동안 우리는 신학하는 사람으로서, 혹은 기독교인으로서 역사와 세계를 '창조론' '구원론' '선교론(교회확장)' '기독교 윤리론'을 중심으로 기도하고 실천하려고 했다. 이러한 신학과 신앙, 그리고 실천은 21세기에도 변하지 않고 있다. 7, 80년대와 비교해 보면 오히려 보수화되어가고 있고 교회의 확장과 공격적인 해외선교에 열정을 쏟고 있다. 이와 같은 한국교회의 실상은 21세기에 하나님께서 말씀하고 계시는, 아니 갈망하고 계시는 소리와 음성을 들을 수 없다. '생태적 신학' '생태적 영성' '생태주의자 예수'라는 책이 나와 있고, 환경 위기와 관련한 논문들이 간간이 보이기는 하지만 소수자의 주장으로 머물고 한국교회와 신학계는 응답하지 않고 있다.

이상과 같이 한국교회와 신학에 대한 진단을 해 보았는데 이 진단이 올바른 것인지는 자신할 수 없다. 필자는 '교회(하나님) 없이 교회(하나님) 앞에'서 실천하며 일(선교)하고 있기 때문에 피상적으로 볼 수밖에 없다. 그러나 그동안 신학과 교회의 관심은 사람, 사회, 문화, 세계의 문제를 중심에 두고 말했고 시간(때)의 징조에 관해 말(선포)했다. 그러나 공간에 대해서는 말하지 않고 있었다. 이스라엘 민족의 이동과 그 역사를 연구하고, 사건의 의미를 해석하고, 사람의 죄와 구원을 말하며, 제사장과 예언자를 말하고 있었지만 이스라엘 민족이 살았던 삶의 자리, 즉 공간에 대해서는 말하는 것을 들은 바가 없다. 그리고 신약신학에서 예수님께서 살았던 삶의 자리에 관한 신학적 탐구가 있기는 했지만 정치·경제·문화적 접근을 했을 뿐이다. 70년대 초에 '세속도시'라는 공간적 관점에서 신학을 말하고 있었지만 도시의 기능과 세속사회 속에서 일하시는 하나님, 즉 '하나님의 선교'의 신학이었다. 공간에 대한 성격과 질에 대한 신학적 해명도 듣지 못했고, 배우지도 못했다.

 필자는 공간을 신학적으로 사고하고 선교의 관심으로 삼아야 한다고 말하고 싶은 것이다. 왜 그런가? 필자 개인의 신학과 실천, 그리고 신앙고백과 선교 경험을 통해서 정리된 것은 이러하다. 도시 빈민의 생활공간이 해체되는 과정을 지켜보면서 빈민지역이라는 공간적 특수성이 하나님 나라의 공간으로, 예수의 마음을 불러일으키는 공간으로 읽혀졌기 때문이다. 이 공간에서 소통과 순환이 일어남을 보았고, 가난한 공간에서 일고 있는 끈질긴 생명력과 영성을 체험했기 때문이다. 그리고 성서를 다시 읽으면서 하나님의 천지 창조는 공간의 창조에 그 무게 중심이 쏠려 있음을 깨닫게 되었다. 가톨릭 신학자 보프의 생각처럼 인간은 우주창조의 부속품에 지나지 않는 것이라고 깨닫게 되었다. 그토록 아름답다고 하시면서 창조의 보람을 느끼신 하나님의 관심은 공간이 아니었을까? 신약에서 예수님께서 선포하신 '하나님 나라'도 실은 공간 개념이다.
 이처럼 우리는 신학과 선교에서 공간에 관심을 쏟지 못했다. 필자가 공간에 관심을 쏟아야 한다는 필연성과 당위성은 생태적, 환경적 관점 때문이다.

그런데 생태적 신학, 생태적 영성, 생태적 예수에 관한 책이나 환경문제를 다루는 논문에서도 식물 종 다양성의 소멸, 수질 오염, 대기오염, 오존층 문제, 환경재앙, 인구증가, 자원고갈 등에 관한 문제를 다루면서 '문제를 해결하기 위한 대안'에 몰두하고 있다. 그래서 한편으로 환경문제에 대한 의식화를 중요 과제로 삼고 있는 환경운동이 있고 인간의 생태적 가치관과 철학을 화두로 끊임없이 탐구하고 고민하는 녹색평론, 생태적 프로그램을 모색하면서 지역사회의 발전을 모색하는 지방차치단체, 환경문제를 교육에 접목시켜 프로그램을 개발하는 전교조 선생님들 및 다양한 전개와 노력이 펼쳐지고 있다. 또 다른 한편으로는 녹색연합이라는 단체에서 공간에 대한 접근을 하고 있다. 생태마을, 생태 공동체 지역 안에서 생태적 순환에 관한 연구에 몰두하고 있으며, 새만금과 천성산의 문제도 공간의 문제인식을 담고 있다. 숲을 살리고 가꾸려는 기업체(유한킴벌리)도 공간에 대한 관심을 두고 있다고 볼 수 있다. 그래서 필자는 귀농한 후 생태마을에 대한 관심을 처음 갖게 되었다. 96년 이후 귀농과 생태마을은 문명의 전환운동으로 번지기 시작했다. 그러나 아직도 생태마을, 즉 생태적 공간은 성공한 사례도 그 모범으로 내세울 만한 사례가 한국에서는 보이지 않는다. 그런데 외국의 생태마을 혹은 공동체를 배우고 생태적 공간을 창조하려고 노력하는 사람들이 많이 있다. 번역서들과 번역 논문들이 물밀듯 쏟아져 나오고 있다. TV에서도 생태마을에 관한 다큐멘터리도 많이 보도하고 있다. 그럼에도 불구하고 한국 교회와 신학은 생태적 공간에 대한 관심과 공간을 생태적으로 복원하거나 보존하려는 움직임은 아직도 보이지 않고 있다.

성서에서 읽은 하나님의 공간 창조

성서의 창세기를 살펴보자.

'땅이 혼돈하고 공허하여' (1:2) '궁창이 있어 물과 물로 나뉘게 하시니' (1:7) '천하의 물이 한 곳으로 모이고 물이 드러나라 하시니' (1:9) '하나님이 뭍을 땅이라 부르시고 모인 물을 바다라 부르시니' (1:10) '땅은 풀과 씨 맺는 채소와 각기 종류대로' (1:12) '궁창에……낮과 밤을 나뉘게 하고 그것들로 징조와 계절과 날과 해를 이루게 하라' (1:14) '땅 위 하늘의 궁창에는 새가 날으라 하시고' (1:20) '땅의 짐승을 그 종류대로, 가축을 그 종류대로, 땅에 기는 모든 것을 그 종류대로 만드시니' (1:25) '내가 온 지면의 씨 맺는 모든 채소와 씨가진 열매 맺는 모든 나무를' (1:29) '또 땅의 모든 짐승과 하늘의 모든 새와 생명이 있어 땅에 기는 모든 것에게는 내가 모든 푸른 풀을 먹을거리로 주노라' (1:30)

'여호와 하나님이 땅과 하늘을 만드시던 날에' (2:4) '여호와 하나님이 땅의 흙으로 사람을 지으시고' (2:7) '여호와 하나님이 동방의 에덴에 동산을 창설하시고' (2:8)

위의 인용에서 보는 것처럼 하나님은 공간을 창조한 것이 확연하게 드러나고 있다. 땅, 궁창, 물이라는 공간에서 수평적 공간과 수직적 공간으로 우주가 창조된 것이다. 뿐만 아니라 그 공간에 새와 땅의 짐승, 씨 맺는 채소와 열매 맺는 나무들, 땅에 기는 모든 것을 창조하셨다. 인간 창조의 공간적 의미가 수평적 공간의 땅, 즉 흙 한 줌으로 만드셨다는 것도 눈여겨볼 일이다. 다시 말하면 하나님이 인간을 공간적 존재로 창조했다고 말할 수 있지 않을까? 그 공간 안에서 자연 만물과 어울려 살게 하셨는데 상징적 공간으로 에덴을 설정하신 것이 아닐까?

다시 신약에서 예수님의 활동 공간을 살펴보자.
예수의 활동 무대는 갈릴리였고 성장하신 곳은 나사렛이고 태어나신 곳은 베들레헴이다. 예루살렘과 대비되는 공간이다. 가난과 질병으로 고통을 받을 뿐만 아니라 멸시와 천대, 울부짖음과 신음, 근심과 걱정이 많은 삶의 공간이지만 구원에 대한 희망과 갈망이 가득한 공간이다. 생명수를 갈망하고 포도나무와 그 가지에서 생명력을 바라보는 공간이다. 바람과 물결을 잔잔하게 하시며(누가 8:22-25) 열매를 맺지 못하는 무화과나무(누가13:6-9), 건축자의 버린 돌(누가 20:17) 등
공간을 읽을 수 있는 상황과 말씀들이 즐비하다.

하나님 나라는 실현되어야 할 공간이다. 신학과 교회가 하나님 나라에 관해 많은 말을 했지만 그 공간에 관해서는 말하지 않았다. 그러나 이 글은 생태문화 공간에 관해서 말하고 그 신학적 의미의 중요성을 말하려고 한다. 그리고 교회의 선교적 실천과제로 설정해야 할 당위성에 관해서 말하려고 한다. 가능하다면 실천을 위한 프로젝트에 관해서도 언급해 보려 한다.

이 글을 쓰기 위해 특별히 준비하지 않았다. 필자가 그동안 꾸준히 모색하고 고민하면서 얻은 결론인 녹색대학의 과제를 여기에 덧붙여서 말하려고 한다. 신학이 학문이라면 녹색대학도 학문을 추구한다. 교회가

신학의 실천단위라면 녹색대학에서도 그 실천적 과제를 갖고 있다. 녹색대학이 신학과 교회와 무슨 관련이 있는가 하고 묻는다면 앞서 언급한 것처럼 교회 없이 교회 앞에 서 있다는 신학적 고백 때문이다. 필자는 제도권 교회 밖에 서 있다. 물질과 자본 축적을 하나님의 은혜와 축복으로 생각하는 교회는 필자에게 없다. 그러나 흩어지는 교회, 세상 한 가운데에서 일하시는 하나님 앞에 서 있다. 녹색대학은 필자의 선교 현장이며 목회현장이다.

학문이란 무엇인가? 학문을 어떻게 하는 것인가? 우리는 '온 배움' 이란 말로 이런 질문에 대답하고 있다. 아래에서 서술되는 녹색대학의 이야기에서 신학하는 자세와 방법론의 단초가 될 수 있다면 좋겠고 실천과제를 찾아가는 과정과 방법에 관한 시사점을 제공할 수 있다면 다행으로 생각한다. 혹 생태문화 공간의 신학을 탐구하려는 사람들이 있다면 생태문화 공간이라는 현장에서 고민하는 녹색대학과 함께할 수 있을 것이다.

생태문화 공간의 신학적 의미와 중요성을 읽을 수 있는 단초: 녹색대학

온 배움의 과정과 방법

녹색대학의 교육 공동체를 '큰(온) 배움'의 공간으로 설정하고 있지만, 작은 공간, 적은 사람, 부족한 여건에 살고 있는 우리에게는 감당하기 어려운 것이다. 따라서 '큰(온) 배움을 얻기 위해 우리가 어떻게 배움을 일구어야 하는가? 를 묻고 대답해야만 한다.

'나락 한 알 속에 우주가 있다.' 는 명제가 옳다면 이 명제가 우리에게 희망을 준다. 아니 모든 학문은 극히 작은 세포 단위에서 시작되며 안방에서 극히 한정된 공간을 관찰하고 분석하면서 시작된다는 점을 감안한다면 큰 배움이든 온 배움이든 기존의 대학과 잘 어울리지 않음을 알 수 있다. 그리고 그 사실이 명백하다면 새로운 구조를 만들어야 하지 않을까? 이 질문에 대답할 수 있다면 녹색대학의 새로운 구조에서 녹색대학의 정체성이 소화되어야 한다.

그동안 녹대의 교육 목표도 (거대한) 문명을 바라보고 이 속에 있는 문제와 질병을 치료하려 했다. 그러나 '나락 한 알' 과 같은, '한정된 공간' 과 같은 작은 것에 눈을 돌리지 않았다. 이제 그 작은 공간을 집중적으로 관찰하고 분석할 뿐만 아니라, 그동안 학자들이 이 한정된 작은 공간을 어떻게 관찰하고 분석했는지를 공부하면서 온 배움을 얻어야 한다.

녹색대학이라는 생태문화 공간, 그 학문적 성격

우리는 이제 '생태문화 공간' 이라는 한정된 공간을 큰 배움의 교과서로 설정하려 한다. 녹색대학의 구조는 녹색대학만의 공간 위에서 확립되어야 한다. '녹색대학만의 공간', 그 공간을 '생태문화 공간' 으로 설정하는 것이다. 그러하다면 생태문화 공간이란 어떤 공간인가?

나락 한 알과 같은 '나 자신', 그 나락의 씨눈과 같은 '나의 진정성' 이 그 공간 중에 하나다. 그리고 나의 확장이면서 외연이라 할 수 있는 녹색대학이 우리의 생태문화 공간이다.

그러나 우리의 작은 공간을 보다 잘 이해하고 올바로 배우기 위해서는 녹대 주변(생태적 성격과 사회·정치·경제적 성격)의 공간을 배워야 한다. 이 공간도 우리의 생태문화 공간이다.

나아가 생태주의 철학과 논리로 일관되게 인식하며 주장하고 있는 나의 외연이면서 지역사회의 외연인 지구와 우주를 배워야 한다. 왜냐하면 이것도 우리의 생태공간이기 때문이다.

이렇게 말하면 배움의 폭이 넓어지는 것으로 인식하기 쉽겠지만 배움의 깊이가 깊어진다고 인식해야 한다. 다시 말하면, 나로부터 출발한 배움이 그 깊이를 더하면 배움의 폭이 깊어지는 공간, 이른바 '생태문화 공간'이다. 다시 말하면 그동안 주장했던 나를 둘러싼 생태·문화·공간의 3겹 구조인 것이다. 이것이 생태문화 공간의 학문적 구조이다.

녹색대학의 구조가 확립되기 위해서 이 3겹 구조를 현실적으로 구축하고 확립해야 한다. 생태문화 공간의 3겹 구조에 관한 학문적 논증을 하기에는 아직 이르다. 이 논리적 근거는 우리가 함께 찾고 다지고 세워야 할 과제로 남아 있다. 생태문화 공간의 3겹 구조를 녹색 아카데미의 학문적 논거로 삼기 위해 녹색 교육의 지침서를 만들어야 한다는 것이다. 다음의 해설에서 '경敬을 위한 녹색 아카데미', 생태이념과 우리의 문화전통, 그리고 문화행동이 녹색대학의 구조를 세우는 주춧돌을 찾아볼 것이다.

녹색대학이 지난 4년 동안 갈고 닦아온 전통과 쌓인 내공을 바탕으로 내년(2008년) 이후를 위해서 금년(2007년)을 준비의 해로 설정하고 있다. 우리는(물, 샘, 녹지사) 새로운 발돋움을 함께 해야 한다. 소통하고 토론하며 논쟁도 하여 아쉬움을 남기는 사람이 없도록 함께 녹색대학을 만들어야 한다.

그리하여 [녹색대학의 새 이정표를 위한 지침서]를 함께 만들기를 제안하는 것이다.

생태문화 공간과 녹색대학

그동안 우리는 '생태 공동체' 혹은 '생태마을'에 관한 정보를 많이 갖고 있었고 '생태도시'에 대한 정보도 갖게 되었다. 이러한 정보를 토대로 우리도(녹색대학) 생태 공동체를 학교의 울타리에서 실현하려고 했다. 그동안 '녹색다움'에 관한 설왕설래가 있었고 우리말 '녹색'은 '녹슨색'이라는 문제인식도 있었지만 영어 '그린'을 그렇게 번역해서 써 온 관성에서 헤어나지 못했던 것도 사실이다. '초원의 색깔' 정도로 이해할 수 있는 '녹색' 혹은 '그린'에 맴돌면서도, 생태적이고 생명적인 농사, 건축, 살림살이를 실천과 삶을 통해 배웠고, 생태적 합리성과 과학 그리고 생태적 공동체와 윤리(및 철학)도 공부했다. 학교 밖에서는 추상적인 '녹색대학'으로 알려졌지만 학교 안에서는 실로 생태적인 학문과 삶을 치열하게 모색하고 있었던 것이다. 뿐만 아니라 문화와 풍류, 풍수학을 공부하면서 생태학의 민족적 뿌리를 찾으려 했던 것이다. 이러한 공부가 함양군 백전면에 자리하고 있는 일정 공간 안에서 펼쳐졌기 때문에 녹색대학은 이미 생태문화 공간이었다.

그럼에도 불구하고 우리는 녹색대학을 생태문화 공간이라고 의식하거나 인식하지 못했다. 그 이유는 무엇일까?

녹색대학은 크게 열려 있는 '문명'에 주목하고 있었기 때문이다. 생태적 관점에서 강의하고 생활과 실천을 거듭하면서도 문명사회, 즉 모래알 같이 많은 문제를 안고 있는 사회와 국가 혹은 세계의 문제에 관심의 초점을 맞추고 있었던 것이다. 녹색대학의 특수성에 걸맞지 않는 보편성에 빠져 있었다. 병든 문명에 대한 문제인식을 공감하고 있는 명망가의 참여로 명문 대학을 만들려 했던 시도, 명망가의 힘으로 재정적 기반을 마련하려 했던 시도, 교육 개혁을 위한 학교의 운영구조 개선 등이 보편성에 기초하려 했던 증거들이다. 그래서 우리는 학교와 사회, 즉 환경을 파괴하는 정치·경제·사회적 풍토에 시선을 집중했고 이런 사회를 치유하기 위한 운동을 펼치려 했던 것이다.

우리의 사회운동은 문제를 제기하는 운동이었고 그 문제들은 또 다른 문제를 불러들이기 때문에 문제의 순환만 남고 대안을 만들지 못했던 것이다. 이러한 사회적 분위기가 우리 학교에서도 드리우고 있었을 것이다. 운동 과정에서 민주적 원칙은 불문율이다. 그래서 우리도 다양한 물들을 존중하였고 물들을 조화와 순환의 생태적 원리로 안내하였다. 그리고 넓은 시야를 열어주고 자유롭게 개인의 의지를 발현할 수 있도록 도우려 했을 것이다. 그러나 학교는 다양한 물들로 하여금 다양한 분야에서 책임 있는 개인으로 살 수 있는 능력을 개발하도록 돕지 못하거나, 도울 수 있는 대안을 마련하지도 못했다. 물들은 이 사실을 경험하고 학교를 떠나고 말았던 것이다.

이상과 같은 문제와 맞물려 학교의 또 다른 현안문제들로 인해 녹색대학에서 탐구되고 실험되고 있는 생태문화 공간에 대해 집중하거나 심화시킬 수 없었던 것이다.

이제 우리는 녹색대학이 생태문화 공간으로 다시 태어나기를 갈망하고 있다. 그동안 탐구하고 꿈꾸고 지향하려 했던 것을 다시 복원하고 재생산하려 한다. 그리고 생태문화 공간을 녹색대학의 학문과 실천이 있는 주변의 지역, 주민들과 함께 실현하려 한다. 녹색대학의 원초적 갈망, 도시적인 보편성에 의해 훼손된 생태성의 복원, 생태문화 공간의 실현을 위해서 녹색대학은 재생되어야 하며 리모델링해야 한다.

생태문화 공간과 지역사회

생태문화 공간을 창조하려는 녹색대학은 학교 주변, 즉 지역사회를 주목하고 있다. 개량되고 많이 변했지만 농촌사회에 아직 생태와 전통적 (생태적) 문화 유전자가 남아 있다. 그러나 훼손된 요소도 많다. 함양군 백전면의 경우, 자연의 생태계는 크게 보존되어 있고 인간의 생태적 품성은 크게 훼손되어 있다. 보존된 자연생태계의 영향을 많이 받고 있기 때문에 인간의 생태적 품성을 회복할 근거가 된다고 말할 수 있고, 농촌 특히 녹대의 주변인 지역사회를 생태문화 공간으로 복원하거나 창조할 수 있는 여지로 삼을 수 있다.

이러한 우리의 지역사회는 녹대의 학문과 아카데미즘을 증명해야 할 현장이다. 그렇다고 학문 세계의 권위로 상아탑을 쌓거나 업적을 세우려는 것이 아니다. 생태문화 공간을 복원·창조함으로써 지역을 섬기고 봉사하려는 것이다. 녹대의 타자인 지역의 생태계와 주민을 모시는 학문을 실현하려는 것이다.

그러나 그 과정과 방법은 쉽지 않다. 그동안 주민을 교육하거나 의식화하고 조직화를 통해서 당면과제를 풀어가는 전략과 전술에 관한 이론이 있고 실천 방법에 관한 원칙과 사례도 있다. 이를 '주민 운동론'이라고 말하기도 하고 '지역사회 운동론'이라고도 말한다. 이런 것은 행동주의 심리학과 사회학에서 배울 수 있다. 그러나 이와 같은 운동론과 원칙에 따른 주민 운동론은 주민을 운동을 위한 '도구'(혹은 운동가의 대상)가

되어 여러 가지 역기능이 일고 있었다.

　그러나 생태문화 공간의 창조가 하나의 이론(녹색대학의 고유한 녹색 아카데미즘)으로 정립될 수 있으며 이 이론은 생태적 주민운동의 경로와 과정을 통해 정립될 수 있을 것이다. 이를 감히 말해본다면 '경敬'을 위한 '녹색 아카데미'라 할 수 있을 것이다. 이것은 우리의 교과 과정과 교과목에서 드러나겠지만 지역과 주민을 존경하고 신뢰하면서 배우는 과정을 정밀하게 분석하고 정리하게 될 것이다.

　지역사회와 주민을 올바르고 정확하게 공부해야 이 지역에 생태문화 공간을 창조할 수 있을 것이다. 이는 온 배움을 위한 첫걸음이다.

문화를 고리로 생태와 한민족의 전통이 만난다

　자연 혹 생태계가 '의식'은 가지고 있지만 자기를 의식하지 못한다. 그러나 인간은 자기를 의식할 수 있다. 인간의 '자기의식'은 문화를 통해 자연의 의식과 만날 수 있다.

　그 문화를 펼치려는 공간이 생태문화 공간(도시)이다. 정기용 샘은 건축을 하거나 개발을 하려 할 때 '그 땅에게 물어보라'고 한다. 자연의 의식에게 물어보라고 하는 것은 자기의식이 없다고 자연을 업신여기지 말라는 뜻이다. 이러한 자세로 자연을 만날 때 그 관계에서 문화가 발생한다. 이것이 문화의 본래 모습이었다. 본래의 문화는 본래의 생태를 드러내는 것이고, 이 사실을 우리의 전통문화와 연계하여, 이 땅에서 생태문화 공간 그 본래의 모습을 드러낼 것이다. 이는 어느 집단도 감당할 수 없는 녹색대학이 감당해야 할 고유한 책임이며 사명일지도 모른다.

　그동안 우리는 '생태'에 관한 많은 지식과 정보를 얻었다. 그리고 우리가 생태적 삶을 모색하고 그 삶의 근거를 서구의 철학과 사상, 앞서간 사례에서 찾았고 모방하거나 배우려고 하였다. 그러나 끊임없이 그러한 의식과 삶에 빠질 일이 아니다.

우리나라의 소수 지식인들도 우리의 생태사상과 철학을 찾고 그것을 소개하고 있다. 뿐만 아니라 우리의 생태문화를 실험하고 있다.

우리 녹색대학은 한 걸음 더 나아가 생태적 삶과 가장 밀접한 연관이 있는 의, 식, 주와 관련한 문화를 찾으려 한다. 이를 우리 민족의 전통문화에서 찾고 그 속에 우리의 사상과 철학이 어떻게 녹아 있는지를 밝히려는 것이다. 그래서 이 전통문화 속에서 생태적인 문화를 찾고 그것을 아우르는 생태문화 공간을 창조하려 한다.

우리가 문화에 눈을 돌리는 이유는 자기의식이 있기 때문이다. 이 자기의식이 없다고 함부로 자연을 지배하고 착취하며 탐욕과 향유의 대상으로 자연을 희롱하는 사람들을 깨우칠 뿐만 아니라, 자연과 생태계와 하나가 되어 자기의식을 갖도록 도와 스스로 해방하게 하려는 것이다. 어쩌면 우리는 '생태적 문화행동'을 준비하는 집단이라 할 수 있을 것이다.

'경敬'을 위한 녹색 아카데미

동양의 철학과 사상에서 '경'은 '성', '신', '천', '덕', '도'와 연결되어 동양의 세계관 가치관 우주관을 내포하고 있다. 이는 녹색대학의 아카데미즘을 완성하는 3겹 구조의 백미라 할 수 있다. 그리고 대안적 후천개벽의 중심축으로 자리매김을 할 수도 있다. '경'을 바탕으로 하지 않는 학문은 지배와 향유를 위한 도구로 전락할 수밖에 없다. 다소 선언적 해설이긴 하지만 시간 여유가 생길 때 논리적인 해설을 하게 될 것이다.

'경'을 위한 녹색 아카데미를 신학적으로 표현한다면 하나님을 모시고 그의 영을 따라 살고 그의 창조질서를 복원하는 것이 될 것이다. 이러한 인식은 다음과 같은 철학적 논리와 잘 어울린다.

> 이돈화(동학철학을 체계화한 사람/허병섭)는 '경'을 우주와 인간 사회를 '조직하는' 논리의 '원리'로 본다. 다시 말하면 우주의 조직, 인간의 조직이 '경' 일자의 원리로서 범주를 삼았다는 것이다. …… '경'은 그 내용에 있어서 규율의 정연한 상태를 의미하는 것이며 상호 자율성을 의미하는 것이며 상호부조의 장성長成을 의미하는 것이므로 '경'은 곧 대우주의 대법칙을 의미한 것이 된다.…… '시천주侍天主'와 달리 '경'이 없는 자유의 획득은 최제우에게는 '허무에 가까운' 서학의 특징으로 보였던 것이다.『생태적 인간』, 이준모, 다산글방 120쪽

생태문화 공간의 창조(선교)적 실천과 녹색대학의 실천 프로그램

먼저 공간에 대한 경험을 정리해 보자

'도시'라는 공간에서 살고 있는 사람들은 도시의 영향을 받게 될 것이다. 아스팔트와 고층건물, 길거리의 현란한 광고판, 길거리를 오가는 사람들의 옷과 맵시, 도로에 꽉 찬 자동차들이 우리의 시선을 사로잡고 있다. 그리고 방송과 음악과 선전광고 소리, 자동차 달리는 소리들은 우리의 귀를 포섭하고 있다. 길거리에 즐비한 음식점 제과점 찻집과 다방, 술집, 편의점과 스낵 집들이 우리의 입과 배를 끌어당기고 있다. 우리는 언

제 어디서나 보고 싶은 것을 볼 수 있고 듣고 싶은 것을 들을 수 있고 입고 싶은 것을 입을 수 있다. 이 모든 것들이 우리의 욕구를 채울 수 있다. 싫증나면 언제나 바꿔치기할 수도 있고 더 큰 욕구를 향해 달려갈 수 있는 공간이다. 도시는 욕망을 부채질하고 욕망의 질주를 계속하고 있다. 이와 같은 도시의 공간에서 도시인의 개성과 특성, 도시인의 인격이 형성되는 것이다. 우리가 살고 있는 집이라는 공간은 어떤가? 집이라는 공간도 도시의 압축판이고 작은 도시이다.

도시는 보이지 않는 전쟁터이고 총칼 없이 싸우고 있다. 긴장과 대립, 경쟁과 지배, 종속과 노예, 비굴과 체념으로 뒤범벅된 공간이다.

우리는 신앙생활을 한다. 우리가 즐겨 찾는 공간은 교회이다. 십자가가 있고 설교단이 있으며 성가대석이 있다. 이곳에서는 개인의 구원과 하나님의 은혜와 축복을 선포하고 갈망하는 공간이다. 어떤 인간이 되어야 하는지를 깨달을 수 있는 공간이긴 하지만 개인주의에 빠져 있다. 공동체를 지향하긴 하지만 상호보완의 자기충족 이상을 넘어서지 못한다. 선교활동 역시 교회확장과 교인 수 증가가 목적이다. 도시의 성격과 다르지 않다.

그런데 시골이라는 공간은 사뭇 다르다. 필자가 살고 있는 무주와 함양이라는 공간을 설명해 보겠다. 주변은 산으로 둘러싸여 있고 산과 산 사이의 들판은 지금 황금들녘으로 물들어 있다. 들리는 소리는 풀벌레와 새소리 그리고 바람소리가 고작이다. 들판은 평평하여 비어 있고 넓다. 가슴이 확 트인다. 그리고 고요하다. 매일 같은 모양이기 때문에 볼 것도 들을 것도 없다. 듣고 싶은 것, 보고 싶은 것, 먹고 싶은 것이 없다. 욕망이 사라진다. 마음이 평화롭고 고요하다. 도시와 달리 시골의 밤은 적막

하다. 칠흑 같은 어둠이 몰려온다. 하늘의 별빛만 영롱하다. 두렵고 떨리는 마음이 가슴을 여미고, 겸허한 마음이 우리를 감싸고 있다. 자기를 돌아볼 수 있다. 명상과 기도를 할 수 있다. 아침 일찍 성경을 읽고 기도와 명상에 빠지면 황홀하다.

공간이 사람의 삶을 좌우하며 결정짓는다. 사람의 인품과 성격 그리고 가치관에 큰 영향을 준다. 우리는 어떤 공간에서 살아야 하는가? 그러나 우리는 주어진 공간을 이탈할 수 없다. 그러므로 우리의 공간을 바꾸어야 한다. 고속도로망, 고속 광케이블, 전파를 타고 시골 사람들의 빈 마음을 가득 채우는 도시적 상혼과 도시적 욕망이 침투하고 있다. 우리가 살고 있는 공간이 인간을 병들게 하고, 혼란스럽게 하고, 정신분열증에 빠지게 할 뿐만 아니라 하나님의 창조질서를 파괴하고 있다. 그리하여 지구는 사람에게 지속가능한 삶을 살 수 없도록 위기에 빠지고 있다. 그럼에도 불구하고 우리가 공간을 방치하고 이대로 내버려 둘 것인가? 인간답게 살 수 있는 하나님의 창조질서를 회복할 수 있는 공간을 창조해야 할 소명 앞에 서 있다.

녹색대학은 이 하나님의 부르심에 응답하려고 한다. 우리의 공간을 생태적이고 문화적인 공간으로 창조하려 한다. 아니 도시화되어가는 공간을 더 이상 발전되지 못하도록 멈추게 하고 이미 도시화된 공간을 생태문화적으로 재생하려 한다. 이 재생 프로젝트를 우리는 실사구시를 위한 교과목이라 부른다.

생태문화 공간의 창조와 실천을 위한 기초학문, 영성 수련, 기초생활 훈련은 기본이다. 이 기본을 전제한 후 다음과 같은 실천 프로그램을 설정하고 있다. 그러나 모든 프로그램을 다 소개할 수는 없다. 중요한 몇 가지를 소개하려 한다.

사례1

오늘 오전 수업에 이런 공부가 있었다. 바이오 디젤 만들기 수업이다. 이론 수업을 마친 후 실습을 했다. 안전장비를 모두 갖춘 학생들이 비이커에 수산화칼륨 1그램을 따라 전자저울에 달고 여기에 증류수(탈 이온수) 1그램을 조심스럽게 섞어서 흔들고 PH측정기로 산도를 측정하고 이를 다른 학생이 노트에 기록하며, $0.5ml$의 표준 용액을 비이커에 첨가해서 흔들어 섞는다. 다시 PH를 측정하여 8과 9 사이로 급격하게 변하는 지점이 폐식용유를 바이오 디젤로 변환하는 적정상태가 되는 것이다. 이러한 실습과 실험을 여러 사람이 번갈아가며 반복하면서 몸에 익히는 것이다. 처음 시도해 보는 일이어서 흥미와 집중력이 돋보였다.

이러한 바이오 디젤은 보일러와 자동차에 활용되는 기존의 경유를 대체할 수 있는 생태적이고 친환경적인 에너지이다. 앞으로 이 실험 실습 공간을 확보하여 지속적으로 생산할 수 있다. 그렇게 된다면 학교의 난방용 보일러와 자동차 운행에 사용될 수 있다. 그러나 시판은 불법이라고 한다. 바이오 디젤은 우리의 생활공간을 오염시키고 인간의 몸을 병들게 하는 오염을 막는 대안이 될 것이다.

사례2

며칠 전 수업이 아닌 울력이 있었다. 이날은 물(학생)들이 키운 채소밭에 EM 살충제를 주는 날이란다. 필자도 한손 거들었지만 수녀님(물-1학년)이 EM 살충제에 관한 강의를 하신다. 물 뿌리개로 뿌리다가 분무기로 뿌린다. 수녀님도 분무기를 지고 끙끙대지만 얼굴에는 기쁨이 가득하다. 이 밭은 지난 3월부터 각각 자기 밭을 정해놓고 책임 관리했다. 동생을 돌보듯 매일 보살피고 물을 주며 문안을 드리고 애지중지 키웠다. 그동안 손수 키운 밭작물로 식당의 밥상에 오른 것도 많았다. 농사일을 통해서 물들은 평화의 마음 사랑하는 마음 밭을 일구고 있다. 이러한 경험과 기술을 몸으로 익혀서 나중에 자급자족할 수 있는 능력을 익히고 있는 것이다.

사례3

또 얼마 전에는 한세대학교 학생들 20명이 2박 3일 일정으로 우리 학교를 체험방문을 했다. 그들이 체험한 것은 염색과 목공일이었다.

흔히들 염색체험이란 황토 흙 염색, 쑥 염색, 감 염색 등 아름다운 색상을 덧입히는 것으로 생각하기 쉽지만 우리 학교의 염색 선생은 남다른 연구를 하신다. 천연 약초를 재료로 염색하는 실험을 하고 계신다. 약초로 염색한 옷(내의)을 입으면 몸에도 좋은 영향을 준다는 이론이다. 한세대 학생들은 이 체험을 했다. 친환경 디자인을 공부한다는 이 학생들에서 이 체험은 신선한 것이었다.

그리고 목공 체험을 했다. 우리 학교 물(학생)들이 광주에 가서 소목 도제수업을 장기간 받았고, 산청에 가서 대목 수업도 장기간 받았다. 이 물들은 우리 학교의 생태건축학과 물들이다. 그들이 배운 실력으로 한세대 학생들에게 체험을 유도했다. 톱질, 대패질은 물론 망치로 못을 박는 등 다양한 체험을 하면서 즐거운 비명을 지른다. 우리 학교의 물들은 단지 기술만 배우는 것이 아니다. 나무를 다루는 목수 기술을 넘어 나무에 관한 모든 것을 배우고 나무를 통해서 인류학을 배우고 철학을 공부하며 문화와 생물학을 접한다. 기후와 숲에 관해서도 배운다.

사람답게 살 수 있는 공간, 역사와 문화와 철학이 있는 공간, 생명의 본성이 살아 숨쉬고 보존되고 펼칠 수 있는 공간을 창조하기 위해서 우리 학교의 물들은 치열한 학습을 하고 있다.

사례4

우리 학교의 울타리 안에는 건강하고 대안적인 식품을 만들고 조리하며 끊임없이 연구하는 별관이 있다. 각종 조리 기구는 물론이고 각종 남새와 야생화 열매들을 진열해 놓고 영양소를 분석하고 새로운 식품의 가능성을 연구하고 있다. 특히 발효식품에 관한 연구를 집중하고 있는 우상옥 물님은 전국으로 돌며 발효식품에 관한 정보를 수집하고 된장, 김치, 젓갈과 같은 통상적 발효식품은 물론 뽕나무 잎, 칡잎 등 새로운 소재로 발효식품을 연구하고 있다. 뿐만 아니라 각종 차를 개발하고 있다. 야생초 약초를 비롯하여 민들레, 질경이, 뽕잎, 구절초 등 다양한 재료로 차를 개발하기 위해 연구하고 있다. 발효식품, 차 조리방법 등에 관한 공부를 하면서 철학, 인류학 문화사를 함께 공부하고 있다.

사례5

학교의 2층 한 공간에는 재봉틀이 6대 놓여 있다. 이곳은 옷을 스스로 지어 입는 공간이다. 남학생이든 여학생이든 재단을 하고 재봉틀을 돌리면서 스스로 옷을 지어 입는다. 물론 전통적인 바느질 솜씨도 익힌다. 물론 샘(선생)이 지켜보고 돕고 가르친다.

사례6

침과 뜸을 공부하여 동양 의학을 체험하고 실제 병약한 물들과 샘들이 이곳에서 치료를 받는다. 그리고 약초 산행을 한다. 약초의 도사라 할 샘을 따라 매주 목요일 오후 산행을 하면서 풀과 약초를 공부한다. 자연에 손을 내밀기만 하면 먹을 것이 풍부하다. 그리고 약이 되는 것도 즐비하다. 인간이 흙으로 빚어진 자연산인데도 화학성분이 잔뜩 들어 있는 양약으로 질병을 고치려 하니 질병의 악순환은 물론이고 자본을 독점하려는 제약회사 특히 미국의 이익만 챙겨주는 일을 하고 있다. 민중의학 즉 돈 없이, 값싸게 건강해질 수 있는 의학을 꿈꾸고 동양의학의 부활을 갈망하고 있다.

사례7

우리는 학교 주변의 지역 주민들과 함께하려 한다. 우리 학교의 생태건축학 수업에는 '생태지도 그리기' 라는 수업이 있다. 이 수업은 지역을 샅샅이 돌아다니며 지형과 건물을 그리기도 하지만 주민들을 만나 막걸리와 부침개를 먹으면서 옛날이야기를 듣는다. 그들이 살았던 거리 풍경을 떠올리게 하고 그들이 물을 길었던 우물과 그 우물을 둘러싼 갖가지 이야기들을 듣는다. 그리고 그 이야기를 그림 속에 담는다. 그들이 지니고 있는 고풍스런 가구에 얽힌 사연도 듣고 빛바랜 사진에 담긴 이야기도 듣는다. 이 이야기들을 생태지도 그리기에 담는다. 이렇게 함으로써 이 마을을 문화공간으로 설계할 아이디어를 찾는다.

많은 사례를 다 열거할 수 없지만 우리 학교에서는 학교 주변의 마을을 생태문화 공간으로 재생하고 싶은 것이다. 물론 주민들이 주체가 되도록 돕는 주민운동도 펼칠 것이다. 지방 행정의 자치구조의 협력도 받을 것이다. 그리하여 학교와 주변을 생태문화 도시라는 공간으로 새롭게 태어나도록 할 것이다. 이러한 일을 평생의 과제로 생각하고 공부하려는 사람들을 모을 것이다.

결론

생태문화 공간을 하나님의 창조질서의 근본으로 바라보고, 하나님 나라의 한 형태로 믿고 이를 실현하려는 것이 녹색대학에서 필자가 꿈꾸고 있는 내용이다. 물론 이 학교는 기독교 학교가 아니다. 그러나 타 종교와 함께하면서 근본을 함께할 수 있다. 설혹 비종교인이라 할지라도 녹색대학이 추구하는 생태적 영성에 합류할 것이다.

환경문제나 생태적 위기의 문제를 '문제'로만 인식하는 한 풀리지 않는 다른 문제로 꼬리에 꼬리를 물면서 난해하고 불가해한 미궁으로 빠지기 쉽다고 판단했다. 그래서 필자는 공간의 창조 혹은 재생 프로젝트를 제안하고 있는 것이다. 이 프로젝트가 녹색대학만의 것은 아니다. 기독교가 함께해야 할 과제이다. 하나님의 창조질서를 회복해야 하기 때문이다. 신학을 한다거나 신앙으로 산다는 것은 현실 사회에 적응하고 타협하며 생계를 유지하는 수단이나 도구가 아니기 때문이다. 이 시대 이 공간에서 하나님의 말씀을 듣고 복종하여 예수의 제자로 살다가 십자가에 못 박히는 삶을 살아야 한다.

09 생태주의와 자연영성(구상)

자연영성에 관한 이야기는 이 자리가 처음인 듯합니다. 어쩌면 새로 만들어 낸 단어일지도 모릅니다. 제가 영성을 추구하는 사람이라고 알려진 것 같습니다. 제게 이런 제목이 주어졌다는 뜻을 어떻게 헤아려야 할지를 모르겠습니다. 이 주제로 말하기 위해 글을 쓰는 일이 두렵고 큰 부담으로 다가왔습니다. '녹색대학'과 『우리교육』이 함께 펼치는 강좌에 처음을 연다는 것도 무거운 짐입니다. 평소에 독서보다는 생활과 명상에 더 많은 시간을 쏟고 있기 때문에 영성에 대한 지식도 풍부하지 못합니다. 영성의 수준도 미약합니다. 아니 영성과 저를 연관시키는 것 자체가 어리석은 짓일 것입니다. 단지 영성을 갈구하고 있을 뿐입니다. 자연의 영성이라는 말을 듣고 제자신을 돌아보면 초라할 뿐입니다. 농사를 지으면서 농작물과 잡풀 앞에 선 나 자신을 죄인이라고 고백하고 있습니다.

이 시대를 살고 있는 사람들에게도 영성이라는 말은 낯선 손님처럼 어색하고 어울리지 않는 말일지도 모릅니다. 영성이 인간의 마음과 정신에 자리할 곳도 없고 필요하지 않다고 여기는 것이 사실입니다. 오히려 영성을 이야기하는 사람들에게 정신 나간 사람들(비이성적, 비합리적, 비과학적인 사람들)이라고 비난하고 있는 것도 사실입니다.

우리가 영성을 말하고 모색하고 닦아야 한다면 인간의 본성과 본질을 되찾고 참 인간으로 되돌아가야 한다는 갈망과 절규 때문일 것입니다. 인간의 본성과 본질에 관한 성인의 말씀과 철학자나 심리학자의 통찰, 문화 예술가들의 노력, 인문과학과 자연과학자의 탐구를 외면할 수 없습니다. 제가 이 모든 지식을 통달한 것도 아니고 여러분도 다 통달하지는 못했을 것입니다. 이 공부는 끊임없이 해야 할 것입니다. 그런데 저는 통찰과 탐구, 연구와 모색, 깨달은 지혜와 지식을 드러내고 있는 사람들은 제각기 자기가 살고 있는 삶의 자리가 그 내용에 영향을 주고 있다고 생각합니다. 넓게는 서양과 동양, 좁게는 국가와 국가 및 지역과 지역에 따라 그 삶의 자리가 다릅니다. 인간의 본성과 본질도 그 삶의 자리마다 다르게 보일 것입니다. 그래서 다르다는 것은 가치론으로 평가되거나 비교해서 우열을 가늠할 수 없다는 것을 인정해야 합니다.

저는 제가 살고 있는 삶의 자리에서 제자신에 대해 묻고, 삶의 본질과 의미에 관해 탐색하고 고민했습니다. 이러한 내용들이 쌓이기도 하고, 버려지기도 하고, 변하면서 삶의 내용을 채우고 있었습니다. 삶의 자리가 좁게는 시골의 작은 마을에서 중소도시 그리고 대도시로 옮겨지기도 했습니다. 그 삶의 자리를 더 넓히면 이 나라 이 민족의 자리이고, 아시아와 동양으로 확대될 수 있습니다. 그러나 삶의 자리라는 것이 공간만을 뜻하는 것이 아닙니다. 역사와 문화, 정치와 경제, 부모와 이웃의 생활과 가치관 따위와 만나는 삶의 자리입니다. 이 모든 삶의 내용이 영성과 연관되어 있고, 여러 가지의 만남을 통해서 인간의 본성과 본질이 드러나기도 하고 감춰지기도 할 것이며, 또 진실이 드러나기도 하며 거짓이 드러나기도 할 것입니다.

저는 영성이란 말을 기독교의 교회와 신학을 공부하면서 처음 접했습니다.(희랍어의 '프뉴마', 히브리어의 '루아하') 그리고 토테미즘과 애니미즘 혹은 샤머니즘에서 영성의 성격을 읽을 수 있었습니다. 그러나 종교적 영성은 아직도 종교적 집단이나 사람들에 의해서 회자되고 있기 때문에 무시할 수는 없습니다만 원시 종교라 할 수 있는 토테미즘과 애니미즘 혹은 샤머니즘에서 말하는 영성에 대한 태도는 냉소적입니다. 사실이 원시 종교에서 자연영성을 쉽게 이해할 수 있을 것으로 보입니다만 상세히 다룰 수는 없을 것 같습니다.

생태주의와 자연영성에 관한 저의 견해와 경험을 말하기에 앞서서 포괄적이고 다양한 영성의 세계를 접할 수 있는 책 한 권을 소개하겠습니다. 『생태적 삶을 추구하는 영성』(한국교회환경연구소 엮음)이라는 책이 있습니다. 물리학자인 장회익 교수를 비롯해서 종교학 교수인 길희성, 한의원 원장인 박석준, 유학과 교수인 송항룡, 이현주 목사, 엄두섭 목사, 신학자인 이정배 교수 등 다양한 분야의 전문가들이 영성에 대해 말하고 있습니다. 그리고 생태위기에서 인간이 어떻게 살아야 하는지를 안내하고 있는 책도 있는 것 같고, 『녹색평론』이나 『환경과 생명』이라는 잡지도 생태주의와 자연영성을 이해하는 데 도움을 줄 수 있을 것입니다. 저는 이 많은 책들을 머릿속에 담아 정리할 재주가 없습니다.

이성과 합리와 과학이 우리 삶의 본질이고 삶의 원리라고 말할 수 없다는 사실들을 현대의 많은 사람들이 깨닫고 있습니다. 현대적 삶을 만들어가는 모든 기반이 혼란과 불안과 갈등을 촉발하고 있다는 사실을 증언하는 사람도 많습니다. 아니 우리가 살고 있는 사회, 나라, 세계가 정신적 공황상태에 빠졌다고 말하는 사람도 있습니다. 다시 말하면 그동안 확신했던 삶의 본질과 원리가 무너지고 부정되고 있는 것이 사실입니다. 이는 만물의 영장이게 한 이성, 과학, 합리적 능력에 대한 회의가 생기기 시작한 것이라고 볼 수 있습니다.

저는 이 자리에서 개인이 경험했던 영성의 내력을 이야기하면서 자연 영성의 문제로 다가가 보려고 합니다. 이 발제의 전개 과정에서 제 나름의 영성에 대한 이해가 실천을 바탕으로 생성된 것이며, 저의 실천이 보는 사람에 따라 다르게 해석될 수도 있겠지만 저는 영성으로 해석하고 있다는 점을 미리 밝혀 놓겠습니다.

흔히들 머리가 좋고 돈을 많이 벌면 출세한 사람이라는 통설이 있습니다. 사람들은 이성(혹은 지식)과 물적 기반이 개인과 사회를 발전시키는 동력이라고 말합니다. 그런데 저는 머리도 나쁘고 가난의 굴레를 벗어나지 못했습니다. 교회에서 가진 신앙 혹은 사랑으로 저 개인은 성장했고, 인격이 발달하게 된 동력이라고 말할 수 있습니다. 신앙, 사랑, 희망이란 말이 종교에서만 사용되는 말은 아니지만 이와 같은 삶의 내용이 없이는 살 수 없다는 것을 실감하고 있습니다. 이 말이 이성, 합리성, 객관성이라는 말과 어울리지 않을 뿐만 아니라 그러한 기준에서는 이해될 수 없는 특수한 상황과 경험이 있습니다. 그 상황과 경험이 영성과 밀접한 연관성을 지니기도 합니다.

이를테면 나라와 민족을 위해서 살려면 나라와 민족에 대한 지식과 민족 문제에 대한 객관적이고 합리적인 이해가 있어야 한다고 말할 수 있지만, 저의 경우는 성서의 지식과 하나님을 만나는 상황과 경험이 나라와 민족을 위해 살게 했습니다. 물론 신앙과 사랑, 희망에 관한 종교적 심성과 태도 및 실천 형식을 반성하고 아울러 성서를 분석하며 예수와 하나님의 존재에 대한 근원적 물음을 제기하면서 학문적으로 접근하기도 했습니다만 신앙과 사랑 그리고 희망이라는 특수한 상황과 경험을 지울 수 없었습니다. 다시 말하면 종교적 경험인데 이를 영성이라고 말할 수 있을 것입니다.

이 종교적 영성으로 기득권과 지위로부터 자유로울 수 있었고, 낮은 삶의 자리에서 사랑과 신앙 그리고 희망을 일구려 했습니다(특히 지식인과 최하층민과의 만남은 상식으로는 이해되지 않을 만큼 이상한 짓이었습니다. 가정을 버리고 그 사람들과 삶에 미치고 있었던 지난 삶에서 개인적, 가족적 안정으로부터 자유로운 삶이라고 회상해 봅니다). 제도나 기구, 어떤 조직에 안주하지 않고, 보존하거나 유지하며 뒤따라가며 흉내 내지 않으려고 했습니다. 이러한 행동 형식은 '이것이 진실인가?'라는 물음(정상적인 삶의 경로와 지금 처한 삶의 조건 등에 대해)을 던지면서 새로운 삶과 방법을 추구한 결과라고 할 수 있습니다. 저에게는 진실을 추구하는 행보가 끊이지 않았습니다. 그러나 이러한 행보가 반드시 진실과 통하는 것인가 하는 물음도 제기할 수 있습니다. 저와 같이 믿음과 사랑 그리고 희망으로 실천한 동료들이 있고 이러한 실천이 결국 한국의 현대사의 발전에 기여한 증거로 보도되기도 했습니다.* 그러나 다른 사람들 즉 선배와 동료 혹은 후배 및 지인들이 의혹의 눈으로 바라보고 비판하기도 했습니다. 유명해지려고 한 것 아닌가? 눈길을 끌려고 한 것 아닌가? 이러한 비난에도 불구하고 멈출 수 없었던 것은 우리가 이성과 합리성, 과학적 법칙에 우리의 삶을 맡길 수 없는 신앙적 열정이 있었기 때문

---

*kbs 인물 현대사, "한 알의 밀알이 땅에 떨어져, 꼬방동네 허병섭" 편, 2004

입니다. 소외당하고 가난한 사람들의 삶의 자리에서 하나님의 나라를 보고 치닫고 있었고, 새로운 삶을 열기 위한 고난과 고통을 피하지 않았습니다. 그러나 우리의 삶은 빛나는 일도 없었고 성공한 일도 없습니다.

그러나 무모한 행동주의를 경계했습니다. 사회와 정치 세계를 읽는 방식이 있었습니다. 그것은 가난한 사람들의 눈으로 세상을 읽었고 그들의 삶의 자리에서 정치와 경제를 읽었습니다. 그래서 정치구조 안에서 정치를 읽고, 경제적 토대 위에서 경제를 읽는 것과 다를 수밖에 없었고 합리성의 틀 밖에 있었다고 생각합니다. 7, 80년대의 양심적 지식인이 무모하게 실천한 행동들은 보통 사람들에게는 미친 짓이었고 정신 나간 사람들이었습니다(경제과학 혹은 사회과학적 인식을 가진 진보적 지식인의 눈에도 우리의 실천방식은 낭만주의자로 보였습니다). 영성의 요소 중에 미친 짓과 정신이 나간 상태가 있습니다. 구약성서의 '예언자들'을 히브리어로 '나비'라고 하는데 이 말의 뜻은 입에 거품을 무는 사람들이라는 뜻입니다.

이러한 행동이 영성과 연관이 있다고 말할 수 있다면, 저 개인의 경우 이러한 영성을 파울로 프레이리에게서 지원을 받아 보완했다고 말할 수 있습니다. 그 내용은 저의 졸저 『스스로 말하게 하라』(한길사, 1985)에서 읽을 수 있습니다. 가난한 삶의 자리에서 그 사람들의 눈으로 사회와 사람과 세상을 읽고 있었습니다. 그 책에서 저의 영성이 드러나고 있었다고 볼 수 있습니다. 그 책들이 그랬던 것처럼 제 삶이 소외될 수도 있고 빛나는 일도 성공한 일도 없을지 모릅니다. 오늘도 내일도 그 길을 계속하고 있습니다.

특히 서울에서는 가난한 사람들의 노동에 주목하고 있었습니다. 그 노동을 사랑하고 노동에 참여했습니다. 사람과 사회, 정치와 경제, 나라와 민족 그리고 세계를 노동의 눈으로 보기도 했습니다. 인간다운 인간이 되는 길은 노동밖에 없다는 헤겔의 말에서 큰 용기를 얻은 것도 사실입니다. 이러한 인식에 도움을 얻은 책은 이준모 교수의 『노동의 철학과 인간교육』(한신대학교출판부, 1990)입니다. 그래서 노동의 영성에 제자신을 몰입했고 그 보고서를 『일판 사랑판』(현존사, 1992)에 적어본 일도 있습니다. 그런데 도시의 노동이 도시화라는 기계의 부속품으로 전락하고 있다는 사실을 체험하면서 저의 종교적 삶의 진실을 농촌으로 옮기게 된 것입니다. 그리고 『작은 것이 아름답다』를 쓴 슈마허가 유기농을 하려는 사람들은 신비주의자가 되어야 한다는 글귀를 읽으면서 유기농업을 하게 되었습니다. 그리고 유기농업을 선도하고 있는 많은 선각자들(정농회)을 만나면서 큰 감동을 받았습니다. 그들은 사회적으로 비주류에 속하는 사람들이었습니다. 종교적이면서 종교계의 비주류인 이 부류에서 저는 영성을 읽었습니다. 그리고 『녹색평론』의 필자들이 영성을 비종교적인 언어로 말하고 있음을 보았습니다. 또 신과학에 관한 책들을 읽으면서 영성을 다시 확인하고 있었습니다. 제가 농사를 지으면서 느낀 영성과 그 체험을 『넘치는 생명세상 이야기』(함께 읽는 책, 2002)에다 옮겨보았습니다. 그리고 '생명역동농법'(우주의 기운과 땅과의 관계를 활용한 농법)에도 영성이 있음을 알았습니다.

제가 체험했던 영성의 계보를 정리해 보면 이러합니다.

교회를 통해 나타난 하나님의 사랑과 그분에 대한 믿음과 희망(신학이라는 학문을 통해 검증된 영성)--고난, 가난을 상징하는 십자가 영성(도시 노동의 영성)-- 생명을 일으키는 유기농업의 영성.

이제 자연 영성에 진입하는 경로를 말씀드려야 하겠습니다.

농사를 지으면서 신학을 다시 떠올렸습니다. 말씀의 신학(칼 발트)과 자연신학(에밀 부룬너)을 다시 생각했습니다. 신학을 공부할 때에는 말씀의 신학이 정통이었고 신학계의 주류신학이었습니다. 말씀이란 예수를 뜻하는 것이고 동시에 이성과 연계된 희랍적(바울신학) 인식론에 기초하고 있었습니다. 다시 말하면 하나님은 예수를 통해서만 만날 수 있다는 주장을 하고 있었습니다. 확대하면 이성의 도움을 받아야 한다는 말이기도 합니다. 지금 다 되뇔 수 없지만 신앙과 이성에 관한 신학 작업도 광범위하게 펼쳐졌습니다. 반대로 자연신학이 주장하는 핵심은 자연을 통해서 하나님을 만날 수 있다는 주장입니다. 당시에 이 자연신학은 천덕꾸러기 변방의 신학처럼 인식되었습니다. 농사를 하면서 자연신학을 체험하고 있었습니다.

도시에서 경험한 노동의 영성은 농사를 지으면서 흙이 노동하고 있음을 깨닫도록 안내해 주었습니다. 0.002㎜의 흙 입자가 노동하고 있음을 보았습니다. 이 흙의 공동체적 노동의 성격에 대해『환경과 생명』에 투고한 일이 있습니다. 뿐만 아닙니다. 흙 속에 꿈틀거리고 기어다니고 있는 각종 벌레와 개미, 미생물과 박테리아의 노동을 보았습니다. 이 자연의 일부분이 끊임없이 치열하게 노동하고 있었습니다. 그런데 그들의 노동은 공생과 공존의 노동이었습니다. 공생과 공존은 서로 덕을 베푸는 것으로 드러나고 있었습니다(이 부분은 노자의 『도덕경』에서 배운 것입니다). 이 흙 속에서 씨앗이 떨어집니다. 씨앗은 자기의 외피를 벗어 던집니다. 흙 속에서 자기의 몸을 썩히고 있습니다. 그러면 흙 속의 미생물은 썩고 있는 씨앗의 몸을 먹습니다. 배불리 먹은 미생물은 배설을 합니다. 그러면 씨앗의 씨눈이 그 배설물을 먹습니다. 그래서 뿌리가 내리고 싹이 자랍니다. 우리가 눈으로 볼 수 있는 생명의 모양으로 땅 위에 펼쳐집니다(이러한 씨앗의 노동을 이준모 교수는 동학의 철학과 연계하여 밀알의 노동이라고 말합니다. 이 밀알의 노동은 제사문화와도 연관되어 있습니다). 저는 이러한 과정을 지켜보며 예수의 삶을 생각합니다. 하나님의 아들 예수의 삶은 씨앗과 같은 삶입니다. 인류를 위해서 자기 몸을 인간의 먹이로 줍니다. 이것이 십자가입니다. 이 자연의 노동이 예수와 닮았다는 점에서 자연의 노동에 영성이 있습니다.

자연의 일부분을 들어 영성을 말해 보았습니다만 자연을 통째로 보면서 영성을 이해하는 안내자도 있습니다. 신과학자들(얀치, 러브록), 생명역동농법을 제창하는 루돌프 슈타이너, 그리고 동양의 음양오행 사상에서 자연영성을 통째로 이해할 수 있습니다.

자연의 영성을 실감할 수 있는 글을 저는 이현주 목사의 「지네와의 대화」류에서 읽을 수 있었습니다. 자연과의 교감과 같은 것인데 이는 자연물을 거울로 삼아 자기를 바라보거나 성찰하고 반성하는 것입니다. 인간을 반성하게 하고 새로운 깨달음을 불러일으키는 자연을 인식론 혹은 과학(생물학이나 물리학으로)으로 이해하지 않는다는 측면에서 영성적 접근이라고 말할 수 있습니다.

장회익 선생이 자연의 생명체를 '낱생명'과 '온생명'으로 이해하는 측면도 자연을 실용적 대상으로 인식하지 않고 사람과 같은 생명체로 인식한다는 점에서 자연영성의 면모를 암시하고 있다고 생각하며 한면희 선생의 '기 생태주의'도 자연영성을 안내하고 있습니다. 그리고 '녹대'가 탐구하고 있는 '자연의학'도 자연 영성을 드러내고 있습니다.

이처럼 영성이라는 것이 '멀리 있는 신비한 객관적 실체로 붙잡아야 할 것' 혹은 '특별한 수련 과정을 통해서 닦아야 할 도'와 같은 것이 아니라고 생각합니다. 우리의 일상을 인간의 사회적 관계에서 자연적 관계로 전환하는 것이 자연영성에 도달하는 길이며, 우리가 지녔던 세계관을 우주관으로 확대하면서 진실을 추구하고, 지구를 위기에서 구하려는 사명의식이 자연 영성에 이르는 길이라고 말하고 싶습니다. 본래 인간은 자연적 존재였습니다. 그런데 생산 양식이 변화되고, 소유 형식이 변화되면서 사회적 관계라는 관계망이 생겼다고 생각합니다. 본연의 인간으로 되돌아가려는 의식과 노력이 자연영성을 갖도록 안내할 것이라는 확신을 갖고 있습니다.

10 결핍의 영성에 관한 단상

　새로 맞이하는 해에 단식모임이 많이 있습니다. 금년에는 임실에서 단식하려는 사람들의 모임이 있는데, 이 모임에 참여할 생각입니다. 저는 최근 2년 동안 단식모임에 참여하지 못했습니다. 해야 할 일에 마음을 많이 뺏기고 있었기 때문입니다. 할 일이 많아서이기도 하겠지만 단식이 고통스러웠기 때문이기도 할 것입니다. 그리고 단식이 무료하게 느껴지기도 합니다. 활동적인 사람에게는 이 기간이 지루하고, 모임의 틀에 자기를 묶어 두어야 하기 때문에 갑갑하기도 합니다. 새해이니 인사를 드려야 할 사람도 많고 새해를 구상하고 설계해야 할 일도 많은데 이 모든 것을 접고 일주일 가까이 빈둥빈둥해야 하기 때문에 생산적이지 않다고 생각할 수도 있습니다. 사람이 행복을 느낄 수 있는 조건들이 많이 있습니다만 먹는 즐거움이 큰 비중을 차지하지요. 이 즐거움을 포기한다는 것 정말 괴로운 일입니다.

　저는 단식에 관한 깊은 철학을 알지 못합니다. 그러나 경험을 통해서 깨달은 바가 있습니다. 유별난 깨달음도 아니지만 몇 자 적어볼까 합니다.

우리의 몸에서 생명 에너지를 만들고 공급하는 곳은 위장을 비롯한 작은창자와 큰창자일 것입니다. 밖에서 들어오는 음식을 반죽하고 소화액과 발효액을 분비하여 장으로 흘려보내는 동안, 생명에 필요한 여러 가지 요소들을 걸러서 몸의 각 기관에 배달하고 옮기는 활동을 할 것입니다. 우리의 몸은 생명을 만들고 공급하는 활동을 한순간도 멈추지 않습니다. 그런데 외부로부터 음식이 들어오지 않습니다. 그렇다고 활동을 멈출 수 없습니다. 생명 활동을 계속하려고 소화액이나 발효액을 공급하고 있습니다.

영양을 공급받지 못하는 우리의 내장은 비상 상태를 맞습니다. 모든 기관들이 긴장하고 각 부위에서 역할을 담당하던 기관들이 자신을 점검합니다. 음식물이 중단된 상태에서 생명 활동을 지속하기 위해 새로운 각오를 하며 무장하고 그들의 활동에 효율을 높이기 위해 필요 없는 요소를 줄이고 더 강한 힘을 기르려고 안간힘을 쏟게 될 것입니다. 강한 힘을 기르는 동안 기관에 기생하려는 온갖 세균들이 발을 붙이지 못합니다. 이러는 동안 우리는 위의 쓰라림을 느껴야 하고 기운이 떨어지며 몸은 축 처지게 됩니다. 그러나 2, 3일 지나면 몸은 평안해지고 고요하게 됩니다. 그동안 잠복하고 있었던 나쁜 균들이 추방되고 건강하고 새로운 세포가 생깁니다.

사람들은 단식을 통해서 '비움'의 의미에 대해서 생각하고 있습니다. 그 의미도 소중하다고 생각합니다. 저는 이번에 단식을 결핍의 관점에서 바라보고 있습니다. 우리의 속을 비우는 단식 즉 결핍의 순간에 우리의 몸은 자정능력을 갖고 새롭고 건강한 생명체로 다시 진화합니다. 어쩌면 생명운동의 법칙이라고 할 수 있을 것 같습니다. 많이 먹고 잘 먹어서 몸이 풍요로운 사람이 여러 가지 질병을 일으키고 있음을 보고 있는 우리에게 생명운동은 풍요 속에서 일어나지 않는다는 사실을 깨닫게 해줍니다.

우리 몸속에서 일어나는 운동을 속사람의 운동이라고 말해 본다면 겉사람은 결핍을 경험할 때 울고 떼를 쓸 것입니다. 불평과 불만을 토로할 것이고 호소하고 절규하면서 남의 도움을 받으려 할 것입니다. 남의 것을 빼앗거나 훔치려 할 것입니다. 겉사람은 결핍을 경험할 때 부끄러운 모습을 드러내어 보입니다. 다른 한 편으로 인권과 연관시키고 복지제도를 구축하고 웰빙을 모색할 것입니다. 풍요로움을 위해서 제도와 구조를 개선하려 할 것입니다. 나아가 겉사람의 운동은 지식의 축적과 경쟁에 뛰어드는 것이며, 기득권을 확보하고 그것을 발판으로 하여 권력을 잡으려 할 것입니다. 이러한 사람들의 행태로 인해 인간은 야만의 얼굴을 하고 있었고 야만인의 역사와 문명을 발전시켰다고 고발하는 지성인도 있습니다.

기독교에서는 속사람을 영적인 사람, 하느님의 형상이라고 말했습니다. 저는 생명을 창조하신 하느님의 속성을 믿고 있으며 생명운동을 펼치는 하느님의 운동을 체험하고 싶습니다. 그래서 우리의 속사람도 생명운동으로 보고 싶고 이를 영성과 연결해서 명상하고 있습니다.

저는 이번 단식을 준비하는 마음으로 결핍의 영성에 젖어볼까 합니다. 생명 운동의 영성은 결핍에서 일어난다는 생각을 하게 됩니다. 그런데 우리 주변의 사람들은 잘 먹고 잘 입고 편안하게 살고 쉽고 빠르게 살 수 있는 조건을 확대하여 생명의 가치를 높이려 하고 있습니다. 생존의 권리라는 것도 생명의 권리로 바라보고, 생존의 조건이 다르면 그 차이를 비교하면서 생존권을 찾겠다고 주장하게 됩니다. 이것은 설득력을 지니고, 번져가고 보편적 가치로 정착하는가 봅니다. 이러한 가치관을 바탕으로 현대 문명이 펼쳐졌고 지금 총체적 생존의 위기 아니 생명의 위기가 다가오고 있습니다. 인간의 생존권과 생명권, 욕망이 자연을 병들게 하고 신음하게 하여 자원의 고갈, 이상기후와 자연재앙, 인구의 급증과 식량난이라는 위기가 다가오고 있습니다.

한반도에 살고 있는 우리가 5천 년을 생명력으로 버티어 온 이유는 그동안 결핍의 생명력 때문이었다고 생각합니다. 그런데 우리나라도 이제 풍요로운 나라로 바뀌고 있습니다. 영성이라는 것이 존재할 수 있다거나 지속가능하게 하는 힘으로만 파악되는 것은 아닐 것입니다만 멸망의 안내자인 욕망, 경쟁, 시기, 질투, 부도덕, 파괴, 침략, 지배, 억압, 수탈, 착취로 얼룩진 인간의 마음을 바꾸고 치유하는 영성의 가치는 인정해야 할 것입니다. 이 가치를 실현하기 위해서는 결핍의 영성을 갈망해야 한다고 말할 수 있을 것입니다.

사람들이 가장 두려워하는 것도 결핍이라고 생각해 봅니다. 온 세상이 이것을 두려워한 나머지 저축하고 축적하려는 것 같습니다. 이러한 세상과 사회에서 성공하고 출세하는 것이 인생의 목표가 되었고 이 목표를 위해 수단과 방법을 가리지 않는 것을 인간의 가치로 삼고 있는 것이 오늘의 시대상이라 할 수 있을 것입니다.

단식을 하면 이러한 두려움도 극복할 수 있습니다. 신체적인 결핍을 넘어서 지식의 결핍, 의식의 결핍이 '도'에 이르게 하는 길임을 노자의 『도덕경』에서 읽고 있습니다. 단식을 하면 마음의 평화를 느낄 수 있습니다. 아, 그렇군요. 마음에 평화를 얻는 것이 영성을 지니는 기본일 수 있겠습니다.

11 어머니의 손톱에서 생각하는 영성

'평화의 사도'라는 아름다운 생각을 접하도록 인도해 주신 하느님께 감사드립니다. 1년 동안 평화의 사도 여러분들과 교제할 수 있게 되어 가슴이 두근거리고 있습니다. 평화를 일구는 여러분들과 한 가족이 될 수 있다면 또한 즐겁지 않을 수 없습니다. 지난 1년 동안 『경향잡지』에 졸고를 연재한 일이 있습니다만 부끄러웠는데 다시 새로운 연재를 하려고 하니 두려운 마음도 있고 조심스럽습니다. 부족하지만 작은 것이라도 나눈다는 생각으로 용기를 냈습니다. 지난 호 '평화의 사도' 몇 권을 읽었습니다. 낯선 글과 내용이지만 친해지고, 낯선 사람들의 생각과 삶 그리고 그들의 꿈속으로 여행하며 배우려고 합니다.

1961년 우리가 서울로 이사와 용산구 서부이촌동에 살 때의 일입니다. 민족의 가난을 '보릿고개 시절'로 말할 수 있다면 그 막바지인 때입니다. 우리는 한강 천변 뚝방에 움막을 짓고 살았던 사람들의 무리 속에 있었습니다. 저는 고등학교를 졸업했으니 부모를 봉양하거나 동생들을 먹여 살려야 할 책임도 있어서 밖으로 나가 돈벌이를 찾아다녔습니다. 우리는 어떻게 살아남느냐라는 문제에 절박해 있었고 미군(용산) 부대에서 나오는 꿀꿀이죽과 옥수수가루로 연명하기도 했습니다.

제가 집을 비운 사이에 구청의 직원이 움막을 헐어버리고 나면 어머니는 그 움막을 다시 세우고 바람막이를 해놓고 우리를 기다리고 있었습니다. 도구나 연장을 쓰지 않고 혼자 힘으로 그런 일을 해냈습니다. 일 년에 몇 차례나 다시 짓고 또 지으셨습니다. 그리고 조그만 빈 땅이라도 찾아서 푸성귀를 심고 가꾸어 찬거리를 만들거나 시장에서 보따리 장사를 하셨습니다. 창고에서 가마니를 깔고 살기도 했습니다. 이때 어머니가 몸살을 앓아누우신 것을 바라보며 어머니의 손을 잡았습니다. 막막한 삶에 한숨이 깊어졌습니다. 그런데 어머니의 손을 만지다가 손톱이 닳아 없어진 것을 보았습니다. 눈물이 왈칵 쏟아졌습니다. 손톱만 닳은 것이 아니라 몸도 닳아 쇠약해지고 앙상한 뼈로 몸을 버티고 계셨습니다. 감기와 몸살을 밥 먹듯 앓고 계셨습니다. 그런데 그곳에서 성 프란시스코의 영향을 받은 어떤 목사님께서 목회를 하고 계셨습니다. 지금은 돌아가신 이연호 목사님이십니다. 이 삶의 자리가 제게 큰 영향을 주었습니다. 저는 쓰레기 더미 위에서 하느님의 부름을 받았고 가난한 사람들을 위한 삶을 살겠다는 약속을 했습니다.

저도 영양실조로 죽을병에 걸려 세브란스 병원에 입원한 일이 있는데 어머니는 저를 위해 개를 잡아 저의 몸보신을 하라고 머리에 이고 찾아오셨던 일도 있습니다. 자식을 위해 자기의 몸을 송두리째 내어주시는 어머님을 잊을 수 없습니다. 50년 가까이 지난 일이지만 제가 지금 강인한 생명력으로 건강을 유지하고 있는 것을 어머니의 손톱과 연관하여 생각하고 있습니다. 제 밑으로 세 동생이 있지만 모두 건강하게 자라고 있습니다. 저는 어머니의 손톱을 영성의 상징이라고 생각하고 있습니다. 어머니의 손톱에 담긴 삶과 실천이 아니었다면 나와 내 동생은 건강한 삶을 살 수 없었을 것이라는 생각 때문입니다.

신학을 공부하면서 예수의 삶도 그러했다는 사실을 깨닫게 됩니다. 그의 손은 십자가에 못으로 박혔지만 흙에 침을 뱉어 그 흙을 손으로 갠 다음 소경의 눈을 낫게 해 주기도 했습니다. 그의 손으로 죽어가는 생명을 많이 살리셨습니다. 가난한 사람들과 함께 가난한 삶을 축복해 주시고 생명을 일으키는 힘을 불어넣어 주셨다고 믿고 있습니다. 자신의 몸을 무덤에서 썩힘으로 인간의 생명과 영혼을 구원해 주셨습니다. 신학교를 졸업하고 만난 저의 은사(안병무 교수)는 저의 삶과 관심의 세계를 읽으시고 '성 프란시스코 같은 삶을 본받으라' 고 하신 일도 있습니다.

이러한 경로로 저는 삶의 이정표가 이미 정해져 있었습니다. 가난한 삶의 자리를 떠나지 않고 머무는 동안 '가난한 삶의 자리는 영성이 발생하는 자리' 라고 확신하게 되었습니다. 물론 영성을 수련하기 위해 개신교의 어떤 수도원에 머문 일도 있습니다. 그러나 일주일 남짓 후에 나왔습니다. 가난한 사람들의 비명과 한숨, 고통과 좌절을 딛고 생명을 일구어 가려는 몸부림 속에서 영성을 찾아야 한다고 생각했기 때문입니다. 빈민선교에 종사하고 가난한 사람들을 해방하도록 돕는 민중운동에 참여하게 된 것도 이와 관련되어 있습니다.

서울의 가난한 사람들과 함께 살고 있는 후배들을 지금도 만나고 있습니다. 그 후배들이 가난의 영성을 체험하였는지를 잘 알 수 없습니다. 양심적 지식인으로서, 봉사나 복지적 관심의 발로로, 일자리 창출이라는 사회적 관심 때문에 그러한 일에 참여할 수도 있을 것입니다. 그런데 지식, 의식, 혹은 관심이라는 도구로 가난한 사람들에게 다가간다든지, 어떤 프로그램이나 사업을 펼쳐서 가난한 사람들을 넉넉하게 만들고, 권리를 주장하게 하고, 떳떳하게 살도록 돕는다고 하면, 영성의 자리가 어디인지를 후배들에게 묻고 있습니다. 가난한 사람들을 지식과 의식 관심사의 대상으로 삼고 자기의 의식, 지식, 관심을 펼치는 도구로 삼는다면 가난한 사람을 소유하거나 지배할 위험이 있다는 생각 때문입니다. 많이 배운 사람들이 지배와 향유의 의지와 욕망을 가난한 사람들에게서 채우려고 한다면 참으로 위험하고 안타까운 일입니다.

제가 '평화의 사도' 가족이라는 생각으로 1년 동안 공부하려고 하는 이유는 저도 영성, 특히 생태적 영성에 몰두하고 있기 때문입니다. 재속 프란시스코회를 통해서 깨닫고 반성하며 정진할 것들이 많을 것이라고 기대하고 있습니다. '해와 달, 불과 물, 잡초, 심지어 병과 죽음까지 형제자매' 라고 하셨던 성 프란시스코의 세계에 몰입하고 싶습니다. 가난한 사람들을 형제자매라고 보지 않거나 도구적 대상으로 삼지 않도록 후배들과 대화할 기회도 만들어볼 것입니다. 앞으로 여러분과 함께 '평화의 사도' 로서의 길을 걸어가게 되기를 바랍니다.

12 거지의 눈물이 촛불로 타오를 때

며칠 전 서울에서 강연을 했습니다. 가난한 사람들과 함께 사람다운 삶을 일구려는 사람들 30여 명이 모였습니다. 한국 사회에서 명망이 높은 소위 '고수'라는 분들의 강의로 짜여진 한 꼭지를 제가 맡았습니다.

서울이라는 도시 사회에서도 여러 계층의 사람들이 여러 가지 형태로 공부하고 있다는 사실을 알게 되었습니다. 우리 함양의 녹색대학과 같은 모습을 보았습니다. 그러나 '녹색 온배움'과는 달랐습니다. 강의 전에 식사를 하면서 '녹색 온배움을 확산할 수 있는 하나의 기지로 하면 어떨까?' 하고 흘려 보았습니다. 질 높고 진정성이 깔린 교육 운동이 절실한 시대라고 강조해 보았습니다.

수강생들은 가정주부, 교사와 직장인 그리고 활동가들이었습니다. 지역 사회복지관에서 주관하는 프로그램임을 볼 때 가난한 사람들에 대한 복지로 인간다운 삶을 모색하는 듯합니다. 제게 주어진 제목은 '가난, 생명, 공동체'입니다.

수강생들에게 먼저 질문했습니다.
"여러분은 가난합니까? 그렇다면 어떻게 가난합니까?"

모두 멀뚱하게 바라보고 있었습니다. 그래서 세 사람을 지명하여 대답을 들어보았습니다. 주저하면서 "가난하지 않는데요……"라고 했습니다.

그래서 저는 "어째서 가난하지 않습니까?" 하고 다시 물었습니다.

"글쎄요" 하면서 난감한 표정을 지었습니다. 그들이 겸연쩍게 쏟아 놓은 말은 이런 것이었습니다.

"무언가를 나눌 수 있다고 생각하기 때문입니다."

그래서 저는 다시 물었습니다. "무엇을 나눌 수 있지요?"

그들은 "……가난한 사람들을 도울 수 있기 때문입니다……"라고 했습니다.

제가 짐작한 것은 수강생들이 굶지 않고 있고 주거에 큰 불안이 없고 헐벗지 않고 있다는 뜻으로 받아들였습니다. 그리고 무언가 배워 아는 것이 있기 때문에 가난한 사람들에게 스스로 무언가를 할 수 있도록 도울 수 있다는 것이었습니다.

그런데 저는 썰렁한 말을 했습니다. "제가 보기에는 여러분들, 물론 저를 포함해서 모두 거지라고 생각합니다."

모두들 눈이 휘둥그레지며 긴장하고 있었습니다. "의식주에 큰 불편이 없다고 해서 가난하지 않다고 말하는 것을 이해 못하는 것이 아닙니다. 여러분보다 제가 수입면에서 훨씬 가난하지만 제가 물질적으로 가난하다고 생각하지 않습니다. 그러나 우리는 거지입니다."

내 주장의 요지는 다음과 같은 것입니다.

"우리는 '자기'를 잊어버리거나 빼앗겼고 수탈당하고 있다. 인간의 자기 즉 '주체성'이 짓밟히고 있다. 처참하리만큼 자기가 질곡을 당하고 있다. 자기가 하고 싶은 일, 먹고 싶은 것, 보고 싶은 것, 모두는 진정 자기가 원해서 하거나 먹거나 보고 있는 것이 아니다. 유혹에 끌려서 강요에 못 이겨서 체면치레를 위해서 그렇게 할 뿐이다.
다시 말하면 "'자기'라는 주체성이 없기 때문에 우리는 거지다."

이상과 같은 논리와 철학은 학교의 물들과 함께 읽고 있는 『서로 주체성의 이념』이라는 책에서 배운 것이지만 그 책의 내용을 삶의 현실에 적용하여 다시 해석한 것입니다.

이 시대는 인간으로 하여금 인간이기를 포기하게 하는 시대인가 봅니다. 심각한 일입니다. 우리는 사회라는 기계의 부속품입니다. 자본이라는 힘을 믿고 권력을 휘두르는 사람들의 노예로 살고 있습니다. 인간으로서, 인격자로서 자기의 의지를 자유롭게 펼칠 수 있는 사람을 우리 사회에서 찾아보기 힘듭니다. 통치자의 눈에도 국민이 지배의 대상으로 보이는가 봅니다. 짐승을 몰아가듯 몰아치는 사람들에 의해 우리는 내몰리고 있고 무시당하고 있습니다. 자기를 상실한 거지들의 눈물이 촛농처럼 흘러내릴 때 촛불로 점화되어 오늘의 '시민권력'이 형성되는가 봅니다.

이를 심각하게 의식하는 사람들이 자기를 회복하려는 '서로 주체성'으로, 새로운 세상을 대안적으로 만들어야 할 과제를 떠안아야 한다고 생각합니다. 다시 말하면 우리가 추구하는 삶의 지향, 일상생활에서 젖어들고 있는 여러 가지 관심사에 빠지기 이전에 '우리'를 노예로 부리는 세력에 대해 의식하면서 '자기'를 돌아보아야 할 것입니다. 자기를 돌아보면서, 자기를 의식할 수 있는 '우리'를 찾고, 이러한 '우리'와 만나는 삶을 살 수 있다면 그 삶터는 아름답고 행복한 공간이 될 것입니다.

13 농민들의 땀에 비친 세계
   그리고 역사와 가치

제목이 거창하게 보입니다. 지금 농민들의 피와 땀을 FTA 제단에 올려놓고 정권의 희생제물로 바치고 있는데 이처럼 고상한 제목으로 생각을 나눈다는 것이 어울리지 않을지도 모르겠습니다. 이병렬님*이 땀이 아니라 죽음으로 저항하고 있는데 강의실에서 이런 이야기를 나누고 있다는 것이 죄스러운 일일지도 모르겠습니다. 광화문에서 청계천으로, 청계천에서 신촌으로 번지고 있는 촛불 문화제가 연일 들끓고 있는데 이런 생각만 하고 있어도 되는 것인지 묻고 싶습니다. 그러나 우리의 이 모임도 농민의 땀을 촛불로 들고 하나의 문화제를 연다고 생각하면서 스스로 위로해야겠습니다.

세상 사람들 중에 아래와 같은 말을 하는 사람들이 있을 것입니다.

---

*전북 정읍 출생(1967). 대한민국 공무원이자 시민사회운동가이면서 노동운동가이다. 미화원으로 공공노조 전북평등지부 조합원으로 활동하였고 2006년 민주노동당에 가입하였으며 2008년 광우병 촛불집회에서 분신자살하였다.

"농사를 짓는다는 것은 인간이 할 수 있는 가장 훌륭하고 아름답고 숭고한 것입니다. 그것은 인간의 가치를 높여주고 사는 맛을 제대로 맛보게 하며 최고의 행복에 젖게 하며 감동과 감사와 보람을 흠뻑 느낄 수 있는 삶입니다."

이렇게 말한다면 정신 나간 사람이라고 할 것입니다. 정신이 나갔다는 말은 '세상이 어떻게 돌아가고 있는지 모르는 사람'이란 말과 같은 뜻일 것입니다. 그러나 이렇게 말하고 있는 사람도 있음이 분명합니다.

함석헌 선생님도 그런 말씀을 하셨지만 진실한 농부도 그렇게 말합니다. 그런데 진실한 농부를 정신 나간 사람이라고 말하는 사람들, 즉 정신이 제대로 박힌 사람들은 무어라 하는지 들어보겠습니다.

"이런저런 음식을 먹고 그 맛을 즐기며 세계를 돌아다니는 것이 행복한 삶이다. 좁은 한국 땅을 벗어나 세계의 여러 나라 풍물을 보고 듣고 취해보는 것이 훌륭한 삶이다. 이런저런 옷을 입고 멋을 부리며 사람들 앞에 나서는 일이 보람된 일이다, 공부를 잘하기 위해 남보다 더 열심히 배우고 책을 많이 읽어서 일류 대학에 들어가고 그 대학의 학맥을 배경으로 출세하는 것이 숭고한 삶이다. 좋은 배필을 만나 멋들어진 사랑을 나누다가 싫어지면 또 새로운 사람을 만나 쾌락을 누리는 것이 보람이다. 인기를 얻어서 사람들이 나를 따르게 하고 내 손아귀에서 놀아나는 것을 보는 것이 가치 있는 삶이다."

"그럴만한 능력이 없는 사람은 평범하게 사는 것이다. 적당한 직장을 얻어서 적당한 배필을 만나 끼니 걱정하지 않고 건강하게 살다 가면 되는 것이다. 힘들게 고생하지 않는 것만 해도 얼마나 행복한가? 적당히 눈치 보며 지혜롭게 사는 것이야. 사람들이 많이 꼬이는 틈 사이에서 적당히 즐기고 살면 되는 것이야."

별난 삶을 살거나 평범하고 일상적으로 생활하고 있는 사람들이지만 그들의 인생관, 가치관, 역사관, 세계관이 자리 잡고 있습니다. 사람들은 모두 제 나름의 시각이 있고 가치관을 가지고 세상(세계)을 살고 있습니다. 사람들은 이러한 의식을 일상에서 무의식적으로 혹은 의식적으로 던지는 말 속에 담아두고 있습니다.

도시 사람들은 농사짓는 사람들을 바라보며 정신 나간 사람들이라고 할지도 모르겠습니다. 그런데 설날이나 추석 때가 되면 도시의 사람들이 모두 농촌으로 와서 시름을 풀고 갈 뿐만 아니라 우리가 지은 농산물을 잔뜩 싸가지고 갑니다. 정서적으로 농촌에 뿌리를 두고 있고, 농산물이나 부모의 피와 땀에서 삶의 보람을 느끼고 있습니다. 어쩌면 여러분은 도시의 자녀들을 위해서 뼛골이 빠지고 있는지도 모르겠습니다. 이렇게 생각해 보면 엄청난 모순 속에서 살고 있습니다. 정신 나간 사람들이라는 멸시를 당하고 천대받는 줄 알면서도 순한 양처럼 살아온 농민들입니다.

"늠름한 풍채도, 멋진 모습도 그에게는 없었다. ……사람들이 얼굴을 가리고 피해갈 만큼 멸시만 당하였으므로 우리도 덩달아 그를 업신여겼다. 그런데 실상 그는 우리가 앓을 병을 앓아 주었으며, 우리가 받을 고통을 겪어 주었구나(이사야 53; 2-4)."

우리의 선조들도 그렇게 살았습니다. 이러한 삶과 관련한 철학적 의미에 대해서는 나중에 짚어 보도록 하겠습니다.

돌이켜 생각해 보면 우리 선조들은 정신 나간 사람들인 것이 분명합니다. 우리 선조들은 그렇게 살았습니다. 선조들의 삶, 즉 농사만 알고 농사를 삶의 전부로 생각했던 삶을 잠깐 돌이켜 보는 일도 좋겠습니다.

먼저 인류 최초의 농서農書라고 하는 『범승지서』를 살펴보겠습니다. 중국의 '북서농업대학'의 석성한 교수가 쓴 '『범승지서』의 분석적 해설문'이라는 글에서 몇 구절을 인용해 보겠습니다.

"지금 남아 있는 농학자 학교에 관한 최초의 계통적인 책을 살펴보면 『여씨춘추』 가운데 여섯 개 장에 모아놓은 바, 사용(土容-기본적인 학자의 업적)이라고 알려진 내용이 발견된다. ……전체적으로 보면 이들 여섯 장의 이면에는 일관된 사상의 흐름이 있음에 주목하게 된다. 주된 명제는 계절과 흙의 생산성을 생각하여 인간 자신의 노력에 따라 농업을 개량함으로써 토지에서 보다 많은 생산물을 얻을 수 있도록 하는 것이다. ……고대 농학자들의 중심적 사고방식으로 유물론적 우주관의 귀결이라고 할 수 있다는 것이다."(108쪽-109쪽)

『범승지서』의 농업 활동은 관중에 집중되었다. 관중 지방은 주나라가 번창했던 장소였다는 사실을 기억해 두기 바란다. 주 나라는 고대 중국에 있어서 전통적으로 소문난 농경민족의 땅이었다. 농업에 대한 풍부한 지식이나 경험은 적어도 10세기 이상 걸쳐서 농민에 의하여 후세까지 전해져 내려 왔음은 물론 더욱 발전시키고 널리 확산되기도 하였을 것이다. "……그 때문에 관중에서는 농업 기술의 훌륭한 전통이 잘 유지되었다고 생각한다."(113쪽) 『범승지서』는 황하 상류 및 중류의 건조한 풍토에 적응한 일련의 농업지침서라 해도 무방하다.

이 책에서 확인할 수 있는 농업의 원리는,

"식물의 생장을 위해서는 적절한 환경을 유지하도록 노력해야 된다는 사실이다. 식물 생장에 적당한 환경이라는 것은 토성, 토양수분, 토양온도 등이 적당한 온도와 전체적으로 맞아떨어져 조화를 이룬 환경이다."(115쪽)

"고대 중국의 농민은…… 토양을 쉽게 갈이[耕]할 수 있도록 하는 농사일의 중요성을 살릴 방도는 터득하고 있었음을 짐작케 하고 있다. 또한 농업에 관계되는 모든 고전은 대지에 대한 부지런한 노동이 중요하다는 사실을 주장하고 있다."(117쪽)

"『범승지서』에 쓰여 있는 이들 중 많은 항목의 역사적 흐름은 인간 행위의 진실을 선명하게 예증例證하고 있다고 해도 좋을 것이다."

위 인용문을 다시 정리해 보면 인간 행위의 진실을 선명하게 예증하고 있는 최초의 농민을 볼 수 있다는 사실입니다. 그 인간 행위의 진실이란 계절과 흙의 생산성을 알기 위해 부단히 관찰하고 탐구했다는 사실을 엿볼 수 있습니다. 농사와 환경의 조화를 위해서 농업을 개량하고 치열한 노동을 하면서 대지와 하나가 된 모습을 읽을 수 있습니다. 그러한 삶을 통해서 우주를 바라보고 있었음을 알 수 있습니다.

중국의 농사 고전에 영향을 받으면서 우리의 경험과 지혜를 집대성한 『산림경제』(홍만선)를 살펴보겠습니다.

우리 선조들이 "농촌 생활에 필요한 가정보감家庭寶鑑으로써 조선 후기 실학자들의 대표적 저술의 하나다."(15쪽)라고 이 책의 해제문의 결어에 적어두고 있습니다.

"산림과 경제는 길을 달리 한다. 즉 산림은 벼슬하지 않고 초야에서 자신의 한 몸만을 잘 지니려는 자가 즐겨 하는 것이고, 경제는 당세에 득의하여 벼슬하는 자가 행하는 것이다. 산림과 경제가 이같이 다르지만 공통된 점도 있다. 경經이란 서무를 처리하는 것이고 제濟란 널리 중생을 구제하는 것이다. 조정에는 조정의 사업이 있으니 이것이 곧 조정의 경제이고, 산림에는 산림의 사업이 있으니 이것이 곧 산림 경제이다…… 국가를 살리고 백성을 다스릴 경륜을 화목化木을 기르는 것으로 표현한 것이며, 나라를 다스리고 세도世道를 맡을 경륜을 원포(園圃-과수나 채소를 심는 밭)를 가꾸는 것으로 나타낸 것이니 사중(홍만선)은 산림에 묻혀 살고 있으면서도 마음은 경제에 두었다고 이를 만하다."(27쪽)

"소요부(邵堯夫- 소옹邵雄의 아들)의 시詩에 '초야라고 사업이 없다 말게나 / 내 몸 내 집 다스림도 사업이라오.' 하였는데 사중의 뜻도 아마 이런 데서 나온 것이리라."

『산림경제』는 복거卜居, 섭생攝生, 치농治農, 치포治圃, 종수種樹, 양화養花, 양잠養蠶, 목양牧養, 치선(治膳- 채소나 생선 따위를 가공) 등을 다루고 있는데 "도道는 번거로운 데에 있는 것이 아니다. 다만 의식을 생각지 않고, 성색聲色을 생각지 않고, 승부를 생각지 않고, 득실을 생각지 않고, 영욕榮辱을 생각지 않을 수 있으면 마음은 괴롭지 않고 정신은 다하지 않는다."(45쪽)는 생각에서부터 "마땅히 빛깔이 순일하고 견실한, 잡되지도 쭈글쭈글하지도 않는 것을 가려서 쭉정이는 까불어 버린 다음 물에 뜨는 것은 버리고, 다시 건져 습기가 없어지도록 충분히 말린다."(94쪽)는 종자 선택의 기준, 그리고 농사하는 방법을 아주 세밀하게 모든 품종에 걸쳐서 설명하고 있습니다. 이 책을 읽으면 땅과 흙에 대한 세심한 관찰로 그 성질을 파악하고 퇴비를 만드는 방법과 시비하는 방법, 골을 파는 데 그 깊이와 넓이 등 상세히 적고 있어서 지루할 정도입니다. 이러한 농사를 하면서 선조들이 살았다는 것을 상상해 보면 넋이 빠질 정도입니다.

위 인용문에서 특히 주목하고 싶은 것이 있습니다. 농사를 도道와 연결해서 살고 있다는 사실입니다. '순일한 빛깔' '잡되지 않음' '쭈글쭈글하지 않음' '쭉정이' 와 같은 종자 선택의 기준에서 '의식' '성색' '승부' '득실' '영욕' 과 같은 삶의 잔영을 반사하고 있다는 사실입니다. 이는 중국의 농서와는 다른 빛깔을 지니고 있다는 증거입니다. 『범승지서』가 '기술' 을 특색으로 한다면 『산림경제』는 '도' 를 특색으로 드러내고 있다는 사실입니다.

고대 중국이나 조선 후기에 살았던 우리의 선조 농민들이 이처럼 순결한 마음으로 노동하며 살았지만 지배자의 멸시와 수탈은 끊이지 않았습니다. 그 사실들을 여기서 일일이 열거하기는 어렵습니다.

다시 이 시대를 살아가는 우리의 농사를 되돌아보겠습니다. 선조들에 비하면 지금 우리는 아주 편하게 농사짓고 있습니다. 퇴비를 만드는 고

생을 하지 않아도 되고, 허리 굽혀 땅을 헤집지 않아도 됩니다. 소 대신 경운기가 있고 트랙터가 있어서 손쉽게 농사를 짓습니다. 문명이 발달했기 때문입니다. 그래서 발달된 문명의 혜택에 감사하고 인간의 지혜와 지식에 경탄을 합니다. 인간으로서의 자부심과 긍지 그리고 자만심까지 생길 정도입니다. 대량 생산을 위해 지혜를 총동원하고 땅과 흙 그리고 농산물을 자본으로 생각하며 무한 증식, 무한 이윤을 추구하게 되었습니다. "인간 중심주의에서 인간 우월주의로 모든 것이 개발(건설=파괴)이익, 발전이익, 조작이익, 극복의 이익 등 인간 중심의 이익추구의 대상이 된**" 자연이 이제는 인간을 향하여 복수를 하고 있다고 말하고 있습니다.

그러나 이 시대에도 같은 농사를 짓고 사는 사람들 중에 정신 나간 사람들이 있고 정신이 바로 박힌 사람이 있습니다. 저도 정신 나간 사람들 중에 한 사람입니다. 저는 1천 2백 평의 땅에 농사를 하고 있습니다. 논이 6백 평이고 밭이 6백 평입니다. 1년에 쌀 7가마를 소출합니다. 밭에서는 감자, 고추, 콩, 들깨, 마늘을 키우고 텃밭에서는 각종 푸성귀를 키웁니다. 김장채소(배추, 열무, 갓)도 심고 있지요. 대개는 1년의 양식과 식품으로 사용하고 남는 것은 약간의 돈을 만들거나 나누어먹지요. 생활비도 적게 들고 쓰임새가 없습니다. 빚도 없지요. 큰 걱정이 없습니다. 우리 선조들이 부지런히 일하고 생각하고 연구한 것에 미치지 못하는 것이 부끄럽습니다. 또 『산림경제』처럼 도에 이르지 못하고 있습니다. 이런 농사 체험을 정리해서 책으로 낸 일도 있습니다만 그 삶을 이 자리에서 다 말씀드리지 못합니다. 핵심은 농약과 제초제, 화학비료를 쓰지 않고 자연의 생

**권영근, "녹색혁명형 농업의 대안으로서의 지역 내 물질순환형 농업"

명체를 나의 생명처럼 여기고 돌보며 소중히 여기고 있습니다만 선조들의 정신 앞에서 부끄럽고 죄짓는 마음에 짓눌리고 있습니다.

그러나 정상적인 농사꾼은 저와 아주 다릅니다. 기존의 농민들에게 야단을 맞고 비난을 받는 경우도 있습니다. 그들은 최소 2천 평에서 5천 평 정도의 땅에서 농사를 합니다. 대체로 단작을 하며 집약적인 농사를 합니다. 그래서 농자재 값을 지불하고 자녀들의 학비도 지원하고 건강을 관리하는 비용과 각종 공과금을 내야 합니다. 단작으로 집약 제배를 할 경우 시설을 해야 하고 에너지도 써야 합니다. 그에 따른 비용도 필요합니다. 그래서 융자나 대출을 받기도 하여 빚을 지기도 합니다. 몸도 시들어가고 병마와 싸우고 있습니다. 근심과 걱정이 태산과 같습니다. 그러면 그럴수록 더 열심히 더 많은 생산량을 거두어야 하며 시류에 따라 돈 되는 작물로 바꿔야 하므로 자본도 더 들고 힘도 더 들며 농산물의 판매도 만만치 않습니다.

위의 두 가지 사례를 놓고 생각해 보도록 하겠습니다. 하나는 자기가 하고 싶어서 하는 농사이고 다른 하나는 마지못해 하는 농사라 할 수 있습니다. 같은 농사를 짓지만 이 두 종류는 엄청난 차이를 보이고 있습니다. 한쪽은 정신 나간 사람이고 다른 한쪽은 정신이 제대로 박힌 사람입니다. 그런데 하나는 자발적이고 주체적인 삶입니다. 자기가 하는 일의 주인은 자기입니다. 자유롭습니다. 즐길 수 있습니다. 멋을 낼 수도 있습니다.

또 다른 하나는 억지로 하는 일입니다. 하기 싫지만 하지 않으면 안 되는 일입니다. 울며 겨자 먹기입니다. 이렇게 살도록 누군가가 압박하고 강요하기 때문입니다. 압박당하거나 강요된 삶을 따라 한다는 것은 노예와 같은 삶이고 자존심을 구기면서 속박당하고 있습니다. 그런 현실을 인정하고 싶지 않기 때문에 자녀에 대한 '책임감', 사회에 대한 '의무감', 인간으로서 지켜야 할 '마땅한 도리' 라고 합리화합니다. 달리 말하면 사회에서 뒤지지 않고 사회가 조성하고 있는 문화와 문명을 향유하는 것이 사람답게 사는 도리라고 생각합니다. 이러한 생각은 모든 국민들의 머리에 박힌 이데올로기가 되었습니다. 이를 자본주의라는 이념이라 합니다. 쉽게 말하면 자본의 노예가 되어도 비굴한 감정이 생기지도 않고 화나거나 분노하는 마음도 생기지 못하게 되었다는 말입니다.

저는 도시에서 양심을 찾고 성실하게 살기 위해서 가난한 사람들을 위해 일하는 젊은이들을 만나 강연을 자주 합니다. 그들에게 질문을 해 보았습니다. "당신들은 가난합니까?" 그러나 그들은 "가난하지 않습니다." 라고 대답했습니다. 그런데 저는 그들에게 "제가 보기에는 여러분은 거지라고 생각합니다."라고 말했습니다. 자기를 빼앗긴 도둑맞은 사람들이라고 했습니다. 입고, 먹고 잠자는 일에 걱정 없이 살고 있지만 '자기', 다시 말해서 '영혼' 이 없이 살고 있기 때문에 가난하다고 단정했습니다. 함석헌 선생의 말을 빌리면 '갈보' 와 같은 사람이고 '갈보' 처럼 살고 있다는 것입니다.

함석헌 선생이 우리 민족을 '다섯 남편을 둔 사마리아 여인' 에 비유하면서 슬픔과 좌절, 짓밟힘과 자기 상실 속에 살아온 민족이라고 말한 일이 있습니다. 우리 농민은 어떻습니까? 우리를 능욕하는 사람들의 틈바구니에서 살고 있다고 말할 때 '아니오.' 라고 말할 자신이 있습니까? 그동안 금융자본(농협 등)이라는 남편, 정치인이라는 남편, 허위의식이라는 남편, 우리를 유혹하고 몽상에 빠지게 하는 상업광고라는 남편, FTA

라는 남편에 시달리고 있는 것 아닙니까? 이 남편들이 제각기 자기 방식으로 우리를 짓밟고 있습니다. 아니 우리가 그 남편들을 섬기고 있습니다. 나아가 그 남편들을 우러러보며 흠모하고 있습니다. 어찌해야 합니까? 무엇을 할 수 있습니까? 복수를 해야 할까요? 분노하면서 세상을 뒤집어엎을까요? 농민의 힘을 모아 본때를 보여줄까요?

    요즈음은 촛불을 들고 춤을 추고 노래를 하고 있는 것을 봅니다. 초를 녹인 눈물로 빛을 발하는 촛불들이 도시의 네온사인을 묻어버리고 휘황찬란한 도시의 허위의식을 몰아내고 있다고 생각해 봅니다. 농민들의 눈물이 초를 녹인 눈물이 된 것이 아닐까요? 그래서 한용운 선생은 "거지는 인격이 없다. 인격이 없는 사람은 생명이 없다. 너를 도와주는 것은 죄악이다."라는 말을 듣고 "쏟아지는 눈물 속에서 당신(진리)을 보았습니다."고 했습니다. 그리고 "민적(民籍;주체성)이 없는 자는 인권이 없다. 인권이 없는 너에게 무슨 정조냐" 하고 능욕하는 사람에게 "항거한 뒤에 남에 대한 격분이 스스로의 슬픔으로 화하는 찰나에 당신(진리)을 보았습니다."라고 했습니다. 어찌해야 할까? 무엇을 할 수 있을까 "망설일 때에 당신(진리)을 보았습니다."고 했습니다."

    지난 70년대와 80년대의 사람들이 복수하는 심정으로 분노하여 세상을 뒤엎고 힘을 모아 본때를 보여서 정권을 잡더니 다시 농민을 무시하고 능욕하지 않았습니까? 우리의 선조들은 숱한 외세의 능욕을 당하고 지배 계급에 의해 능욕을 당하면서 흘린 눈물로 땅을 일구고 씨를 뿌리면서 생명을 일구었기 때문에 진실로 저항하면서 5천 년의 역사를 끈질긴 생명으로 지켰습니다. 우리 농민이 흘린 눈물에서 허위의식과 거짓을 드러내고 지배 계급을 무너뜨리는 힘으로 되살아났던 것입니다. 지금의 촛불처럼 우리 역사를 밝힐 수 있었습니다. 지구 위에 우리나라처럼 끈질긴 생명력으로 5천 년을 버틴 나라는 없습니다. 그 힘은 다섯 아니 수십 명의 남편을 두고 능욕을 당했지만 함몰되지 않고 그들을 부끄럽게 했던 눈물의 힘이라고 생각합니다.

다시 농사 문제로 돌아가서 정리해 보겠습니다. 선조들의 농사방법, 땅과 환경의 변화를 살피는 정성과 끈질긴 관찰과 실험 그리고 기술을 개발하는 모습을 보았습니다. 다시 요약하면 우리의 선조들은 자연의 순환을 읽었고 그 순환의 법칙을 따랐다고 할 수 있습니다. 그리고 마음의 도를 닦았습니다.

우리나라의 현대 농법의 흐름을 보면, 소위 '녹색혁명' 이라는 이름으로 다수확 대량생산을 통해 굶주림으로부터 해방되는 것이었습니다. 이 녹색혁명은 외국의 신품종을 들여와 우리 토양에 접목시킨 것입니다. 이를테면 외국종을 우리 토양에 순환시킨 것이지요. 또 대량생산을 위한 장애물을 걷어내기 위해 화학비료와 제초제를 쓰게 되었습니다. 땅에서 나온 농업자재가 아니라 화학적으로 공장에서 제조된 물질을 투입하여 순환시켰다고 볼 수 있습니다. 대량생산 과정에서 걷잡을 수 없이 발생한 해충과 농작물의 질병 문제를 해결하기 위해서 독성을 가진 농약을 개발하여 자연에 투입한 것입니다.

나아가 '농사' 는 '농업' 이라는 산업으로 바뀌면서 전문화되고 도시 사람들을 먹여 살리는 기능을 갖게 된 것입니다. 그리하여 농사는 농촌과 도시의 순환으로 이어질 수밖에 없었고 국가가 이 순환을 통제하고 관리하면서 유통 구조가 형성되고 농산물 가격도 통제하게 된 것입니다. 다시 말하면 농업의 순환을 국가가 정책적으로 강제 순환하고 통합순환을 유도하면서 지역의 농업이 국가 혹은 도시에 종속되는 노예가 되어버린 것입니다. 이러한 사실을 증명하고 있는 권영근(한국농어촌사회 연구소장) 박사는 지역 내 물질순환형 농업을 주장하고 있습니다. 그는 "따라서 우리는 농업, 농촌 지역사회 및 경제사회의 지속 가능성, '녹색혁명의 농업'이 초래한 환경 및 생명파괴 문제에 대한 올바른 접근을 위하여 엔트로피(Entropy) 증대 법칙에 관심을 가지고 이를 생태학 및 경제학에 적용하여 진정한 해결 방법을 모색해야 한다."고 합니다.

저는 이번에 전에 하지 않았던 글쓰기를 했습니다. 이를테면 인용문을 달고 그것을 이해하고 해석하는 글쓰기입니다. 이전에는 강연도 이런 식으로 하지 않았습니다. 이렇게 하고 보니 남의 말과 생각을 옮겨놓은 것 같아 흥이 나지 않습니다. 중요한 것은 위에서 말씀드린 자발적으로 스스로 살고 싶은 삶을 산다는 주체의식의 이념인데 이 주체의식이 '홀로주체성'이 아닌 '서로주체성'의 이념으로 무장되어야 한다는 철학적 삶을 말하고 싶은 것입니다. 사실 가치관, 세계관, 역사관을 한꺼번에 말한다는 것은 쉽지 않은 일입니다. 그러나 위의 서술에서 보시듯이 이를 사실에 토대를 두고 예시하면서 말해보려 했습니다. 우리가 추구하는 것이 삶이든 사상이든 운동이든 주체적이지 않으면 모래 위에 집을 짓는 것과 같습니다. 그러나 주체성이란 것이 이기적이고 탐욕적이고 지배와 향유를 지향한다고 하면 결국 자신과 타인을 멸망하게 할 것입니다. 서구의 문화와 사상 그리고 과학과 기술이 이와 같은 홀로주체성에 기반하고 있다는 사실을 철학적으로 증명해 주고 있는 책 『서로 주체성의 이념』(김상봉, 도서출판 길)에 큰 공감을 얻었습니다. 이 철학은 저의 삶과 일치했기 때문에 더 큰 감동을 받았습니다.

'서로 주체성'은 어떻게 생기는 것일까요? 위에서 설명했습니다만 철저한 자기상실로 슬픔에 젖고 눈물을 흘릴 수밖에 없는 사람들에게만 생길 수 있다는 것입니다. '나'를 비워 '너'를 내 안에 품을 수 있는 최적의 상태는 바로 '너'와 '내'가 철저한 자기상실 상태일 때라는 것입니다.

그런데 지금 우리는 철저한 자기상실의 상태에 있지 않습니다. 가진 것도 있고 꿈도 있고 설계해야 할 일도 있습니다. 가진 것을 지켜야 하기 때문에 '너'를 내 몸에 간직할 수 없고 '나'의 꿈을 키워야 하기 때문에 '너'에 대한 배려를 할 수 없습니다. 홀로 싸워야 하고 외로운 삶을 살아야 합니다. 이러한 사람들이 함께 어울릴 때는 다른 정보를 취하거나 꿈을 키우는 방법에 관한 정보를 얻는 데에만 몰두할 것입니다.

그럼에도 불구하고 우리 농민은 농업정책에 의해 농민으로서의 삶이 상실되었습니다. 철저하게…… 이제 서로 주체성의 계기가 마련되었습니다. 이 계기는 전북이라는 지역 단위에서 '서로 주체'의 뿌리를 찾아야 합니다. 주체는 허공에 있는 것이 아니라 지역이라는 공간에 근거하고 있기 때문입니다. 전북 지역이라는 공간에 존재하는 주체가 어떻게 상실되고 있는지 짚어보는 일, 아니 우리 농민의 피(눈물)와 땀(슬픔)이 어떤 것인지를 의식하는 일입니다. 지역농업의 현주소를 분명하고 확실하게 인식하고 지역 농민이 공감하는 일입니다.

오늘의 이야기(주장, 해석)에서 어떤 과제를 찾을 수 있을지 모르겠습니다. 뜬구름 잡는 이야기가 아니었기를 바랄 뿐입니다.

감사합니다.

14 농업, 왜 살아야 하나?

농업, 왜 살아야 하나? 살릴 수도 있고 죽일 수도 있는 그 무엇은 효용과 가치에 의존되고 있다. 효용과 가치를 높이기 위해 인간은 기술을 개발했고 지식과 지혜를 발전시켰다. 특히 인간은 농업의 발전을 이룩했고 이성을 동원하여 농업의 기술과 과학을 발전시켰다. 그래서 상업과 산업이 생기고, 보다 높은 삶의 질을 위하여 그 상업과 산업을 극대화하는 과정에서 농업을 통해 자연을 변형(유전자 조작과 자연 변형)시켰다. 이런 과정이 정당화된 것은 농업을 살린다는 명분이었다. 인간의 효용과 인간의 가치를 실현하는 수단과 방법을, 특히 먹고 마시고 입는 수단과 방법을 개발하기 위해서 농업을 살리고 있었다. 그런데 지금은 세계화 시대이기 때문에, 우리의 음식을 세계 어느 곳에서도 구할 수 있기 때문에, 아니 농토가 넓은 외국의 농산물을 먹을 수 있기 때문에 대한민국 땅에서는 농사를 지을 필요가 없다는 생각을 강요받거나 끌려다니고 있다. 다시 말해서 농업은 인간의 생명을 위한 양식을 생산하는 산업이기 때문에 그 양식은 세계 여러 나라의 생산지에서 구해 먹으면 된다고 생각할 수 있다. "농업, 왜 살아야 하나?"라는 질문은 대한민국, 한반도에서 농업이 죽어가고 소멸되고 있다는 위기감을 드러내고 그 대책을 세워야 한다는 답을 얻기 위한 질문이다. 그렇기 때문에 농산물의 생산 공간을 이 땅에서 지켜야 하는 이유를 밝혀서 확산시켜야 한다는 당위성을 다각도로 밝혀야 할 입장이다. 우리나라에서 농업이라는 산업을 육성하는 명분으로, 농민의 경제적 권리 혹은 생존권적 권리를 쟁취해야 한다는 명분에 관해서는 이 분야의 전문가들이 대답해야 할 일이다. 그러나 필자는 농업이 인간의 자기중심적인 경제적 효용과 가치, 먹고 마시고 입는 수단에 머무는 것 이상의 가치를 지니고 있다는 사실을 예시하면서 농업이 살아야 할 이유에 대해 말해 보려 한다. 필자는 개인의 삶을 돌아보면서 존재론적인 시각으로 이 질문에 대답하려고 한다.

하나, "공부 잘해서 돈을 벌고 살아야 한다."

　가난한 부모는 똑똑하지 못했던 나를 두고 이렇게 말하면서 닦달을 했다. 지금의 세상을 들여다보면 8, 90%의 사람들도 자식들에게 그러한 닦달을 하고 있다. 현대의 물신주의 혹은 자본 만능주의, 신자유주의라고 하는 망령도 모두 잘 먹고 잘 살자고 한다. 필자는 신앙의 힘으로 천신만고 끝에 신학대학에 들어와서야 사리를 분별할 수 있었다. 내가 누구인지 무엇을 하고 어떻게 살아야 할지 자각하게 되었다.

둘, "사람은 권력의지를 갖고 있고, 쾌락의지도 있으며 의미를 추구하는 의지도 있다."

　"사람은 영웅적 삶을 살려고 하며, 다람쥐가 쳇바퀴 돌 듯 반복되는 일상을 살려는 사람도 있으며, 끊임없이 순례하며 개척하고 도전하고 창조하는 삶을 살려는 사람도 있다."

　필자는 한 사람의 지성인으로서 의미를 추구하는 의지를 가지고 순례자의 삶을 살려고 했다. 이 여정을 여기에 다 담을 수는 없지만 부당한 권력에 저항하고 쾌락 풍조를 비판하며 영웅적 인간을 멀리하기 위해서 몸부림치고 있었다. 가난하게 살아온 삶의 의미를 찾으려 했고, 돈을 벌고 잘 살아야 한다는 생각보다 의미를 찾아 끊임없이 순례를 해야 한다고 다짐하고 있었다.

셋, "해방자 예수, 민주화와 인권운동 그리고 사회변혁"
　스승과 선배, 동료와 후배, 진보적 지식인들과 함께 사회 경제의 구조와 체제에 대한 문제의식을 가지고 신앙의 힘으로 사회를 개혁하는 일에 동참하고 있었다. 사회에 대한 문제의식은 책이나 강의를 통해 생긴 것이었고 그 의식을 가난한 사람들의 삶 속에서 실감하고 있었다. 가난한 사람들 즉 노동자, 농민, 빈민을 해방시키시려는 예수의 삶을 따라가다 인권운동, 민주화운동, 사회변혁 운동이라는 흐름에 참여하게 되었다. 이러한 삶을 지속하게 하고 치열하게 한 중심은 '의식화 운동'이었고 '공동체 조직' 활동이었다. 그러나 끊임없이 진실한 삶의 모범이 무엇인지를 고민하면서 실험하고 모색하고 있었다. 그리고 성찰하고 있었다. 이러한 성찰을 하면서 필자는 '가난한 사람들'을 의식화하여 '사회 변혁의 도구'로 삼고 있음을 보았고 이를 극복하려고 가난한 사람과 한 몸을 이루어 보았지만 가난한 사람들이 도시화와 산업화의 부속품에서 이탈할 수 없는 현상을 보았다.

　위의 세 가지는 필자가 도시사회를 살아가면서 형성된 실존의 기반이었다. 사회 속에서 한 인간으로 살아가는 에너지였다. 물론 신학을 하면서 "하나님은 인간 존재의 기반이다."라는 신앙을 갖게 된 것이지만 그 하나님이 사회 속에 계신다는 하나님의 '현존'을 몸으로 느끼려 했다. 다시 말하면 신앙과 사회의식이 필자의 의지이며 존재 이유이고 생명력이었다. 그리고 필자는 자기의 생명력을 도시사회라는 '토양'에서 키우고 있었다. 이러한 도시는 필자의 존재 기반이었다.

그런데 고민이 생겼다. 내면적 갈등이 일어났다. 그 갈등의 핵심은 필자가 '행복하지도 않고 감동을 느낄 수 없었다'는 것이다. 그 이유는 이러했다. 위 세 가지는 분리된 것이 아니라 하나가 되고 있었으며, 인간 존재의 기반은 물질이고 돈이며 끊임없이 권력을 추구하고 쾌락을 추구하는 반복이 일어나고 있었다. 필자도 이 흐름에 휩싸이고 있었고 이 과정에서 필자가 추구하고 있는 의미도 상실되고 창조적이고 진보적 삶의 자리도 좁아졌다. 도시라는 메커니즘의 한 부품으로 전락하고 있는 자신을 보면서 숨이 막혔다. 도시사회라는 토양이 인간의 생명력을 파괴하고 있음을 보았다. 필자가 확신하고 있었던 하나님의 현존을 볼 수 없었다. 의식화 운동과 공동체 조직 활동도 이익창출, 지위상승, 사회적 위상 회복으로 치닫게 되었다. 이것이 도시의 토양이었다. 이 토양을 필자의 존재 기반으로 삼을 수 없었다.

"흔들리는 존재의 기반"
집이나 건물이 온전하게 서 있으려면 그 기초가 튼튼해야 한다. 마찬가지로 인간이 그 삶을 건강하게 하고 오래 지속하려면 삶의 기반이 튼튼해야 한다. 그 토양을 찾아 시골 농촌을 탐방했다. 산과 들, 수목과 농작물을 보았고 이들을 자라게 하는 토양을 바라보았다. 도시의 토양과 비교하고 있었다. 흙이 농작물을 생산하지만 물을 저장하고 산소를 공급함으로써 인간의 생명을 북돋우고 있음을 보았다. 유기농업 혹은 자연농업을 하고 있는 사람들의 삶에서 신음하고 있는 땅을 치유하고, 죽어가는 흙을 살리려고 애쓰는 사람들을 보았다. 그리고 다시 도시로 돌아와서 식탁을 마주하며 우리 삶의 존재 기반이 음식이며 이 음식이 솟아오르는 곳이 땅이라는 사실을 깨닫게 되었다. 동시에 도시에서 억압당하고 착취당하며 소외된 계층을 민중이라고 했고 그들을 위해 그들과 함께 살았던 기억을 다시 땅에 적용시키고 있었다. 인간의 존재 기반인 땅 혹은 흙이 인간에 의해서 억압당하고 착취당하며 소외되고 있다는 사실을 깨닫게 된 것이다. 뿐만 아니라 산천초목이 열심히 내뿜고 있는 산소가 매연과 독가스로 오염되고 인간을 병들게 할 뿐만 아니라, 도시에 의해 오염된 농민들은 농약, 제초제, 화학비료를 쓰면서 대량생산을 하고 돈과 물질을 추구하려 하기 때문에 농민들의 마음도 오염되고 있었으며, 도시 사람들도 잔류농약이 남아 있는 음식을 먹으면서 서서히 그 생명력이 시들고 있다는 사실도 깨달았다. 그래서 '의미'와 '순례'를 이어갈 수 있는 현장이 농촌이라는 신념을 갖게 되었다. 인간의 생명력을 담보할 수 있는 존재의 기반은 흙이라는 토양, 흙에게 생명력을 불러일으키는 자연과 대기 그리고 우주라고 보았다.

"자연, 농작물, 땅, 대기 그리고 우주의 마음을 만나다."

그동안 도시에서 살아가는 에너지는 '사회참여로 변혁과 개혁을 실천하는 의식, 분석하고 비판하고 도전하는 의식, 행동하는 신학과 의식'에서 생긴 것이었다. 그러나 이 의식은 사람을 분열시키고, 의식의 색깔이 달라서 분화되고 분파와 분당이 생기면서 헤게모니와 조직화 및 권력화로 대립과 긴장이 내부에서 일고 있었다. 필자도 의식화 운동을 펼쳤고 이를 위한 연구소도 만들어보았다. 이런 실천을 치열하게 하면 할수록 갈등은 깊어지고 삶의 에너지가 빠지고 있었다. 삶 혹은 생명의 에너지를 분출시키는 근원은 어디에서 오는 것일까? 존재의 기반은 에너지를 생산해야 하기 때문이다. 문득 자식을 향한 부모의 마음을 떠올려 본다. 부모는 자식을 사랑하는 마음으로 가득 차 있고, 넘칠 정도이다. 자식은 그 마음으로 자란다. 생명을 일군다. 인격을 형성한다. 이 부모의 마음은 자녀로 하여금 무한한 가능성을 발현하게 하는 자양분이 된다. 우리 개개인이 부모님의 사랑에 의해 성장했다고 하면 부모의 마음이 우리 존재의 기반이라 할 수 있다. 그리고 그 사랑이 우리에게 엄청난 에너지로 작용한다. 필자는 농사를 배우고 적응하면서 자연 농작물, 땅, 대기 그리고 우주에서 부모의 마음을 읽고 느끼고 체험하고 있다. "나같이 어리석고 무능하며 죄 많은 사람도 농촌에서 살 수 있겠습니까?"라는 질문을 작고하신 전우익 선생께 드린 일이 있다. 그분은 "자연은 죽은 사람의 시체도 받아준다"고 하셨다. 용기를 얻어 귀농하게 되었지만 특히 농작물이 얼마나 큰마음을 갖고 있는지 알게 되었다. 감자를 심고, 배추의 벌레를 손으로 잡아주며, 허리를 꼬부려 모를 심는 동안 하염없이 땅에 파묻히고 농작물과 자연에 안기고 있으면 하늘과 교감하고 스치는 바람에 평화를 얻고 물소리와 새소리는 자연의 마음으로 이끌고 있었다. 그 마음을 만났을 때 도시에서 시들어가고 병들었던 에너지가 다시 용솟음치고 있었다. 그리고 그 마음을 닮으려고 애썼고 자연을 닮으려 했다. 다시 말하면 농작물이 인간의 영양을 공급하고 피를 돌게 해서 숨을 쉬게 하는 하나의 수단으로 머무는 것이 아니라 마음을 맑게 하고 깊은 생각을 하게 도와주며 세상을 새로운 눈으로 바라보게 한다. 지구상에서 일어나는 온갖 갈등과 분쟁, 착취와 수탈, 권위와 지배, 불평등과 모순의 원인을 보게 되고 그 해결책에 관한 실마리도 잡아본다. 농사를 지어보지 않고는 배울 수 없는 지혜일지도 모른다. 농사를 짓지 않고는 가질 수 없는 마음일지도 모른다. 이 마음을 존재의 기반으로 삼고 새로운 에너지를 충전시키고 있다. 필자는 농사를 통해서 '의미'와 '순례'의 길을 지금도 가고 있다.

"농부의 마음"

　쌀 개방 반대 투쟁을 하고 있는 사람들의 모습에서 농민의 마음을 읽는다. 민족의 마음을 읽는다. 미국의 세계 패권 프로그램의 하나인 '세계화'가 쌀 수입을 강요하고 관세를 붙이지 말라고 하면서 자기들 땅에서 나는 농산물을 먹으라 한다. 농민은 알고 있다. 농산물을 개방하면 농민은 이 땅에서 농사를 지을 수 없다는 것도 알지만, 선조로부터 물려받은 생명의 기운과 자연 자원에 깃들어 있는 마음을 소중하게 생각하고 그 토양에 생명을 일구며 살아야 민족이 살 수 있다는 것을 더 잘 알고 있다. 농민은 자라는 농작물을 마음으로 키우고 돌본다. 매일 물꼬를 살피고 병든 것은 없는지 몸이 약하지는 않는지 정성으로 살핀다. 자식 돌보듯 어루만지며 마음을 쏟는다. 이런 농사를 못하게 하다니! 쌀 개방은 이 땅에서 키워야 할 농민의 자식을 빼앗아가는 것이다. 벼를 자식처럼 키우는 농민의 마음은 올챙이와 개구리, 미꾸라지와 미물들과 미생물들, 그리고 물을 저장하고 있는 산림에게도 고마운 마음을 갖고 있다. 태양과 바람과 구름까지 농민과 같은 마음으로 이 땅을 일구었다. 농작물 개방은 농민에게 배어 있는 하늘의 마음을 빼앗아가는 것이다. 그리고 농사를 지어 도시의 사람들을 먹이고 농토를 잘 지켜 후손들에게 기름진 땅을 물려주겠다는 아름다운 마음이 있다. 타자를 위한 마음과 그 마음을 묵묵히 펼치고 있다. 선조들이 그랬듯이 지금의 농민들도 그렇게 하고 있다.

쌀 개방은 타자를 위한 덕행을 짓밟는 일이다. 신자유주의 망령은 우리의 생존권을 말살할 뿐만 아니라, 우리 민족의 덕행까지도 짓밟고 있는 것이다.

"필리핀의 경험에서 느낀 것"

며칠 전 15일 동안 필리핀에 머물다가 돌아왔다. 4, 5일은 필리핀 음식의 맛을 즐길 수 있었지만 후로는 입맛에 맞지 않아 억지로 먹었고 라면을 끓여 먹기도 했지만 일시적이었다. 밥을 먹을 수 없어 빵을 먹기도 했다. 돌아올 무렵에는 외국 음식의 냄새도 맡을 수 없었다. 그러다가 한국에 돌아와서 우리 밥을 먹었는데 그 맛이 꿀맛이었다. 각종 향신료와 기름으로 조리된 그들의 음식과 달리 우리의 된장찌개와 김치가 그토록 맛있는 음식인 것을 새삼 깨달았다. 보약이 따로 없었다. 한국 농업은 한국의 땅에서 생산된 농산물 이상의 것이 생산되고 있는 것이다. 한국의 농산물은 한국인의 맛을 생산하고 있지만 그 맛이란 한국의 토양과 기후, 한국의 산천초목의 조화와 백두대간의 기운으로 일구어진 것이다. 5천년 동안 이어져 내려온 금수강산의 마음이 담겨 있고, 공생하며 평화롭고 덕을 펼치는 마음이 담겨 있다. 이 농업을 어찌 중단하고 포기할 수 있단 말인가? 정부는 어째서 이 농업의 가치를 폄하하고 공업국, 산업국으로 전환하려 하는가? 어째서 우리 민족의 존재 기반인 농업을 무너뜨리려 하는가? 공업국, 산업국으로 전환하기 위한 준비단계로 보이는 사례가 또 있다. 우리나라는 지금 산지와 농토를 골프장으로 바꾸고 있다. 필리핀의 북쪽에 자리 잡은 바나웨를 방문한 일이 있다. '모든 인류를 위해 보호되어야 할 문화적 자연의 공간'으로 유네스코가 지정한 '살아있는 문화 경관'이 있다. 이 지역에 살고 있던 토착 주민들은 거대한 산봉우리를 돌고 돌아 산 정상까지 테라스를 만들어 벼를 심어 물을 가두고 자급자족할 수 있는 농사를 하며 오염되지 않는 자연을 유지해 지금까지 내려온 '라이스 테라시스'가 세계적인 관광지로 주목받고 있다. 원주민들의 지혜와 마음을 치열한 노력에 담아 그 후예들이 지켜낸 곳이다. 그리고 바나웨에서 바기오로 가는 길목에도 산 정상을 굽이굽이 돌아오는데 거기에는 '베지터불 테라시스'가 있었다. 생태적으로 건강한 이곳, 이곳을 찾는 많은 세계인들이 깨달음과 지혜를 배우고 있다는 점, 인류의 이익을 위한 유산이 되었다는 사실을 접하면서 우리나라를 되돌아본다. 우리나라도 산악지역이다. 필리핀의 경우는 강수량이 충분하기 때문에 천수답으로 1년 2모작이 가능한 자연조건이 생길 수 있는 곳이라고 하지만 그렇다고 우리나라에서 산의 구릉지와 둔덕 혹은 논밭을 깎아 골프장을 만든다는 것은 그 어떤 정당성도 찾기 어렵다. 단지 산업의 발전, 공업의 발전으로 국제 경쟁력을 높여야 한다는 허상, 돈을 벌어 잘 살아보자는 국민의 대중적 정서에 코드를 맞춰 정책과 전략을 세우는 정치인의 권력의지일 뿐이다. 민족의 존재 기반을 무너뜨리고 농업을 포기할 수밖에 없다고 우기고 있을 뿐이다. 정치인은 지금의 권력을 유지하고 지키기 위한 정치가 아니라, 나라와 민족의 미래를 설계하는 살신성인의 정치를 해야 할 것이다.

"큰 울타리를 일구는 님을 모시기 위해 농업을 살려야 한다."
우리나라의 김치가 세계적으로 인정받고 공인된 건강식품이라고 평가되고 있다. 필자는 김치에 담긴 신비를 이렇게 바라보고 있다. 배추, 소금, 고춧가루, 갓, 젓갈, 배, 공기 등이 결합되어 조화를 이루고 그 과정에서 각 개체(이 개체를 사람처럼 생명을 지닌 인격으로 바꾸어 생각할 수도 있다)는 자기됨을 해체하고 발효하여 전혀 다른 새로운 실체 즉 김치로 거듭난다는 사실이다. 이 대목에서 필자는 생태적 상상력을 동원해 본다. 우리 민족이 살아온 내력도 김치와 닮았다. 우리는 한반도라는 울타리 안에서 5천 년을 흘러오면서 우리의 선조들이 살아온 삶의 철학이 그러했고 여러 부족 국가나 나라 사이의 상호작용도 그러하였고, 외래의 문화와 충돌하면서도 그러하였다. 그래서 지금까지의 역사로 발전되었고 그 삶의 정신과 기운이 지금 농촌의 농민들에게 살아 있다. 이러한 삶을 가능하게 했던 님을 한울님이라고 할 수 있다. 김치란 후천개벽의 상태일 것이라고 상상해 본다.

"농사짓는 마음이 우리 민족의 존재기반이다"

사람이 돈방석을 기반으로 해서 살 것인가? 기계에 의존해서 살 것인가? 남에게 군림하고 타자를 지배하려는 욕망에 자기를 맡겨 둘 것인가? 백화점이나 쇼핑몰에 가서 다양한 것을 사서 걸치고 장식하여 자기를 꾸미는 일에 취하여 살 것인가? 끊임없이 자기를 방어하고 보호하고 확장하기 위해 기회를 엿보고 카멜레온처럼 변신을 할 것인가? 다른 풍토에서 생긴 지식과 지혜를 여기에 끌어다 퍼부어 옮기므로 지식인과 지성인의 존재를 과시하려는가? 아니면 우리의 몸을 외국의 장사꾼에게 팔아서라도 목숨만 유지하면 된다는 것인가?

아니다. 아니다. 아니다.

우리 모두는 농사로 깊고, 넓고, 따뜻하고, 끈질기며, 창조하고, 진보하며, 덕행을 쌓아야 한다. 지구라는 행성과 우주를 중심으로 인간이 살아갈 수 있는 마음과 지혜를 닦는 것이 창조적이며 진보적 삶이다. 이러한 삶을 북돋우는 마음을 다시 살려야 한다. 농사짓는 사람들을 소중하게 생각하고 그들을 사랑하며 존경해야 한다. 농민의 마음이 오염되거나 상처받지 않도록 모든 국민이 보호해야 하며 나라도 지금 당장 태도를 바꾸어야 한다. 이렇게 할 때 민족이 살고, 아시아가 살 수 있으며, 지구가 지속가능한 생명을 이어갈 수 있다.

15 주민운동과 자활 그리고 생명 평화

시작하며

제목이 담고 있는 세 주제(주민운동, 자활, 생명 평화)는 각각 방대한 내용을 담고 있다. 각각의 원리와 방법이 갈등을 일으키거나 상호 배치되는 경우도 있다. 그러나 이 주제를 함께 모색해 보자는 것은 연결성과 조화, 상호 보완과 질적 발전을 도모해 보자는 의도가 깔려 있다. 필자는 지난날 주민 운동(주민 조직과 의식화를 통한 지역운동)과 자활 공동체(월곡동 건축일꾼 두레)의 경험이 있었고 지금 생명 평화를 모색하고 있기 때문에 이 세 요소의 연관에 다소 익숙하기는 하지만 정리하여 이야기해 본 일이 없었다. 그러나 서둘러서 정리해 보려 하니 해야 할 말이 너무 많아 정리하기가 만만치 않다.

대전 지역에서 펼쳐지는 도법스님의 탁발 순례에 발맞추어 이런 주제를 설정했기 때문에 생명 평화를 중심으로 풀어볼 생각이다. 그렇다고 이론적으로 혹은 철학적으로 접근할 생각이 없다. 주민운동이나 자활 및 평화는 행동과 실천의 모형이기 때문에 실천 모형을 예로 들어 해석하고 분석해 볼 생각이다.

실천 모형

실천 모형을 필자가 살고 있는 무주군 안성면 두문 덕곡 마을에서 예시해 보겠다. 그러나 필자가 이 모형을 실천하고 있는 것이 아니라 주민들을 중심으로 조직된 '골프장 기업도시 반대 대책위원회' 의 실천이다. 가까이 살고 있기 때문에 주민들의 실천을 지켜본 대로, 그것도 생명평화라는 눈에 잡힌 것만을 정리해 보겠다.

지금 참여정부가 지역 균형발전과 지속가능한 국책사업을 펼치고 있다. 무주군 안성면에서 펼쳐질 관광 레저형이 그중에 하나다. 지자체가 따내고 정부가 확정한 사업이긴 해도 9월 말까지 대한전선이 실시 계획을 제출하고 12월 말에 확정되어 내년에 토지를 수용하고 주민과 조정하여 기업도시 건설 사업이 전개될 예정이다.

지역 균형발전이란 도시와 농촌의 격차를 줄이는 것을 뜻하며 지역간(예를 들어 호남과 영남)의 격차를 줄이겠다는 국가 정책으로 나무랄 것이 없어 보인다. 지속가능한 국책사업이라는 것도 납득할 수 있고 이성적으로 수용할 수 있다. 그리고 국민이 참여하는 정책을 펼쳐서 민주주의가 완성된다면 선진 민주국가가 될 것이다. 그러나 그렇지 못한 현실을 주민운동과 자활, 생명 평화의 이름으로 증명할 것이고, 생명 평화의 눈으로 주민운동과 자활을 바라볼 것이다.

기업도시가 관광 레저형으로 펼쳐질 현장은 생태계의 생명체들이 왕성한 땅이고 이 땅 위에서 5백 년 이상 살아온 사람들의 삶과 생명이 이어지고 있는 곳이다. 백두대간의 허리인 덕유산을 품고 아담한 분지를 이루고 있는 안성면의 동쪽에 자리하고 있다. 덕유산의 주봉인 향적봉이라는 품에 안겨 있는 두문 덕곡리 마을은 참으로 아름다운 지형이다. 천연기념물이 살고 있는 것은 말할 것도 없고 깊고 부드러운 산세에 서식하고 있는 뭇 생명체들이 뿜어내는 맑은 공기와 생명수는 안성면을 비롯한 진안군 용담댐, 전주와 군산, 대전과 충청도에 생명줄을 연결하고 있다. 이 생명의 땅을 지키기 위해 싸우고 있는 무주 골프장 기업도시 반대 대책위원회의 활동을 바라본 대로 소개해 보겠다.

안성면에서 골프장 반대의 목소리는 2005년 말부터 나오기 시작했다. 지자체 단체장이 지역의 발전을 위해 정부로부터 기업도시 유치를 따내기 위해 직원들을 동원해서 무리하게 '주민 동의서'를 얻어낸 것이 문제가 되었다. 주민들은 기업도시에 관한 막연한 정보만 있었고 골프장에 대해서는 몰랐다. 국가나 지자체의 정책을 믿고 따르는 순박한 농민들이기에 잘 살게 해 주겠다는 말에 휩쓸려 도장을 맡겼다. 그런데 골프장을 기업의 중심에 놓고 여타 시설들은 자기 자본을 들이지 않고 희망자에게 분양하며, 주민들은 다른 곳으로 이주해야 하는 것을 골자로 한 대한전선의 계획을 보고 주민들이 의혹을 제기하게 되었고 골프장 반대의 목소리가 모아지기 시작했다. 필자도 그 소식을 듣고 현장에 가 보았지만 주민들은 속수무책이었다. 늙은 사람들만 모여 있어서 농사를 못하면 폐허가 되기 때문에 기업이 들어와 골프장도 짓고 여러 시설을 만들어 주민들이 잘 살 수 있다고 생각하고 있었다. 그런데 얼마 후에 골프장 기업도시 반대 대책위원회가 조직되었다. 이를테면 주민운동이 펼쳐지고 있었던 것이다.

이 지역에서 주민운동이 펼쳐진 세세한 내용과 과정을 글로 정리하기는 이르다. 주민운동이 발생하는 과정과 조건에 대해서 간단히 언급하면 주민을 조직하는 사람(조직가)이 있어야 하고 주민을 의식화하는 전술과 전략이 필요하다. 조직가의 자질과 조직하는 원칙에 대해서 말하지 않겠다. 또 안성면의 주민운동이 주민운동의 전략과 전술에 적합했느냐는 문제에 대해서도 말할 수 없다.

필자는 '대책위'에서 주민의 소리와 호소 및 주장을 담은 유인물에서 중요한 내용을 읽었다. 자연의 생명체들이 무참히 짓밟히고 사라진다는 사실을 참을 수 없다는 것과 골프장으로 오염된 물이 용담댐으로 흘러 전주와 군산 및 충청도 일대의 주민들이 생명의 위협을 받을 수 있다는 점을 안타까워하면서 골프장 반대의 근거로 삼고 있었다. 그 이면을 좀 더 살펴보면 주민들은 기업도시를 전면 거부하는 무효 선언을 하였다. 그러나 그동안 국책사업이 펼쳐진 전례를 의식하고, 국책사업의 근본적인 뜻까지 거부하는 것은 무리가 따른다고 판단했다. 그래서 골프장을 통해 기업의 이윤을 창출하겠다는 것이 대한전선의 목적이기 때문에 골프장만 반대하면 대한전선의 이윤창출 구조가 무너지고 기업도시 자체를 반납할 수도 있다고 전망했다.

그들의 투쟁 집회에서 필자에게 격려사를 하라고 했을 때 이러한 내용을 예시하면서 '할머니, 할아버지, 농사밖에 모르는 주민들에게 배우고 감동을 받았고 격려받고 있다'고 말한 일이 있다. 그 후 그들의 행동과 투쟁 그리고 회의를 지켜보았다. 주민 대표는 전국을 누비며 골프장 사례를 수집하고 기업도시의 현장을 찾아가 문제점을 공부하고 있었다. 그리고 의협심을 불태우고 있었다. 개인적으로 대화해 보면서 지역의 문제를 새롭게 인식할 만큼 지역 유지 혹은 토호세력의 커넥션도 잘 알고 있었다. 가족의 반대를 무릅쓰면서 부인의 동의를 끌어내기 위해 스스로 금주와 금연을 약속하는 자기 수련의 모습도 보였다. 그는 강성의 지도력을 발휘하고 있었다. 주민 중에 프락치 역할을 하고 있는 사람들을 골라내기도 하고 소극적인 사람을 적극적으로 끌어내는 지략을 세우기도 했다. 그를 거역할 사람은 보이지 않았다. 그러나 그는 횡포를 부리지 않았다. 궂은 일 힘든 일을 솔선수범하기 때문에 그의 진정성에 대한 신뢰를 보내고 있었다. 일부 주민들은 만약의 경우를 대비해서 보상금을 보다 많이 받기 위한 계책을 짜고 있어서 주민운동의 순수성이 왜곡될 여지도 있었지만 그것까지 제재하지는 못했다. 그러나 이들 주민운동의 핵심 내용은 5백여 년 동안 이어져 온 삶의 내력이 일순간에 지워져서는 안 된다는 것이고 주민들은 지금의 보금자리를 떠나거나 옮길 수 없다는 것이다. 그래서 기업도시를 원천적으로 반대한다는 입장을 고수하고 있었다. 그러나 유연성과 전략을 위해 골프장 중심의 기업도시를 반대한다는 입장으로 조정하기도 했다. 면사무소 앞 시위, 장날의 시위, 군청을 향한 비난 시위와 문화제, 서울의 문화관광부 앞 시위 등 주민들의 단결과 참여는 한결같이 열정으로 차 있었고 치열했다. 그리고 전문가들이 펼치는 기업도시에 관한 토론 마당에도 참여해서 주민들은 전문가들의 마음을 움직이게 할 정도로 당당했다. 이런 여파를 타고 주민들은 고무되고 있었고 반신반의하던 소극적인 주민들도 더 적극적으로 참여하게 되었다.

그러나 반대만 한다고 문제가 해결될 일은 아니었다. 대안이 필요했다. 주민들이 지역 발전에 참여할 수 있는 대안이 필요했다. 필자는 그 대안의 실마리를 풀어줄 수 있는 사람을 초청하여 이야기를 들어보자고 했다. 그분은 생명사상과 생태철학, 역사학 등 인문학적 관점에서 지역을 설계하고 건물을 설계하는 분이다. 그분의 강의는 주민들에게 새로운 꿈과 희망을 갖게 했다. 동시에 관광레저형 기업도시 사업을 주관하는 문화관광부의 입장을 알아볼 수 있게 되었다. 기업도시에 관련한 법에 따라 관광레저형 기업도시의 주무 관청인 문화관광부는 그동안 지자체를 통해서 업무를 진행시켰고, 지자체의 보고와 추진 계획을 행정적 차원에서 수용하고 집행했다. 그리고 자본을 투자할 기업체가 세운 기업 전망에 관해서도 보고를 받고 서류를 통해서 형식요건을 검토하면서 기업도시를 진행하려 했다. 그런데 주민의 반발과 문제제기에 관한 정보를 듣고 지자체로 하여금 문제의 실상을 추적하였으나 지자체의 실무진과의 관계 범위 안에서 이해하고 있었다. 그런데 주민들이 문광부 앞에서 반대시위를 한 것을 보았고, 토론회에 참여한 주민들의 주장을 직접 듣고 문제를 바로 잡아가기 위한 모색을 하게 된다. 국책사업의 성격, 지속가능성, 주민의 참여, 사업의 진행 과정에 관한 문제점에 대해 공감했고, 무주군의 '태권도 신시' 프로젝트와 연계하여 안성면을 재조명해 보자는 데에 합의했다. 관광을 살아 움직이는 무주의 문화와 역사 그리고 전통에 초점을 맞추고 '한류'의 차원을 높이는 것이 바람직하다는 생각도 일치하였다. 지금 이런 내용을 주민과 무주군과 대한전선이 함께 논의해 보고 있다. 주민들은 지금 새롭게 펼쳐질 지역의 전망을 위해 조심스럽게 준비하고 있다.

주민, 군 직원, 대한전선 관계자, 각종 전문가 등 2백여 명이 모인 포럼에서 '주민들과 합의하고 조정되지 않은 기업도시 실시 계획안은 받아들일 수 없다'는 실무 책임자의 공언을 들은 주민들은 크게 만족하고 있었다. 그동안 생명 평화를 위해 펼친 주민운동의 성과였다. 이 운동은 생명 평화를 위한 본격적인 발돋음을 하고 있다. 이후의 운동이 본격적인 주민운동, 자활운동, 생명평화운동이 될 것이다.

상관관계

위에서 소개한 무주군 안성면 두문 덕곡리 주민의 운동을 개략해 보았다. 이 움직임에서 우리가 풀어보려고 하는 생명 평화, 자활, 주민운동의 상관관계를 짚어보도록 하자.

1

이 지역의 주민운동 속에 생명 평화가 담겨 있다. 담론으로 회자되고 있지는 않지만 삶 속에 녹아 있다. 덕유산이라는 생명 생태계와 그 생명의 품에서 살고 있는 사람들의 감정과 정서 혹은 마음에서 생명과 평화를 읽을 수 있다. 이미 언급한 주민들의 생각과 마음을 담은 유인물의 내용에서 확인할 수 있다. 각종 시위와 문화행사에서 보이는 주민들의 목소리와 몸짓에서 생명과 평화를 느낄 수 있다. 이들의 생명과 평화의 논리는 단순하고 순박하고 자연스럽다. 의견의 차이는 있어도 논쟁은 없다. 눈에 거슬리는 사람은 있어도 미움은 없다. 순간 울컥하는 분노는 있어도 증오는 없다. 이들과 함께 생활하면서 느끼는 생명과 평화의 모습이다.

이 지역의 주민운동 속에서 자활을 본다. 이들은 국책사업의 혜택에 자신을 내어 맡기지 않는다. 구걸하거나 의존하려 하지 않는다. 스스로 자기들의 삶을 결정하고 그 내용을 채우겠다는 것이다. 자활의 의지가 살아나고 자활에 희망을 둘 수 있는 에너지는 자연으로부터 공급받고 있다.

2

　지역 주민운동은 의식화와 조직화로 펼쳐지는데 조직가는 결코 앞서서 선동하거나 이끌지 않는다. 주민을 낮고 얕고 좁은 수준으로 바라보고 높고 깊고 넓은 시야를 갖도록 도우려하지 않는다. 오히려 그들의 삶과 의식 그리고 언어를 배우려고 한다. 주민들은 자기들에게 배우려는 사람들에게 가르치려 하면서 그들의 의식을 가다듬어 간다. 사람을 모을 때나 조직을 할 경우도 조직가가 나서지 않는다. 주민의 지도자(이장, 반장, 여론을 주도하는 사람, 잠재적 지도자 등)들이 사람을 모으게 한다. 조직가는 관계의 맥을 파악하고 조직된 공동체가 활성화될 수 있도록 주민을 독려하고 필요한 말을 주민이 스스로 하도록 돕는다. 이렇게 하는 이유는 주민들이 스스로 공동체 조직에 대해 자포자기하거나 체념하지 않도록 돕기 위해서다. 주민 공동체는 지역에 생명을 일으키는 에너지이다. 이 에너지가 있다는 사실을 알도록 도와주는 것이 조직가의 임무이다.

　자활은 주체성의 확립을 도와주고 자존심을 고양하게 한다. 물론 생명을 지닌 개체는 단독으로의 자활이 불가능하다. 통합적이고 유기적인 생명의 본질을 의존적이고 종속적인 것이라고 말할 수는 없기 때문이다.

3

　주민의 조직화는 개체를 조직의 구성원으로 조직하는 것을 넘어선다. 의식을 조직하는 것이고 감정과 정서도 조직해야 한다. 주민의 의식 코드와 일치하는 외부(다른 지역 사람들, 지식인, 유명인사 등) 사람들과 만나게 하고 연결 고리 역할을 조직가가 감당할 수 있다.

자활의 경우도 자활 사업의 수혜자와 관계할 때 사랑과 신뢰, 존경과 감사, 평화와 감동이 소통되도록 노력해야 한다. 이러한 노력이 결실을 맺을 경우 사회적 존재(도시의 삶)로 살아갈 경우에도 생태적 존재의 의미를 드러낼 수 있다.

종합

'무위자연'이라는 사상과 말을 따르려는 사람들이 많이 있다. 또 이것을 생명과 평화의 모범으로 생각하는 사람들도 있다. 필자는 자연 속에 살고 있으면서 무위하는 자연을 느끼기도 한다. 예를 들어 자두나무나 매화나무를 바라보면 가만히 서 있기만 하고 바람이 불면 비로소 움직이는 것을 본다. 그러나 유심히 살피면 이른 봄에 가지 끝에서부터 생명의 기운이 감돌고 있음을 알아차릴 수 있다. 그리고 그 기운을 따라 가지와 줄기의 속을 쫓아가면 뿌리의 가느다란 끝자락에서 생명을 일구는 치열한 몸부림을 감지한다. 다시 줄기나 가지에 내 몸을 집어넣으면 세포의 활발한 움직임과 영양분을 끌어 올리는 소리를 듣는다. 청진기로 들을 수 있는 사람의 심장 소리처럼 우렁찬 소리가 들린다. 기계의 컨베이어 벨트가 돌아가는 소리처럼 들리기도 한다. 생명을 일구기 위해 잠시도 쉬지 않고 치열하게 일하고 있음을 알 수 있다. 이러한 자연을 '무위'라고 말할 수 있을까? 물론 '무위자연'이란 말이 놀고먹는다는 말이 아님을 아는 사람은 다 안다. 그런데 어떤 후배가 필자의 활동과 움직임을 보면서 '선배님은 서울에서 하던 운동을 시골에서도 하시려는 것입니까?'라고 냉소적인 비판을 했다. 그는 무위자연을 노래하고 있었다. 그의 인식과 실천에 따르면 필자는 무위자연 하는 것이 아닌 것이다.

이 대목에서 필자는 다음과 같은 주장을 펼쳐 보일 수 있다. 여러분은 어떻게 생각하는가?

'자연은 운동한다.'
'생명은 운동한다.'
'생명은 순환운동을 함으로 생명다움을 드러낸다.'
'자연의 생명체들을 주민이라 한다면 그들은 주민운동을 하고 있다.'
'그들은 공동체를 조직하고 있고 그들 내부에서 의식화운동을 하고 있다.'
'그들은 자활 운동을 한다.'

그렇다면
생명평화에 어울리는 주민운동과 자활운동은 어떻게 펼쳐야 하는가?
주민운동과 자활운동 속에 생명평화 운동을 어떻게 담을 수 있는가?

마감하는 말

신학을 실천하는 행동신학에 몰두했던 필자가 '떠돌이 카리스마'(타이센) 예수를 본받으려 한 일이 있다. 도법 스님의 탁발순례를 보면서 예수와 닮았다고 생각해 본다. 떠돌이 카리스마를 오늘의 주제와 관련하여 다시 풀어보면 '떠돌이 조직가'인 것이다. 도법스님은 탁발 순례를 하면서 생명 평화학교를 조직하고, 성직자들의 간담회를 조직하고, 관료와 주민을 조직하고 있다. 오늘 이 모임도 도법스님으로 말미암아 조직된 것이다. 그래서 생명평화를 의식화하고 있으며 생명평화 세상을 만들고자 한다. 도법스님이 하나만 더 보태어 주기를 바라면서 필자가 제안해 보는 것은 순례 중에 만난 불특정 대중과의 대화와 만남을 시도했으면 한다.

대중과는 스치는 만남이 되고, 대중의 눈에는 한 번의 시선으로 각인되지 않을 만큼 볼거리가 많기 때문이다. 이미 조직화되고 의식화 과정에 있는 사람들을 다시 조직하고 의식화하는 것도 자발성으로 지속가능하게 하는 전략과 전술을 고민해야 하지 않을까? 이후 이 글을 읽는 사람이나 이 발제를 듣는 사람이 이 내용을 보완해서 함께 생명평화 운동의 질을 높이기를 희망하면서 줄인다.

16 창조신앙과 생태신앙
(창세기 2:1-11, 빌립보 2:1-12)

이렇게 서고 보니 평소에 존경하는 선생님도 계시고 저에게 가르침을 주신 선생님도 계시고 세상을 꿰뚫고 계신 어른도 계시니 마음이 콩당콩당하여 설교를 할 수 없습니다. 그래서 신앙 간증을 할까 합니다. 이곳 향린교회는 기장교회의 전형을 계승하고 있다고 생각합니다.

이 자리에 박영숙 선생이 계십니다만 안병무 박사님께서 저에게 부탁이면서 제의하신 말씀이 떠오릅니다. '유럽에는 마더 테레사가 있고 일본에는 하천풍언이 있는데 허목사가 우리나라에서 그와 같은 삶을 사는 것이 어떨까?' 안박사님도 한때 키에르케고르에 심취하였고 실천적 삶을 모색해 보신 일도 있다고 하셨습니다. 제가 존경하고 따르고 싶은 스승의 제의를 아직도 잊지 않고 있습니다.

서울에서 가난한 사람들과 함께 살면서 주민조직 운동과 의식화 활동을 하였고, 가난한 사람들을 도구로 삼아 명예를 얻고 존경받고자 하는 유혹을 떨쳐버리기 위해 목사라는 기득권과 사회적 지위를 포기하고 본래 가난하게 살았던 삶으로 되돌아가기도 했습니다. 돌이켜보면 제가 가난한 사람들과 함께 선교를 하거나 함께 살면서 현대사의 흐름에 기여한 것도 있는 것 같습니다. 목요기도회를 처음 조직한 일, 동월 교회에서 공부방을 처음 시도한 일, 지역운동의 일환으로 탁아소를 처음 시작한 일, 도시의 대안 교육으로 지역 사회학교(처음에는 빈민학교라 했습니다)를 시도한 일, 자활을 위한 생산 공동체를 조직한 일 등 많은 일을 한 것 같습니다. 당시에는 하나님 선교 신학에 투철하게 살려고 했습니다. 그런데 그 삶과 실천의 결과가 기존의 정치·경제·사회 체제와 제도를 온존하게 하는 데 기여하고 있었습니다. 저는 이런 결과에 대해 회의를 하게 되었습니다. 정치·경제·사회 체제를 기계로 보았을 때 이 기계를 운전하는 분이 하나님이 아니라는 사실을 깨달았기 때문입니다. 실제로 사회 체제를 운전하는 사람은 정치인이나 재벌이었습니다. 그리고 미국이 리모컨으로 우리나라의 정치인과 재벌을 조종하고 있다고 생각했습니다. 하나님의 도구로 살고자 했는데 사람의 도구가 되고 있다는 사실을 깨달았을 때 저는 도시에서 살 수 없었습니다. 그래서 저는 농촌으로 삶의 둥지를 옮겼습니다.

농사를 지으면서 저는 신앙이 더 깊어지고 넓어진다고 확신합니다. 제가 키우고 있는 농작물은 물론 자연의 뭇 생명체들로부터 하나님의 말씀을 듣고 있습니다. 농사짓는 사람들은 마음이 넓고 친절하고 정이 넘칩니다. 농부들의 마음에 자리하고 계시는 하나님을 만나고 있습니다. 보수적인 교회에서도 마음이 편합니다. 옛날처럼 선한 사람과 악한 사람, 정의로운 사람과 불의한 사람(을 보면서), 분노와 저항을 일삼았던 분별심이 없어집니다. 마음이 평화롭고 자유롭습니다. 생명의 신비에 다가갑니다. 명상과 성찰이 일상이 되었습니다. 동시에 참과 대안을 모색하는 사람들을 만나고 함께 실천하고 있습니다. 대안 교육을 하려는 사람들, 귀농 운동을 하려는 사람들, 새로운 공동체를 모색하는 사람들을 만나는 일도 게을리하지 않습니다. 그리고 농민들과 함께 쌀 수입 반대 시위에도 참여하고 한미 FTA 반대에도 참여합니다. 새만금 반대 싸움도 합니다.

농사를 지으면서 인간에 대해 다시 생각하게 됩니다. 사람이 꽃보다 아름답다고 하지만 제 눈에는 그렇게 보이지 않습니다. 신과학 운동을 접하면서 하나님의 창조행위를 다시 생각하게 되었습니다. 하나님의 천지 창조는 지구라는 행성이 지니고 있는 생명성, 태양계가 지닌 생명성, 우주가 지닌 생명성을 창조하신 것이라 생각하게 되었습니다. 하나님의 천지 창조를 조각 예술가에 비유해서 말해 보겠습니다. 조각 예술가가 되기 위해서 갈고 닦은 기술과 정신 혹은 혼에 대해서 말하고자 하는 것이 아닙니다. 예술가가 첫 작품을 만들 때 쏟는 정성과 혼, 그리고 기술은 최고의 경지일 것입니다. 하나님의 첫 작품은 빛이었습니다. 생명의 근원이며 원천입니다. 그 후 물과 육지 동물과 식물 바다의 생명 등을 만드십니다. 살아 있는 모든 것을 만드십니다. 그런데 제일 마지막에 사람을 만드십니다. 조각가의 경우 첫 작품에 쏟은 정성에 비하면 작품 활동이 거듭될수록 처음의 혼과 정성은 감소될 것이고 관성에 빠질 것이며 작품성에 대한 의지보다는 단순한 반복일 것입니다. 그러므로 단순한 반복은 절박하지도 않고 중요하지도 않습니다. 하나님은 인간을 그런 심정으로 만드셨을 것입니다. 다시 말하면 하나님의 창조물 가운데 인간의 창조는 지구 태양계 우주의 생명성에 비하면 보잘것없는 창조물일 것입니다. 그러므로 하나님 입장에서 못된 인간을 파리 목숨처럼 하찮게 여기실 수도 있다고 생각할 수 있습니다. 인간은 하나님이 창조한 지구의 생명성을 지독하게 괴롭히고 있습니다. 지구를 병들게 하는 암세포가 인간이라고 합니다. 요즈음 폭우, 폭설, 돌풍, 해일 등으로 인한 재앙은 지구라는 생명체가 인간을 향해 부르짖는 저항이라고 말하는 사람도 있습니다.

교회 밖에서 교회를 바라보면 기독교가 권위적이고 우월감이 강해서 배타적이고 비타협적이라고 생각합니다. 이는 하나님이 인간을 자신의 형상대로 창조하셨다는 자부심도 있지만 그래서 하나님이 인간을 구원하신다는 신앙 중심으로 기독교가 틀 지워졌기 때문이라고 생각해 봅니다. 제가 신학 공부를 할 무렵, 구약신학의 거목인 폰 라드의 구속사(구원신앙) 신앙에 도전하여 창조신학을 반증하시는 문익환 목사님의 강연을 들은 일이 있습니다. 그 후 저는 창조신앙으로 살았습니다. 그런데 지금 저는 창조신앙을 새롭게 이해하고 싶습니다. 이러한 신앙은 생태신앙과 연관되어 있기 때문입니다.

생태신앙을 드러내는 본문으로 저는 빌립보서를 즐겨 인용하고 있습니다. 이 본문은 보통 그리스도의 겸손을 본받으라는 기독교 윤리 정도로 가볍게 설교되고 있지는 않은지 모르겠습니다. 황성규 교수님이 계시지만 저는 바울 신학에서 이 본문을 어떻게 해석하는지 모릅니다. 저는 한신대의 이준모 교수에게서 배운 것입니다만 이 본문을 생태적으로 읽고 읽은 대로 실천하려고 애쓰고 있습니다.

농사를 지으면서 한 알의 밀알이 땅에 떨어져 죽지 않으면 많은 열매를 맺을 수 없다는 예수님의 말씀이 있습니다만 예수님은 밀알 그 자체입니다. 저는 벼농사를 하면서 관찰합니다. 볍씨는 땅에 떨어져 자신의 외피를 벗어던집니다. 하나님이 외피를 벗어던지신 것과 같은 이치입니다. 그리고 볍씨는 자신의 몸을 썩힙니다. 그래서 흙 속에 있는 수억의 미생물들에게 자기 몸을 먹이로 내어줍니다. 성찬식에서 우리가 예수님의 살과 피를 먹는 것과 같은 이치입니다. 자기의 몸을 먹은 미생물들이 배설을 하면 볍씨의 씨눈이 그 배설물을 먹고 뿌리가 내리고 싹이 자랍니다. 이 대목에서 우리와 예수의 관계를 어떻게 설명해야 할지를 모르겠습니다. 결국 한 알의 볍씨(밀알)는 5개 혹은 7개의 이삭으로 자랍니다. 한 개의 이삭에서 최소 120개의 낱알이 달립니다. 외피를 벗고 자기 몸을 썩혀 타자의 먹이로 내어줌으로써 6백 개 혹은 8백 4십 개의 볍씨(생명)로 부활합니다. 이준모 선생은 이 볍씨의 활동, 변신, 혹은 희생의 과정을 생명을 일으키는 노동이라고 말합니다. 이를 밀알의 노동이라고 합니다. 예수의 삶이 생명을 일으키는 밀알의 노동이라는 것입니다. 그렇다면 이 본문이 생태적으로 읽히는 데 무리가 없을 것입니다. 생태신앙과 관련하여 철학적 사유와 신학적 사유에 관한 이론과 논리가 널리 펼쳐지고 있습니다. 그러나 저는 학자들의 책이나 글에서 삶의 진실을 발견하기보다는 농사하는 삶 자연을 꿰뚫어 보면서 진실을 찾으려 애쓰고 있습니다. 이러한 시도를 가톨릭 잡지인 『경향잡지』에 연재하고 있습니다.

인간은 하나님께 간구해야 합니다. 살려주십시오. 아니 우리가 살아남으려면 지구라는 생명체를 살리기 위해 우리가 십자가를 져야 합니다. 하나님이 우리를 구원해 주셨다는 믿음을 실천하려면 우리가 십자가를 져야 합니다. 희생적인 삶을 살아야 한다는 것입니다. 스스로 가난해지는 삶을, 스스로 불편한 삶을, 스스로 힘든 삶을 살아야 합니다. 산업자본과 상업자본이 자연을 망치고 지구를 병들게 하고 있다면 교회의 재산을 팔아 땅을 개발하지 못하도록 사서 생태적 삶을 살려는 사람들에게 빌려주어야 합니다. 그렇게 하지 않는다면 30년 이후 땅은 생명력을 잃고, 점점 증가하는 기상이변으로 곡식을 빼앗아갈 것이며 급격히 춥거나 더워서 살기 힘들게 될 것입니다. 미국은 30년 후에 자기 나라의 안보를 위해서 에너지 패권을 장악하려 합니다. 이라크에 대한 도발이 그 증거입니다. 그리고 식량패권을 위해서 WTO와 FTA 프로그램을 강행하고 있습니다. 지난 2백 년 동안 지구를 연구한 생물학자, 기후학자, 천문학자, 에너지 전문가, 환경학자들이 30년 후를 경고하고 있습니다. 그러나 거대한 자본의 힘과 논리를 거역하지 못하는 현실주의자들에 의해 지구의 위기는 계속되고 있습니다.

기독교회가 지구라는 생명체를 구원하지 못한다면 우리의 자식과 후손은 지속가능한 삶을 이어갈 수 없을 것입니다.

17 그리스도의 마음을 본받으려고

봄을 시샘하는 추위가 눈발을 어지럽게 휘몰아치는 돌풍과 함께 사방을 흩트리고 있습니다. 어저께만 하더라도 겨울은 물러간 듯 봄 같은 날이었습니다. 집사람이 첫 봄나물로 망초의 새순을 캐어 와서 손질하고 있기에 저도 거들었습니다. 우악스럽게 자란 뿌리는 무질서하게 엉켜 눈처럼 하얗습니다. 긴 겨울 동안 땅속에서 살아남기 위해 뿌리들이 얼싸 안고 있었던가 봅니다. 새순은 다섯, 여섯 차례나 밀어 올렸는지 나물의 본래 크기를 훨씬 웃자랐습니다. 맨 먼저 올라온 순은 이미 다음의 순을 위해 누렇게 변하기도 하고 자기 몸을 썩히고 있었습니다. 망초는 다정하게 여러 개의 새순이 한꺼번에 올라오면서 흙을 짊어지고 있었습니다. 이 흙을 가려내고, 붙어 있는 포기들을 떼면서 썩은 잎사귀를 분리하는 일이 쉽지 않았습니다. 봄은 우리들의 나물 다듬는 손길과 함께 성큼 다가왔다는 생각을 했습니다.

그리고 새순은 한 번으로 끝나는 것이 아니라 너댓 차례 계속된다는 사실도 깨달았습니다. 단 한 번으로는 자기의 생명을 이 땅 위에 밀어 올릴 수 없다는 사실을 알고 있기 때문이겠지요. 오늘 같은 꽃샘추위가 올 것이라는 것도 미리 알고 있었다고 볼 수밖에 없습니다. 그러기에 그들은 함께 엉켜 붙어 있었던 것으로 보입니다. 이 망초의 생명이 지닌 성격을 보면서 더불어 살아가는 마음을 솟구치게 합니다. 그동안 더불어 산다는 말을 많이 했었는데 이처럼 생생한 느낌을 갖지 못했습니다. 그러다 보니 저는 망초에게서 더불어 살아가는 마음을 배우고 지혜를 배우고 있습니다.

얼마 전에 풀무고등학교 학생이 쓴 글을 읽으면서 원두막이 평화의 마음을 가지게 한 내력을, 자갈길을 밟고 자그락거리는 소리를 들으면서 평화의 속삭임을 들을 수 있겠다는 생각을 한 일이 있습니다.

밭일을 하는 동안 흙을 만지고 돌을 가려내면서 그 속으로 제 마음을 담가봅니다. 무거운 토막나무를 끌어안고 옮기면서 수십 년을 살아온 나무의 일생을 회상합니다. 온돌방 아궁이의 불을 지피면서 나뭇가지의 지글거리는 소리를 듣고 불꽃의 화려한 움직임을 보면서 자연의 마음을 읽고 그 마음을 닮으려고 애쓰고 있습니다.

그러면서 저는 제 마음 보자기가 내 안에서 만들어진 것이 아니라는 확신을 가지게 됩니다. 자연이 제게 준 선물이라고 생각하게 되었습니다.

'너희는 이 마음을 품으라. 곧 예수그리스도의 마음이니……' 우리 그리스도인의 마음도 내 안에서 생긴 것이 아니라 하느님께서 보내신 아들을 통해 받은 선물임에 틀림이 없습니다. 그런데 예수그리스도의 마음이 교회나 성당 안에서, 아니면 성물의 모습을 보고 생길 수도 있습니다. 아니면 말씀 전례나 강론으로, 예배를 드리는 행위로 그 마음을 배우고 훈련할 수 있습니다.

인간을 향한 하느님의 마음은 스스로 인간이 되어 죄인과 동고동락하시고 인간과 함께 땀을 흘리시고 인간의 고통과 고뇌를 함께 경험하시고 인간이 받아야 할 죄의 형벌을 스스로 감내하시면서 십자가를 지시는 것으로 표현되고 있습니다. 저는 이 사실을 그리스도를 닮은 사람들을 통해서 체험하였지만 지금은 자연을 통해서 체험하고 있습니다. 한 알의 밀알이 땅에 떨어져 죽지 않으면 열매를 맺을 수 없다는 현상을 자연에서 매일 실감하고 있습니다. 그리고 하느님께서 창조하신 지구라는 생명체를 살리기 위한 밀알이 되려면 어떻게 살아야 하는지를 기도하고 있습니다.

그리하여 그리스도의 마음을 간직한 우리는 어떻게 살아야 할까를 고민하면서 기도하지 않을 수 없습니다. 그리스도의 마음을 보자기로 싸서 마음에만 간직한다면 무덤에 갇힌 채로 남아 있을 것입니다. 그리스도처럼 부활해야 할 것입니다. 그 마음 보자기를 세상에 펼쳐야 할 것입니다.

저는 자연에게서 배운 마음을 대안학교(녹색대학)에서 펼치고 있습니다. 그래서 이 그리스도의 마음을 펼칠 수 있는 생태문화도시를 녹색대학의 가족들과 함께 설계하고 있습니다. 이런 일이 신음하는 지구의 생명을 살리고 창조질서의 복원을 위한 작은 봉사라고 믿고 있습니다.

하느님께서 창조하신 지구가 지금 신음하고 있습니다. 그리스도의 마음을 간직하고 있는 세계교회나 한국교회는 신음하고 있는 지구의 생명을 치유하고 구원하기 위해서 예수님처럼 십자가를 져야 한다고 생각합니다. "예수그리스도처럼 내게 십자가가 허용된다면 내 모가지를 드리우겠습니다."고 했던 윤동주처럼, 부활하신 예수님께서 다시 지구를 위해서 두 번 십자가를 지는 일이 없도록 우리가 져야 할 십자가입니다.

제가 살고 있는 무주에는 덕유산이 있습니다. 덕유산은 백두대간의 허리입니다. 덕유산 동쪽에 리조트와 스키장 골프장이 있습니다. 그런데 산 너머 서쪽에도 골프장을 중심으로 기업도시가 들어서려고 합니다. 어떤 기업체가 정부의 정책과 법적 비호로 덕유산을 송두리째 망가뜨리려 하고 있습니다. 덕유산의 생명력을 무자비하게 짓밟으려 하고 있습니다. 해당 지역에 살고 있는 할아버지들과 할머니들 그리고 주민들이 덕유산의 생명력을 지킬 뿐만 아니라 자신들의 생존권을 지키기 위해서 치열하게 싸우고 있습니다. 이들의 싸움은 한국교회가 싸워야 할 싸움을 대신하고 있다고 생각합니다. 저도 주민들과 함께하고 있습니다만 만에 하나 이 개발 계획이 실시된다고 하면 '모가지를 드리우고 십자가를 질' 각오를 하고 있습니다.

생명이 발돋움하는 이른 봄, 북서풍이 몰고 온 눈을 바라보면서 망초가 일으킨 마음에 부끄럽지 않으려고 지금도 자판 위의 손가락이 움직이고 있습니다. 이 마음을 녹색대학으로 옮겨 펼치기 위해서 다음 글로 다시 만날 때까지 마무리하겠습니다.

하느님께서 인간을 창조하실 때 흙으로 자기와 닮은 사람의 형상을 만드시고 코에 입김을 불어 넣었다고 합니다. 하느님의 기운을 인간에게 쏟아 주신 거라고 믿고 있습니다. 하느님의 기운은 우리가 지녀야 할 영성입니다.

　사람에게서 기가 빠지면 의욕을 상실하고 몸이 나른해지며 병이 들어온다고 합니다. 사람과 다투거나 싸울 때 이기려면 상대방의 기를 꺾어야 한다고 합니다. 이런 이야기를 듣고 있으면 기가 얼마나 중요한지를 알 수 있습니다. 그럼에도 사람들은 기에 대해서 눈여겨보지 않고, 잊고 사는 듯합니다.

18 세상을 만나다

1

선한 마음씨를 갖고 있는 박춘 씨가 나를 통해 어떤 사람을 만나고 싶어 했다. 실로 30년 만에 그 사람에게 전화를 했더니 내가 누군지 모르겠다고 한다. 목사라는 호칭을 붙여서 이름을 말하니 반갑게 응하면서 점심을 사겠다고 한다.

약속 장소인 무역회관을 찾았으나 약속한 식당을 찾기가 쉽지 않았다. 영락없는 시골 촌뜨기이다. 안내를 따라 엘리베이터 타는 곳을 찾아 움직였지만 같은 곳을 빙빙 돌았다. 엘리베이터를 한층 아래에 잘못 내려서 걸어 올라가 52층의 식당을 찾았다. 반가운 수인사를 건네고 바라본 그는 정장을 하고 있었고 나는 셔츠차림의 노타이에다 흰 고무신을 신고 있었다. 여익구, 그는 7, 80년대에 반독재민주화투쟁, 그리고 계급투쟁의 일선에 서 있던 사람이다. 민중불교운동연합에서 일했던 친구이다. 52층 빌딩 식탁 아래로 펼쳐지는 서울의 시가지는 한강과 잘 어울리는 아름다운 도시이다. 이 도시를 내려다보면서 우리는 잠시 7, 80년대의 서울을 내려다보고 있다. 옛날이야기를 많이 할 필요가 없었다. 이심전심이기 때문이다. 아니 그는 '이제 저는 세속화되었어요' 라고 말하면서 옛이야기를 잊어버린 듯했다. 동행인을 나의 수족처럼 소개하면서 합석을 양해 받았다. 나는 그동안 내 삶을 요약했지만 그는 '환경운동'으로 압축해버린다.

"환경운동을 하는 사람들의 활동비가 반환경 운동을 하는 사람들의 결과물로부터 제공되는 것입니다. 이거 엄청난 모순 아닌가요? 세상은 현실이에요. 이 현실을 부정하는 것처럼 이상을 말하지만 그들은 반환경 단체의 지원을 받고 있거든요. 저는 그들을 이중적 인격자로 봅니다."

그런데 나는 그의 이러한 이야기가 너무 깨끗해 보였다. 군더더기가 없었다. 정직해서 맑아 보였다. 몇 마디로 명쾌한 자기를 드러내고 있었다. 큰 소리는 아니었지만 강한 주장으로 들렸다. 그에 비해 나는 말을 아끼고, 조심스러웠다. 용어 선택에 신경을 쓰고 있었다. 그래도 내가 보는 '세상은 이런 것이다'라고 말하고 있었지만 우리는 오랜만에 만나서 토론하고 설득하자는 것이 아니니까 견해 차이 정도로 넘어갈 일이다. 분명한 것은 그가 나를 바라볼 때 '갑갑한 양반'으로 각인되었을 것이다. 나는 그를 통해 세상이 어떻게 돌아가고 있는지를 감으로 잡고 있다. 동행한 사람을 도와줄 수 있으면 좋겠다고 했더니, 구체적으로 분명하게 말하면서 '할 수 있는 한 돕겠다'고 한다.

"현실은 소유구조가 가족화되어 있습니다."

그렇다. 가족화되어 있는 소유구조에 외부인이 끼어들 수 없는 것이다. 차라리 말단의 기사와 절친하다면 그를 통해 극히 작은 기회를 얻을 수 있다는 것이다. 이것이 현실 사회의 냉엄한 구조이다.

다시 서울시를 내려다본다. 지금의 서울이 7, 80년대의 서울을 비웃듯이 오늘의 이상주의자 중의 한 사람인 나를 그가 비웃고 있을지도 모른다. 물론 그는 비웃음을 모르는 사람이다. 내가 그에게 투영되어 나를 그렇게 바라보는 것이다.

2

마음의 본향이라고 할까? 목회자들로 구성된 '정의평화실천협의회'의 모임에서 의자 하나를 잡고 앉았다. 목협의 과거를 되돌아보고 그 의미를 되새기는 설교가 있었다. 원로 목사님이 말씀하셨다. 원론적이고 다소 보수적인 관점을 이론적으로 정리하려고 애쓰신다. 교계의 원로와 연대하기 위해 프로그램을 준비한 사람들의 배려로 보였다. 과거에도 그렇게 했다. 그리고 신·구 목협 의장단의 이취임식이 있었다. 지난 20여 년 동안 민주화와 교회개혁을 위해 활동했던 역사가 순식간에 지나간다. 신임회장은 선배들의 노고와 치열했던 실천의 기억들을 되살려 준다. 옛날의 노병이 아직도 살아 있음을 볼 수 있었다. 내가 총무로 일할 즈음 그는 서기를 맡았다. 15년 만에 의장이 되었다니까 폭소가 터져 나온다. 그동안 침잠했던 활동에 다시 불을 지펴 보겠다는 의지가 꿈틀거리고 있었다. 지금 그들에게 나는 생경스러울 것이다. 목사도 아니며 시골에서 살고 있고 교회와는 거리가 먼 대안 교육에 종사하고 있기 때문이다. 그러나 그들은 나와 거리를 두지 않으려 한다. 마음의 연대가 굵고 질기기 때문이다. 식사를 하면서 환담을 나누었다. 서울과 무주가 멀고 다르지만 그들의 형제와 지인들이 우리와 연결되고 있었다. 모두들 우리 집에 몰려오겠다고 전화번호를 확인하느라 분주하다. 내가 좀 쉬면서 여행을 하겠다고 했더니 여행비로 보태 쓰라고 봉투를 찔러주는 동료도 있었고 후배들은 아시아 쪽으로 여행하면 어떻겠느냐고 자기들이 주선하겠단다. 그동안 내가 잊고 있었던 동료와 친구 그리고 후배들이 지닌 마음을 대하기가 부끄럽고 미안하다. 아무리 신분을 달리하고 먼 거리에서 다른 일을 하고 있지만 같은 동료로 감싸주는 가족들이다. 이렇게 마음의 본향이 있어서 행복하다. 이러한 연대감으로 나는 오늘도 부끄럽지 않게 기독교인의 삶을 당당하게 살아가야 한다고 다짐하고 있는 것이다.

3

강화도를 찾았다. 집사람과 함께 떠나는 첫 여행지이다. 전화로 환대해 준 김정택 목사의 안내 때문인지 내가 운전하는 마음이 즐겁고 시야에 들어오는 모든 것들이 낯설지 않다. 사모도 집사람을 껴안고 펄쩍펄쩍 뛴다. 남의 집에 온 것 같지 않다. 주섬주섬 치우고 아무렇게나 주저앉고 급한 용무를 함께 하고 점심도 맛있게 먹는다. 우리를 편하게 해 주려고 한다. 우리를 위해 오후의 일정을 비워두었다. 마침 푸른꿈고등학교와 함께 출발한 대안학교인 산마을고등학교 신축 현장에서 상량식을 한단다. 때를 잘 맞춰온 것이다. 이곳을 방문했다. 여기에 참여한 사람들 중에 10여 명은 지인들이다. 20여 명은 나를 잘 알고 있다고 인사를 청해온다. 또 놀란 것은 이 학교의 교장선생이 여자 목사인 원금자 선생이라 한다. 우리는 10년 만에 만난 것이다. 귀농 초기에 원목사와 한 공간에서 살기로 했던 일이 있다. 비록 갈라섰지만 이런 곳에서 또다시 만나게 되다니, 인연은 길고 끈질기다. 다양한 형태의 흙집으로 지은 교실과 식당, 다용도 교실이 7동 정도 지어지고 있었다. 원불교 교무라는 성직을 파계하고 목수가 된 분이 학교의 목공일을 주도했다고 하고 이 건축을 총감독한 분도 '내일을 여는 책' 출판 기획 편집자라고 한다. 좋은 사람들이 만들어가는 학교라는 생각이 들어 기분이 좋았다. 특히 이 학교의 이사장이라는 분이 무주에도 온 일이 있다고 하는데 아름다운 사람이었다. 불우한 학생을 사랑해서 교육비를 지원했는데 그 학생이 결국 탈선하고 말았다는 사실을 안타까워하면서 대안교육 사업에 자신의 재산 중 거금을 희사한 분이라 한다. 몇몇 교사가 보수적 교육관을 갖고 있어서 전체 분위기를 어둡게 하고 있다는 소문도 들린다.

김정택 목사의 이야기를 듣고 나서 그가 생태농업 농민운동의 교과서라고 생각하게 되었다. 60여 세대의 작목반을 조직하고 30만 평의 경작지를 유기농으로 관리할 뿐만 아니라 농자재를 생산할 수 있는 인프라를 구축해 놓고 있었다. 자동화된 퇴비 생산시설이며, 저온창고며, 회원을 관리하고 유통을 관리하는 사무실과 직원을 두고 있었다. 함께 이동하면서 손전화로 통화하는 내용을 들으면 학교와 병원이 공동 급식을 하는데 그곳에 작목반의 농산물을 납품하도록 교섭하고 촉구하는 대화가 연속 이어지고 있다. 물론 군의 행정직원과도 통화를 한다. 때로는 컨설팅도 하고 있다. 이런 활동을 하면서 월 고정 수입은 오십만 원 정도라고 한다. 그리고 그의 부인 임정숙 씨도 상상을 초월한 활동과 움직임을 보이고 있다. 그가 가진 돈도 없이 흙집으로 연건평 50평의 어린이집을 짓는 과정에서 겪었던 파란만장한 이야기는 한 권의 책으로도 부족하다. 우리가 가던 날 그는 술 만드는 기술을 배운다고 고두밥을 만들어 그 이후의 과정을 이웃집 아주머니에게 배운다고 했다. 기술이라고 하지만 그는 이미 강화도의 관광 해설가라는 자격증을 소지한 지 오래고 서너 개의 자격증을 갖고 있다고 했다. 지금 또 화문석을 짜는 기술을 익히고 있는데 이 자격증을 따겠다고 열심히 배우고 있다. 그 다음날 우리도 구경삼아 같이 짜 보기도 했다. 나는 화문석 짜는 일이 재미있었다. 함께 배우는 여성분들이 하나뿐인 남자인 나를 두고 재미있는 농담도 하면서 열심히 가르쳐 주고 있었다. 이 기술을 가르치는 여자 교수님도 친절하고 진지했다. 전통 수공예품이 만들어지는 현장을 경험한 것이다. 두 시간을 연습하는 중에 전화가 여러 번 와서 제대로 완성하지 못했다. 그가 '인천사랑' 모임의 회원들에게 강화도 관광 안내를 하는 현장을 따라다녔다. 역사박물관과 고인돌 유적지를 다녀왔다. 참 열심히 잘하고 있었다. 관광객들은 그의 설명에 넋을 잃고 있었고 감동의 박수를 불이 나도록 쳐댔다. 나도 많은 것을 배웠다. 강화도에 매력을 느끼게 만들었다. 그는 관광객을 가족처럼 생각했다. 다음에 자기 집에 오면 공짜로 재워주고 먹여주겠다고 한다. 그 말에는 농사짓고 시골에서 살면 얼마나 좋은지를 경험하도록 돕고 싶다는 뜻이 담겨 있다.

강화도가 생태적 의미를 갖는 곳이라고 한다면 무엇보다 갯벌일 것이다. 각종 철새들이 모이는 곳, 갯벌의 생태계가 살아 있는 곳, 세계 4대 갯벌 중 하나라는 것, 갯벌 센터에 가서 많은 것을 보고 들었다. 소중한 곳이다. 많은 사람들이 이곳에 와서 보고 배우고 체험했으면 좋겠다. 나는 곰곰이 갯벌에서 자화상을 찾아본다. 도시의 온갖 오염물질을 안고 흘러온 강물이 이곳에 퇴적해두면 바다의 밀물과 썰물의 작용으로 이 퇴적물에 생명을 불어넣는다고 한다. 나는 그동안 도시적인 것을 부정하고 비판했지만 내 속에 있는 도시적 속성이 나도 모르게 드러나고 있었다는 사실을 몰랐거나 숨기려 했을 것이다. 갯벌처럼 정직했더라면, 아니 갯벌을 닮는다면 내가 생태적 삶을 사는 지혜와 능력을 얻을 수 있지 않을까?

강화도에는 좋은 사람들이 많이 살고 있었다. 아무런 사심도 없이 자기의 재산을 쏟아 부어 불행한 청소년을 위한 학교 설립에 기여한 사람도 만났다. 산마을 중학교의 이사장이라고 했다. 인자하고 품이 넓고 친절했다. 그리고 좋은 학교가 되어야 한다는 희망을 온몸에서 읽을 수 있었고, 이 학교에도 보수적인 몇몇 선생님들이 좋은 학교를 만드는 일에 걸림돌이 되고 있다는 이야기도 있었다. 그리고 '내일을 여는 책' 이라는 출판사의 편집장이 자기 집에 초대하여 가보았다. 헌신과 희생의 마음으로 어린이 계절학교 프로그램을 하고 있었다. 내부 시설도 교육적인 배려로 알뜰살뜰 꾸며놓았다. 이층 다락방에는 도서실도 있었다. 대안 교육에 대한 열정과 실험과 시도를 다양하게 하고 있었다. 대안교육에 관한 책을 출판하고 있는 그는 스스로 대안 교육을 실천하려고 했다. 그리고 원불교의 교무(성직자)였던 분이 성직을 반납하고 목수 기술을 배워서 산마을 학교의 공사도 하고 함께 일하고 있는 일용직 건축노동자와 어울리는 모습이 아름답게 보였다. 옛날의 나를 보는 듯했다.

학교의 기숙사 짓기 모금을 하는 일을 돕기 위해 사람들을 만나면서 느끼는 몇 토막을 적어본다.

세상에는 자기를 방어하고 변호하며 자기를 선전하여 자기의 입지를 강화하려는 사람들이 많다. 이들은 자기 세계를 화석으로 만들고, 스스로 자기를 가두며, 그 근거를 자기의 경험에서 생긴 인식의 틀을 벗어나지 못하고 있다.

작품을 기부하는 예술가들을 만나서 느끼는 것은 자기의 세계를 선전하는 것과 연결되어 있다. 현실에 젖어 있는 사람들과 만나면서 그들의 도움을 받아야 하고 도움을 받기 위해서 그들을 연결하고 프로그램을 만들고 그들을 선전해야 하는 경험을 하면서 자기모순을 읽고 있다. 그리고 나는 가족의 비위를 맞추면서 이것이 자기 비움과 일치하는 것인지를 묻고 있다.

민중의 삶 속에서 볼 수 있는 생존을 위한 몸부림, 이 몸부림을 함께하고 있던 후배들이 '생명선교연대'라는 이름으로 노동자를 위한 목회를 했고, 20주년 기념 자료집을 내어놓았다. 이 기념식을 축하하는 메시지를 녹화해서 가져가기도 했지만 인간들의 틈 사이에서 치열한 생존 경쟁을 벌이고 있는 생존권 운동이 생명운동이라 할 수 있는가?

4

내가 지금 만나고 있는 이 자리는 또 어떤 만남일까?
그렇지, 10년 만의 해후라고 해야 할 것이다. 반갑고 수줍은 만남이고 변하지 않은 얼굴들이다. 서로 격이 다르지만 가족처럼 반갑고 다른 곳에서 살았지만 마음은 하나인 것이 분명하다. 억척스럽게 살아온 중년 후반의 아낙네들과 노년에 접어든 나는 오빠와 여동생들의 만남처럼 얼굴에 반가움이 가득하다.
"건강해 보입니다."
서로가 확인하고 있었다.
"자식들이 잘 자라고 안정된 생활을 하고 있고 손자들이 생겼습니다."
동병상련이었다.
도시 한 복판에서 석공 일을 하는 남편과 목수 일을 하는 남편들이 억세게 살아가고 있었고 자식들도 무난하게 자기들의 삶을 개척하고 있었다. 목수 일을 하는 창호 씨의 가족은 주변 주택가로 이사를 갔고, 포천에 3백 평의 땅을 사서 장차 집을 짓겠다는 계획이 있고 지금은 그 땅에서 주말 농사를 하고 있다는 것만 달랐다. 석공 일을 하고 있는 정이영 씨는 아직도 옛날처럼 시유지 판자촌에서 살고 있다고 한다. 나도 농사를 짓고 있고 대학이라는 곳에서 일하고 있지만 맨땅에 헤딩하는 삶, 맨발로 자갈길을 걷고 있다는 점에서 이들과 다르지 않다. 내가 높은 자리에서 출세하고 편안한 생활을 하기를 바라고 있었겠지만 그 바람보다는 지금의 동병상련이 더 반가운 일인지도 모른다. 아니 나는 이 사람들에게서 평화를 느끼고 마음의 본향을 느낀다. 짧은 순간 삼겹살을 먹고 환담을 나누는 동안 우중충한 가을비를 밀어 재낄 수 있었다.

"우리 또 언제 만나지요?"

10년 전, 20년 동안 월곡동 돌산 마을에서 함께했던 삶과 사랑과 꿈이 우리를 이렇게 그리워하게 하고 정들게 하는가 보다. 물론 잠깐 동안의 만남이기에 다시 만날 날을 기약할 수 없으니 스치는 만남일 수밖에 없다. 그러나 마음의 본향이 일고 있는 것이 다르다.

마음의 본향이라…….

그것은 동병상련에서 얻게 된 마음이 아닐까? 다닥다닥 붙은 판잣집에서 숟가락을 부딪치며 통했던 마음일 것이다. 같은 일터에서 땀 흘리며, 서로 힘을 덜어 주기 위해 애쓰든 마음일 것이다. 과부가 홀아비의 심정을 헤아리는 그런 마음일 것이다. 이들도 김제에서 농사하며 살았고 충청도에서 농사했던 이들이기에 그들의 예전 경험을 내가 지금 하고 있기 때문에 동병상련의 마음이 일고 있는지도 모른다. 지금 멀리 떨어져 있고, 자주 만날 수 없지만 '우리는 영원한 가족' 처럼 많이 먹으라고 독려하고 있었을 것이다.

우리는 서로 다소곳이 인사를 하고 상훈 어머니가 준 우산을 들고 나왔다.

내일 약속이 11시 태릉이기 때문에 이 가까운 곳에 머물 생각을 하고 똘배네 가족을 만나러 갔다. 옛날 동월 교회가 있던 그 자리의 아파트에 살고 있는 나영이네 집이다. 다닥다닥 붙어서 좁은 골목길을 오가며 나누던 삶의 자리가 고층 빌딩 숲으로 바뀌고, 위아래로 층층이 살고 있지만 두꺼운 벽체와 깨끗하게 정리된 공간으로 변했다. 높은 빌딩, 두꺼운 벽체, 엘리베이터, 포장된 길과 드문드문 무질서하게 배치된 느티나무와 가문비나무 그리고 굴참나무의 조림, 연못, 이런 공간구성으로 웰빙의 조건을 만들었고 주민들은 어깨를 펴고 사는가 보다. 동과 호실을 찾느라 헤매는 나를 배려하느라 윤일이 아버지가 마중을 나왔다. 102동 407호 무거운 문을 열고 집으로 들어갔다. 33평의 큰 집에 나영이네 부부가 살고 있다. 중산층 상류의 주거 공간이다. 소파에 베란다, 그리고 분리된 부엌, 세 개의 방과 화장실, 방에는 침대로 채워져 있다.

"오래간만입니다."

"건강하게 보입니다."

"나그네가 신세지러 왔습니다."

"사모님도 잘 계시지요. 왜 함께 올라오시지 않으셨습니까?"

내가 온다는 소식을 윤일이네 가족에게 알렸는가 보다. 그 부부를 위한 밥상을 차리고 있었다. 단출한 밥상이다. 밥이 맛있게 보였다. 김치와 생선찌개, 울릉도에서 구했다는 야채를 된장에 박아 발효시킨 별미도 있다. 조금 전 생고기 삼겹살로 배를 불린 나는 커피 한 잔으로 밥상을 마주했다. 윤일이 부모님은 일터에서 바로 온 모양이다. 윤일이 아버지의 얼굴이 유난히 맑아 보였다. 예전 목수의 얼굴이 아니다. 그는 지금 국회 도서관에서 일한다고 한다. 조금은 놀랐다. 달동네의 주민이 국회 의사당이 있는 도서관에서 근무한다는 것은 예삿일이 아니기 때문이다. 그의 어깨에는 조금 힘이 들어간 듯하다. 윤일이가 장가를 가는데 나더러 주례를 해달라는 연락을 받았기 때문에 윤일이의 근황과 예비 며느리의 근황도 물었다. 30년 전 동월 교회에서 '똘배의 집'이라는 이름으로 지역 운동을 위한 최초의 탁아소를 열었을 때 초기의 학부모들 모임이 지금까지 이어지고 있으며 그 자녀들이 결혼 적령기에 접어들면서 모든 자식들의 결혼 주례를 나에게 부탁하고 있는 중이다. 이들은 '가난하지만 비굴하게 살지는 말자.'라는 모토를 가지고 있다. 곧 나영이 아빠도 들어왔다. 복분자술도 나왔다. 귀한 술이다. 윤일이 아빠와 나영이 아빠는 술을 좋아한다. 술잔을 주거니 받거니 하지만 세상일에 대한 이야기도 열심히 주고받는다. 술잔에 마음을 담아주면 그 마음을 받아 마신다. 정치가 개판이고 정치인들이 바보 같다고 비난을 쏟아붓는다. 행정 관료도 국민의 세금인 예산을 낭비하고 있다고 불평을 털어놓는다. 아파트에 가로등 하나 없다고 하면서 멀쩡한 도로를 파헤치고 아스팔트를 깐다고 욕을 하고 있다. 어저께는 이 집에서 반상회를 했는데 여자들이 떠는 수다가 마음에 와닿지 않았단다. 혼자 떠드는 사람에 대한 미움, 시의회가 결정을 잘못했다는 사실에 대한 비판도 잊지 않는다. 윤일이 아빠도 동의하고 있지만 말을 아끼는 것 같다. 아니 끼어들 여지가 없어 보인다. 나도 도시의 사람들, 도시가 돌아가는 모양을 바라보고 읽고 공부하고 있다.

"정치인도 문제지만 행정 관료도 문제입니다. 일제의 잔재를 털어내지 못한 사람이기도 하지만 그들의 관료적 타성도 문제입니다."

한마디일망정 끼어들지 않으면 안 된다는 의무감이 발동해서인지 이렇게 내뱉은 말은 오늘 이야기 마당에서는 외래어에 불과하다. 단지 그들의 말에 귀를 기울이고 눈빛을 번뜩이고 몸을 가누며 듣는 나의 태도 때문에 그들은 만족할 수 없는 삶의 편린들을 펼쳐내는가 보다. 그들은 입으로 말하고 나는 몸으로 응답하고 있었다. 오히려 나는 한마디 말도

하지 말아야 했을 것이다. 그러나 듣기만 하면 또 이들을 무시하는 것 같았기 때문에 그럴 수밖에 없었다. 시간도 많이 흘러서 자리를 정돈하고 윤일이네 가족은 자기들 집으로 돌아갔다.

나영이 아빠는 섬유 제품(요꼬) 생산기술자다. 청년 시절부터 이 직종에 종사하여 30여 년을 살았다. 사양 산업이 된 지 이미 오래되었다. 배우고 아는 것이 이것밖에 없다. 좋은 친구들이 직업 전향을 하던지 새로운 기술을 배워보라고 권했지만 그는 막무가내다. 외길을 걷고 있다. 일이 없어서 두 달 혹은 석 달을 쉴 때가 여러 해이지만 이 직업과 삶을 놓지 않고 있다. 그러면서 갑갑하고 한심하고 외로워하고 있지만 배우지 못한 사람이 겪어야 할 숙명처럼 받아들이고 비관하거나 체념하지 않는다. 친목계에서 여러 사람과 어울릴 때 궁색한 이야기를 하지 않는 사람이다. 그러면서 남에 대한 배려심이 깊다. 하나밖에 없는 딸 나영이는 부부의 기대에 부응하지 못하고 있다. 자기 멋대로 살아가고 있다. 예쁜 얼굴을 무기로 자유분방하게 살고 있다. 다만 소식이 끊어지지 않고 있기 때문에 안도하고 있을 뿐이다. 그러나 걱정하지 않는다. 성인이 된 자식을 믿기 때문이고 스스로 책임을 질 수 있을 것으로 믿고 있기 때문이다. 오늘도 나영이는 들어오지 않았다.

나는 나영이 아빠와 양양에서 농사하며 사는 것이 어떠냐고 제안했다. 열악한 조건이지만 두세 가정이 함께 가면 행복하고 재미있게 살 수 있다고 했다. 그 말에는 동의했다. 그러나 양양의 처가댁은 길도 없고 첩첩산중이며 겨울에는 춥고 눈이 많다고 하면서 갈 수 없다고 했다. 그러나 결심만 하면 돕고 함께 하겠다고 했지만 손사래를 친다.

나는 나영이가 자던 침대에 몸을 던졌다. '똘배의 집'에서 자란 나영이를 떠올려 본다. 그때 맞벌이를 해야만 먹고 살 수 있었던 그들은 자식을 집에 혼자 두고 먹을 것을 챙겨둔 후 밖에서 문을 걸어 잠그고 일터로 갔던 것이다. 이 아이들을 교회에서 보살피고 키우고 교육하게 된 것이다. 이 탁아소 이름이 '똘배의 집'이다. 그 아이들 중에 나영이는 많은 학부모와 선생들에게 귀여움을 받았을 정도로 똑똑하고 영리했다. 칭찬을 많이 받고 자란 나영이는 사춘기가 되면서 자기 환영에 빠진 것일까? 그의 방에는 온갖 인형과 액세서리 소품들이 잘 진열되어 있었다. 음악 감상에 필요한 도구도 있었고 아름다움을 꿈꿀 수 있는 공간이었다.

그의 부모는 부자가 아니다. 그 어머니는 야당 성향의 정치의식을 갖고 있었고 지금은 여당의 당원으로 있으면서 보험회사에 다니고 있다. 여러 차례 내 주변의 사람들에게 보험가입자가 되도록 해 달라고 졸랐지만 나는 한 사람도 소개해 줄 수 없었다. 나 또한 보험에 대한 가치와 의미를 두지 않고 있다.

사실 나는 '똘배의 집' 학부모들에게 티끌만 한 도움도 현실적으로 주지 못하고 있다. 그런데 나는 그들로부터 대접을 받는 경우가 많이 있고 멀리 있는 나에게 안부 전화로 마음을 얻고 있다.

다음 날 아침에는 은정이 엄마가 왔다. 나영이 엄마가 득달같이 전화를 했기 때문이다. '똘배의 집' 가족 중에 은정이네가 가장 어렵고 일이 잘 풀리지 않는다고 한다. 딸도 미혼모이고 아들도 일정한 직업이 없이 빚만 지고 있고 남편의 건축노동 일자리도 없을 뿐만 아니라, 일을 해도 일당을 받지 못하는 열악한 조건 속에서 살고 있다. 은정 엄마는 밤낮으로 일하면서 겨우 가계를 꾸리고 있다. 나영 엄마는 은정 엄마를 불러 식사라도 한 끼 먹이고 싶은 것이다. 인정이 넘쳐나는 가정에 나는 나그네로 잠깐 들리고, 이 집을 나가 시골에 있으면 까마득하게 잊혀질 이 가족들을 떠날 것이다. 한 달 후에 윤일이의 결혼식을 위해 잠깐 오겠지. 이처럼 잠깐씩 만나는 동안 서로 잊지 않고 산다는 것 이상으로는 관계가 발전하지 못하고 있다. 이들도 옛날처럼 자주 만나지 못한다면서 판자촌 삶에 대한 그리움을 자꾸만 떠올린다.

  동월 교회의 식구들을 만나서 듣고 싶은 이야기도 있고 그들도 나에게 하고 싶은 이야기가 있다는 것을 알고 있기에 윤집사와 염집사를 함께 만나기로 했다. 서너 달 전에 윤장로님이 답답한 교회의 사정을 전화로 알려 주었다. 서울의 교인들과 시찰회 지도 목사님들과 의논하라고 한 일이 있지만 직접 교회의 현황을 들어보고 싶었다. 무언가 갑갑하고 풀리지 않을 때 그런 이야기를 들어주기만 해도 그들에게 위로가 될 것이라는 생각이 들었다. 이들은 나에게 딸 같기도 하고 동생처럼 여기던 교인이다. 월곡동 달동네에서 자라고 시집가고, 공부하도록 약간 돕기도 했고, 사회적 신앙을 함께 살았던 삶의 도반이다. 목회자에 대한 연민과 안타까움만 있을 뿐 욕을 하거나 비난을 하지 않는 성숙한 모습을 보고 있었다. 개인적으로 섭섭한 일이 있었고 속상한 일도 있었던 것으로 보이지만 자기에게도 문제가 있을 수 있고 타자에게도 문제가 있을 수 있기 때문에 큰 문제가 되지 않는다고 한다. 나는 민주적인 토론과 소통을 위한 끊임없는 노력을 당부하고 있었다. 오랫동안 달동네에 살면서 온몸으로 만나고 위로하고 격려하며 함께 웃고 울며 살았던 교인들이 아닌가? 지금은 재개발이 되어 여기저기 흩어져 살고 있지만 교회를 중심으로 다시 만나고 어려움을 극복하기 위해 소통하고 있는 교인들이다. 그런데 외부에서 모신 목회자는 이들의 삶과 소통이 되지 않는 것처럼 보였다. 목회자 중심으로 교인을 훈련해야 한다는 사명감과 교인들 사이에 조심스러운 긴장이 일고 있는 것을 느낄 수 있었다.

5

　녹대를 떠나고 있다. 녹대와 멀리 떨어져 있는 사람들을 만나고 녹대와 다른 환경을 접하고 있다. 어떻게 보면 세상을 다시 들여다보는 기회이고 자기를 새롭게 발현하는 수행이며 새로운 지식과 지혜 혹은 능력을 가지려는 재충전의 도상이라고 할 수도 있다. 이러한 나 자신을 다시 바라본다. 사회적 정년을 몇 달 앞두고 있는 내가 무엇을 위해 수행 재충전하려는 것인가? 이러한 자문과 성찰적 문제제기는 '이제는 죽음을 준비해야 한다' 라는 답에 귀결되도록 나를 이끌고 있다. 이제 나는 힘도 빠지고 신체의 모든 기능이 하향곡선을 긋고 있다. 일부러 상향곡선으로 끌어올리려고 할 필요가 있는가? 더 오래 살기 위해 애쓸 필요가 없다는 생각이 나 자신을 압도한다. 그러면 어떻게 죽을 것인가, 어디서 죽을 것인가를 모색해야 한다. 이 답을 찾기 위해 2, 3년은 더 움직여야 할 것 같다. 녹대를 떠나기 위해 카운트다운을 했던 것처럼 죽음을 앞두고 카운트다운을 해야 할 것이다.

6

　시골에 살고 있으면 평화로움이 있지만 일상생활을 하면서 조심해야 할 일들이 많다. 벌에 쏘일까 조심해야 하며, 뱀에 물릴까 조심해야 한다. 모기의 공격을 피한다는 것이 여간 신경 쓰이지 않는다. 식탁에 공격적으로 달려드는 파리를 쫓다가 보면 신경질도 생긴다. 아주 사소한 것이지만 어떤 공격에 대한 경계심을 늦출 수 없는 곳이 시골이다. 폭우가 쏟아지고 태풍이 불어 재끼면 긴장할 수밖에 없다.

　이러한 삶이 반복되면 사람은 외부에 대해 방어 본능을 갖게 될 것이다. 방어 본능이 심하면 시골의 평화로움이 사라지고 낭만도 없어질 것이다. 자연에 대한 방어 본능이 인간에게로 확산될 수도 있을 것이다. 인간은 심리적으로 혹은 육체적으로 안정감을 갖고 싶어 하는 욕구가 흔들리게 되면 불안이 생기고 그 대안으로 공격성이 생길 것이다.

    자기를 방어하려면 결국 공격할 수밖에 없다. 공격이 최선의 방어라는 생활 법칙을 몸에 안고 살아간다. 특히 외부의 공격이 빗발치거나, 자기 존재 및 자기가 하고 있는 일이 붕괴될 위기에 처했을 경우 자기 혼자 살아남기 위해 자기만 옳다고 말하거나 모든 실수와 착오를 타자에게 떠넘기는 경우도 생길 것이다. 어떤 공동체가 제 역할을 감당하지 못해서 침체되거나 붕괴되는 이유는 위기를 극복하는 방법으로 내부의 구성원을 비난하고 책임을 내부 사람들에게 떠넘길 때이다. 그리고 그 비난을 유포하기도 할 것이다.

    이러한 생각과 경험을 하면서 내가 추구하려는 생태적 품성이 어떻게 자리할 수 있는가를 묻지 않을 수 없다.

7

- 자연을 닮아가는 품성을 생태적 품성이라고 설정했을 경우 - 야생성, 경쟁과 조화의 복잡한 방정식 등등
- 자연에 대한 인간의 윤리적 태도를 반영한 철학 혹은 가치관에 어울리는 품성이라고 설정했을 경우 - 인내천, 공생 공존, 밀알 노동, 평화
- 자연에 대한 과학적 태도를 생태적 품성이라고 설정했을 경우
- 자연에 대한 기술적 효율성 등으로 생태적 품성을 설정했을 경우
- 자연을 대상화하지 않고 자연의 지시와 흐름 기운을 따라가는 품성으로 설정했을 경우 - 도인, 신비주의, 생태적 영성

8

그동안 많은 사람을 만났다. 녹색대학의 주변 사람들도 만났다. 공부하려는 사람에게 용기와 격려를 아끼지 않았고 강의하러 오는 임진택 선생이 기획한 가야 축제에도 갔었고, 김봉준 선생이 기획한 다산 축제에도 갔었다. 진도리의 주민 자녀(정일상군)의 결혼식에도 갔었고 무주 평동 자문위원들과 함께 뮤지컬 '수천'도 관람했다. 이런저런 일로 많은 생각도 하고 바라본 것도 많지만 다 옮겨 적을 수 없다.

9

후배들의 주선으로 집사람과 함께 필리핀을 다녀왔다. 아시아 NGO 센터에서 만난 한국의 NGO 활동가들, 필리핀 주민 조직 운동의 지도자들을 만나고 식사와 대화, 토론, 사귐을 가졌다. 그리고 팔라완섬에서의 경험, 북쪽 바나웨의 라이스 테라시스 그리고 사가다의 관광이 즐거웠다. 한국과 한국에서 함께 일했던 사람들을 잊고 지내는 시간이었다.

19 청소년들과 마음 나누기

반갑습니다.

여러분과 저는 오늘 처음 만났습니다. 저는 두 개의 눈을 가지고 왔지만 여러분은 100개 가까운 눈으로 마주하고 있습니다. 이렇게 잠시 동안 만나고 나면 다시 만날 수 없을지도 모릅니다. 그런데 어쩌면 잠시 동안이지만 서로가 잊을 수 없는 만남이 될 수도 있습니다. 제가 가진 것을 여러분에게 선물로 드린다고 합시다. 또 제가 여러분에게 선물을 받는다고 합시다. 그 선물로 인해 우리는 오래 기억하고 또 만날 수 있을 것입니다.

저는 여러분들을 위해 선물을 준비했습니다. 그런데 그 선물은 눈에 보이기도 하고 보이지 않기도 합니다. 선물을 손으로 잡을 수 없지만 마음에 품을 수는 있습니다. 손으로 잡히는 선물은 일시적인 것이지만 마음에 품을 수 있는 선물은 오래도록 간직할 수 있습니다. 이 선물을 마음에 품을 수 있도록 마음 보자기를 펼쳐 보십시오.

"마음 보자기가 무엇입니까?" 하고 물으신다면 스무고개를 넘으며 문제를 풀어야 할지도 모릅니다. 아니 제가 스무고개의 질문을 해 보겠습니다. 여러분이 대답해 보겠습니까?

"마음 보자기는 가슴에 있습니까?

머리에 있습니까?

가슴에 있다면 심장에 있습니까?

아니면 허파에 있습니까?

그 보자기가 눈에 보입니까?

그림으로는 그릴 수 있습니까?

울컥 눈물이 쏟아질 듯한 마음은 어디에서 생긴 것입니까?

불쌍한 사람을 볼 때 애처로운 마음은 어디에서 생깁니까?

꽃을 보고 감탄하는 마음은 어디에서 생긴 것일까요?"

아직 스무고개를 넘지 못했습니다.

마음의 보자기를 잘 펼쳐 보이고 있는 여러분의 친구 한 명을 소개하겠습니다. 충남 홍성군 홍동면에 있는 조그마한 학교(풀무농업고등기술학교)에 다니고 있는 이항아라는 학생입니다. 지금은 졸업했습니다. 그 학생이 3학년 때 쓴 글을 소개하겠습니다.

수학시간이었다. 햇빛이 참으로 따사로웠기 때문에 지난 시간에 수업했던 원두막 앞 자갈길로 나왔다. 한참 문제를 풀다가 문득 보니, 내 앞쪽에 앉아 있던 은영이가 박현미 선생님의 물빛 분필 상자를 만지작거리고 있었다. 그 상자 겉면에 빈틈없이 꼼꼼하게 붙여진 스카치테이프가 햇빛에 반짝였다. 그리고 그 상자 옆면에 작은 글씨로 쓰인 문구는 나에게 어떤 풍경을 떠오르게 했다.

'숨을 들이마시면서 마음에는 평화'
'숨을 내쉬면서 얼굴에는 미소'

머릿속 저편에서 불어오는 기억의 바람에 내 영혼을 싣고 너울너울 찾아간 곳은 열여덟 내 여름 방학의 절반을 바쳤던 현장 실습장소, 경기도 포천의 '피스 팜(Peace Farm)' 이었다.

우선 위의 글에서 마음 보자기를 찾아볼까요?

 '숨을 들이마시면서 마음에는 평화' 라는 구절에서 평화스런 마음의 보자기가 숨을 들이마시는 데에 있음을 알 수 있습니다. 이항아라는 친구처럼 우리도 마음의 평화를 느낄 수 있을까요? 잠시 눈을 감고 숨을 들이마셔서 마음의 평화를 느껴볼까요?
 사실 이항아는 '원두막 앞 자갈길' 을 마음에 새기고 있으며 '물빛 분필 상자를 만지작거리고 있었다.' 라는 표현에서도 마음의 평화를 준비하고 있었다고 할 수 있습니다. 그리고 '머릿속 저편에서 불어오는 바람에 내 영혼을 싣고 너울너울 찾아간 곳은' 이라는 표현 속에서도 평화의 마음이 깃들고 있습니다.

다음 문장으로 넘어가 보겠습니다.

 실습을 시작한 지 4, 5일쯤 되었던가 보다. 첫날보단 조금 여력이 붙어서 그럭저럭 일을 하게 되었을 때였다. 들깨 밭을 매고 있었던가. 무얼 하고 있었던지 아무튼 오랜 시간 구부리고 있었던 허리를 쭉 펴고 끄응 막혔던 목소리를 내질렀을 때 내가 지르던 목소리가 저절로 감탄사가 되어 '우와' 하고 흘러나왔던 그때 나는 보았다. 푸른 하늘, 정말 글자 그대로 조금의 틀림도 어긋남도 없는 푸른 하늘과 그 푸른 하늘에 마치 못으로 단단하게 박아둔 듯 멈춰 있는 새하얀 뭉게구름, 손을 뻗으면 비누거품처럼 묻어날 것만 같은 그 구름, 그리고 그 아래에서 농장을 포근히 둘러싸고 있는 초록빛 산, 거대한 어머니 대지의 자궁 안에서 살아 숨 쉬고 있던 수많은 생명들의 숨소리, 때맞추어 불어오던 바람, 보이는 것은 온통 파랑이요 초록이며 느껴지는 것은 오로지 평화로움뿐이었던 그 시간. 그때서야 나는 비로소 그곳에서 진정한 평화로움을 느꼈다.

위의 문장에서 이항아는 '일을 하는', '오랜 시간 구부리고 있었던 허리', '끄응 막혔던 목소리를 내질렀을 때' 라는 표현을 모아서 어떤 마음을 가졌을까요? 그 다음에 이어지는 감탄사, 즉 마음을 크게 움직이는 것들이 펼쳐집니다. '푸른 하늘', '뭉게구름', '초록빛 산', '수많은 생명들의 숨소리', '바람', '파랑', '초록' 들이 평화의 마음을 채우고 있습니다.

이항아의 경험에서 '마음 보자기'는 자기 안에 있는 것이 아니라 자기 밖에서 얻을 수 있는 것이라고 할 수 있습니다. 봉사하는 일을 하면서 마음의 보자기를 갖게 되었고, 푸른 하늘, 뭉게구름, 초록빛 산, 생명들의 숨소리, 바람, 파랑, 초록들이 이항아의 마음 보자기를 지어주고 있다고 할 수 있습니다. 그리고 그 마음 보자기를 받을 수 있도록 이항아의 마음이 열려있다는 것이 더 중요합니다.

이제 스무고개 중에 열다섯 고개를 넘어볼까요?

다시 되돌아 와 가만히 고개 들어 바라본다. 그때 본 그 하늘빛이 지금 내가 보고 있는 저 빛깔인가. 지금 내가 올려다보는 이 하늘빛이 그날의 그 빛이던가. 한없이 평화롭고 한없이 아름다웠던 그날의 빛인가? 다시금 기억의 바람을 따라 돌아가 '피스 팜'에서 2주 동안 나는 아침에 눈을 떠 밤이 되어 감을 때까지 심지어는 꿈속에서도 항상 평화로움을 느꼈다. 모든 것이 신비로웠다. 내가 지금 살아 있다는 것, 숨 쉬고 있다는 것, 보이는 모든 것이 생명을 지니는 것이라는 것도 살아있음으로써 숨 쉴 수 있고, 느낄 수 있으며, 생각할 수 있다는 것 자체가 나에게는 경이로움 그 자체였다.

이항아의 마음은 잠깐 있다가 없어진 마음이 아닙니다. 오래 전에 있었던 마음이 지금도 이어지고 있음을 볼 수 있습니다. 지금의 하늘과 빛을 보면서 이전의 하늘과 빛을 되살리고 있습니다. '꿈속에서도' 나타나는 평화로운 마음을 발견할 수 있습니다. 살아있음, 숨쉬고 있음, 보이는 모든 것들이 '생명을 지니고' 있기 때문에 신비롭고 경이롭게 느껴지는 마음을 우리는 만날 수 있습니다.

언젠가 여름이었습니다. 제가 살고 있는 무주의 우리 집에 어린아이들이 다녀간 일이 있습니다. 마당에서 모이를 쪼아먹고 있는 닭들을 보면서 어린아이가 달려갑니다. 그리고 외칩니다. "야! 통닭구이다!" 천진난만한 어린아이의 눈에 보이는 것이 생명으로 보이지 않고 통닭구이로 보일 정도면 이 세상 사람들의 눈에 보이는 것은 모두가 먹을 것으로만 보이고 돈으로만 보이겠지요. 여러분은 열다섯 고개를 무사히 넘었습니까?

다음 고개를 넘기 위해 이항아의 글을 더 읽어 보도록 하겠습니다.

> 그리고 나는 그곳에서 여태까지 갖고 있었던 내 안의 모든 문제들을 담담하게 바라볼 수 있게 되었다. 그동안 나를 괴롭혀왔던 모든 것이 한 순간에 사라지는 느낌을 받았다. 마음속에서는 새로운 희망이 샘솟듯이 솟아올랐고 얼굴에선 한가득 미소가 피어올랐다. 심장까지 두근두근 뛰었더랬다.

이항아가 말하는 '내 안의 모든 문제들'은 무엇일까요? 지금 이 자리에 앉아 있는 여러분들의 문제와 다르지 않을 것입니다. 보통 사람들은 자기 안의 문제 때문에 몹시 슬퍼하고 고민하고 좌절하기도 합니다. 그러나 이항아는 담담하게 바라볼 수 있게 되었습니다. '괴롭혀왔던 모든 것이 한 순간에 사라지고' '새로운 희망이 샘솟듯 솟아올랐고' '얼굴에선 한가득 미소가 피어올랐다' 고 합니다. 이항아의 마음 보자기는 요술 보자기처럼 놀라운 힘을 지니고 있습니다.

> 눈을 감으면 그때의 행복과 평화로움을 다시 느낄 수 있을 만큼 커다란 기쁨이었다. 그곳에선 지금도 파란 하늘이 펼쳐지고 있을까? 당나귀들은 잘 있을까? 새끼를 낳았는지? 대여섯 마리 영양들 중에 제

일 막내였던 복실이는 지금 무엇을 할 수 있으려나? 눈처럼 새하얀 털을 뽐내던 산양들은 아직 거기 있을까? 존재하는 그 무엇보다도 순수한, 세상에서 제일 착한 눈을 하고 있던 그 소는 지금도 건강하게 잘 있을까? 농장이 있던 자리에 댐이 들어서게 되면 농장을 옮겨놓든지 해야 할 텐데 그렇게 되면 그때의 평화로웠던 풍경은 이젠 내 기억 속에서나 찾아볼 수 있을 테지.

이항아의 마음에 당나귀, 영양, 산양, 소는 형제처럼 가족처럼 자리 잡고 있습니다. 운반의 수단이나 젖을 짜는 이용물, 사람의 영양을 보충하는 고기로 생각하지 않는 마음입니다. 얼마나 아름다운 마음입니까? 저도 이 마음을 닮고 싶습니다. 아니 여러분과 함께 이 마음을 나누고 싶습니다.

댐이 들어서게 될 그곳을 생각하면서 이항아는 다음과 같이 마음 보자기를 접고 있습니다. 마지막 스무고개에 도달했습니다.

쓸쓸한 기분, 그러나 다시 한번 숨을 들이마시면서 마음에는 평화를 담고, 다시 숨을 내쉬면서 얼굴에는 미소를 머금으며 내 마음이 평화롭지 못하고 어지러울 때면 나는 언제든지 다시 기억의 바람을 타고 그때 그 시간 그곳으로 평화 찾아 훨훨 날아갈 터이다.

제가 여러분들에게 드릴 선물은 평화입니다. 이 평화가 어디에 있으며 어떻게 얻을 수 있는지 스무고개로 풀어보았습니다. 여러분의 마음 보자기에 평화를 싸서 돌아가십시오.

20 꽃을 피우면서 열매 맺는 사람들

눈꽃과 같은 배꽃, 앵두꽃, 매화가 질 무렵 노란 민들레가 마당을 꾸미더니만 이제는 영산홍과 철쭉이 붉은 색깔로 저의 눈을 사로잡고 있습니다. 촉촉이 내리는 비를 맞으면서 서 있는 두 꽃은 저에게 무언가 말하고 있습니다. 저는 그 말뜻을 헤아리려 하고 있습니다. 영산홍이 보지 못한 매화나무의 꽃자리에 좁쌀 같은 열매가 팥과 콩처럼 자라고 있음을 바라보며 부러워하고 있습니다.

365일 중 10일을 넘기지 못하고 자기의 가치를 다하는 꽃도 있고, 아름다움을 뽐내며 한 달씩이나 버티는 꽃들도 있습니다. 물론 그 꽃자리에 열매를 맺는 '가치'를 이어가려는 꽃들이 일찍 지는 듯합니다. 대신에 꽃만 피우는 것들은 좀 더 오래 가는 듯합니다. 열매보다 꽃을 즐기는 사람들에게, 꽃보다 열매를 즐기는 사람들에게 자연은 꼭 같은 즐거움을 주고 있습니다. 그러나 열매를 맺기 위해 반드시 꽃을 피우는 자연의 이치를, 그리고 열매 따위는 상관없이 꽃만으로 충분하다는 듯 자태를 드러내고 있는 이치를 곰곰이 생각하고 있습니다.

자연을 닮은 사람들도 두 가지 유형으로 갈라볼 수 있을 것입니다. 사람들은 제각기 자기 삶의 열매를 맺으려고 애쓰고 있습니다. 꿈과 야망이라는 이름으로, 아니면 진보와 가치의 이름으로 열매를 얻으려 하는 사람도 있습니다. 좁게는 교사가 되거나, 의사가 되거나, 법관이 되거나 혹은 정치인이라는 열매를 얻으려고 하는 사람도 있습니다. 경영인이 되고 사업가가 되어 사회적 책임을 감당하고 사회발전과 역사의 진보에 기여하기 위한 열매를 얻어야 한다는 사명감과 의지를 불태우고 있습니다.

영산홍과 철쭉은 제게 두 가지 질문을 하고 있습니다. 그 하나는 자연을 닮은 인간도 '열매를 맺기 위해 먼저 꽃을 피우는 사람이 있을까?' 하는 물음이고 또 다른 질문은 '자기가 맺고 싶은 열매가 아니라 구조적이고 제도화된 사회와 정치 혹은 자본주의가 강조하고 요구하는 열매를 맺기 위해서 애쓰고 있지는 않는가?' 라고 물어보라고 제게 말을 걸고 있음을 알았습니다. 인간이 열매를 맺는 방법과 자연이 열매를 맺는 방법과 과정 그리고 그 바탕이 아주 다르다는 생각을 하게 되었습니다. 인간은 자연의 아름다움을 닮으려 하지 않고 소유하려는 욕망이라는 이름의 전차를 타고 질주하고 있는 것 같습니다.

인간이 열매를 맺기 위해 애쓰는 과정은 치열하다 못해 장렬하다 할 것입니다. 어떤 사람은 경쟁과 견제, 대립과 갈등, 간계와 책략, 음모와 술수를 동원해야 할 것입니다. 또 어떤 사람은 자신이 맺지 못한 열매를 자식이 맺도록 하기 위해서 온갖 고통과 수모를 건디고 자존심에 상처를 받으면서 경제적 동물이 되는 사람도 있고 자기의 열매를 고스란히 자식에게 물려주려는 사람도 있습니다. 그래서 세상은 부정과 부패로 얼룩지고 거짓과 폭력으로 어두워지고 있으며 불신과 두려움의 도가니에서 헤어나지 못하고 있습니다. 그렇게 해서 맺은 열매를 독식하고, 축적된 열매로 권력을 행사하거나 복지 혹은 사회사업이라는 미명으로 세력을 만들거나 사람들을 길들이고 싶어 할 것입니다. 꽃을 피우지 않고 열매를 맺으려 하기 때문에 이들은 자연을 닮지 않은 사람들이라고 할 수 있습니다.

꽃의 계절, 봄이 되면 많은 사람들이 들로 산으로 다니면서 행복을 느끼며, 마음속의 찌꺼기를 씻어내고 삶의 활력을 얻고 있습니다. 또 집 안에서 꽃을 가꾸기도 합니다. 아마도 상춘객들은 열매보다는 꽃을 더 좋아하는 듯합니다. 그러나 이 사람들도 자기 삶의 열매를 거두기 위해 가정으로 일터로 달려갑니다. 열매를 얻는 일과 꽃으로 행복을 체험하는 것을 분리하고 있습니다. 동시에 인간은 이 두 삶을 일치시키는, 열매를 맺기 위해 꽃을 피우는, 자연을 닮은 사람들의 세상을 갈망하고 있습니다.

농사를 지으며 자연과 더불어 살고 있는 사람들과 대안을 모색하는 사람들은 제가 보기에 아름다운 삶, 향기로운 삶, 자기의 꿀샘을 이웃과 나누는 삶의 결과로 얻은 열매를 갈망하고 있습니다. 다른 한편으로 열매를 얻지 않는 철쭉과 영산홍을 그리워합니다. 자기가 경작한 땅에서 열매를 얻지 않으려 한다면 정상이 아닙니다. 그러나 철쭉과 영산홍은 스스로 자기의 삶을 경작하면서 열매를 맺지 않습니다. 열매보다는 아름다움이고 향기로움이고 나눔을 지향하고 있습니다. 그래서 붉은 아름다움을 지니고 있다고 생각해 봅니다. 흰 꽃은 열매를 위해 땅의 영양을 많이 끌어 올려야 하는 노력과 뿌리와 함께 땅의 영양을 위해서 일하고 있다고 생각해 봅니다. 그리하여 열매를 얻는 꽃은 흰색을 띠고 열매를 위하지 않는 꽃은 붉은색을 띠고 있다는 사실을 저희집 마당에서 보고 있습니다.

그래서 '무위자연'(無爲自然-노자) 혹은 '무위이화'(無爲而化-최제우)를 인간과 삶의 근본이라고 말하는 성인들이 있는 가 봅니다.

지식의 열매를 먹은 태초의 인간이 눈이 밝아져 자신의 추한 모습을 보게 되었다는 창세기의 말씀이 생각납니다. 오늘날 지식이 많거나 공부를 많이 한 사람들이 모인 곳에서는 서로 소통하지 못하여 논쟁이 난무하고 비난과 공격의 끈을 놓지 않습니다. 이런 지식의 열매를 바탕으로 높은 자리에 있는 사람들은 낮은 사람들을 지배하고 노예나 종 대하듯 무시합니다. 지식을 바탕으로 자본을 축적한 기업은 자연의 아름다움을 무지막지하게 파헤치고 개발하여 인간의 쾌락을 유혹하여 더 많은 자본을 축적하려고 합니다. 오늘 우리가 살고 있는 세상은 추함이 아름다움을 덮어버렸고, 악취가 향기를 몰아내고, 독식이 가난과 질병과 죽음을 불러일으키고 있습니다.

그러나 아름다운 꽃을 피우면서 열매를 맺는 사람도 아직 남아 있습니다. 그리고 열매에는 아랑곳하지 않고 아름다움만을 추구하는 사람도 많이 있습니다. 이 사람들이 사회와 국가, 그리고 세계를 구원할 수 있는 '남은 자'들일 것입니다.

| 편 | 집 | 후 | 기 |

우리에게 삶을 사는 자세를 전하신 허샘

바리(온배움터 1기 졸업생)

 2022년 7월부터 시작된 허병섭샘 추모평전 교정 작업이 12월 말을 꼬박 채우고 마무리 되었다. 온배움터 전환위원회 위원(정미은, 김창수, 유상균, 바리)들과 온배움터 1기생 조윤호군이 함께 한 작업이다. 온다방에 같이 모이거나, 줌을 통해 한 글자 한 글자 낭독을 하면서 그 의미들을 새기며 교정작업을 했다. 유쌤 목소리를 통해서 허샘이 되살아나기도 하고, 창수쌤 말씀을 통해 허샘의 진심이 명확해지기도 했다. 읽고 들으면서 가끔은 가슴이 먹먹해지고, 눈시울이 남모르게 뜨거워지기도 했다. 퇴근길, 황량한 온배움터 운동장을 가로지르며 걸을 때에는 허샘의 부재가 서러웠다. 이곳저곳 친구들의 흔적이 그리웠다.

 2000년대 초, 부산에서 풍물굿 공부를 할 적에 어떻게 연이 닿아 무주 진도리 허샘댁을 방문한 적이 있었다. 훤히 드러난 이마만큼 시원하게 생태적인 삶, 순환하는 일상을 말씀하셨다. 뉴질랜드 장기배낭여행을 하고 온 얼마 후의 일이라 오롯한 그 시골살이가 부러웠고 존경스러웠다.

 그렇게 잠시 뵈었던 것만으로도 우러러 보였던 허샘과 2003년부터는 함께 살게 되었다. 같이 밥 먹고, 묵정밭에 씨감자를 심고, 언덕배기 다랑이 논을 갈고 모를 심고. 빼곡히 짜인 시간표에 맞춰 인문·사회·과학·지역·생태에 대한 공부를 했다. 모자람 없는 행복한 시간들이었다. 물론 사람이 사는 곳이라면 모름지기 크고 작은 갈등이 있게 마련이니 즐거움만큼이나 많은 다툼도 존재했다. 그럴 때마다 허샘은 가능한 쪽이 밀고 품어주고 다 내어주라 말씀하셨다. 지금 생각하면 허샘이나 가능함직한 일인데 우리를 동급에 놓고 편하게 말씀하신 것이다. 하지만 나름 이 말을 흉내 내며 살아보려 했던 것 같다.

너무 가까이 있으면 귀한 줄 모른다고, 우리랑 호흡을 같이하는 허샘에게 맞담배는 물론, 샘의 말씀을 귀담아 듣지 않는다고 버릇없다며 지청구를 하던 둥굴레 언니, 농사일을 허샘보다 앞서 묵묵히 해내며 싱긋이 웃어 보이던 성원 큰오빠, 수많은 언니 오빠들 사이에서 스스로의 목소리를 내려 애쓴 선희, 주희. 개성 강한 다슬이, 영빈이, 진지하던 철희, 난만이, 지훈이. 춤을 좋아하던 지혜, 아래위를 잘 챙기던 윤미, 윤호, 정미, 정엽, 선희언니. 소리 없이 자기 일을 해내던 김썬, 량현, 상옥, 다롱, 누리, 스스로의 길을 만들어가던 단, 영준, 봉준, 봉진, 성우, 성주오빠, 은호오빠, 어린 딸이랑 같이 생활하면서도 열심이셨던 빙그레언니, 선주언니. 산아랑 영재가 그 시절 친구들보다 많은 나이가 되어 있겠구나. 허샘에 대한 기억은 그때를 같이한 학부 1기 친구들을 소환하고, 생각만 해도 귀한 한쌤, 수선화님, 한면희쌤을 동반한 기억이다.

생명평화탁발순례단의 제주도 순례를 같이하고 싶다는 우리의 말에 기꺼이 제주도를 같이 걷고 백조일손지묘에서 참배를 했던 일, 세계생명문화포럼에 학부생들이 기록 자원봉사를 할 때 밤늦게 오셨다가 숙소가 없어 텅 빈 강당 한 구석에 쪼그려 쪽잠을 주무시고는 이런 일은 힘든 것도 아니라며 마른 세수를 하시던 모습, 해남 군민광장에서 수녀님의 EM과 EM비누를 같이 팔던 일, 순천만 갈대밭을 헛헛하게 걷고, 선유도와 해인사를 같이 걸었던 기억도 생생하다. 허샘 집에서, 함양에서, 양수리 어디에서 고전강독 공부도 더불어 하고, 고스톱도 맛있게 쳤다.

많은 대화를 했으리라. 하지만 애를 둘 낳아서 그런지 말씀 내용은 잘 기억나지 않는다. 허샘 수업을 오랜 기간 들은 만큼 그저 많이도 줄었지. 강의실에서 우리끼리 맑스 공부에 한창 열 올리는 모습을 보곤 맑스를 강의실에서 공부한다고 '쯧쯧' 하시기도. 남편이 어느 날 물었다. 허샘이 우리 주례사에서 나지막히 읊조리신 말씀이 뭔지 기억하냐고. 날 뭘로 보고. 어떻게 기억하겠어. '결혼으로 맺어지는 이 가정이 자본주의적 소비를 하는 결합이 아닌, 세상에 도움이 되는 생산적이고 실천적인 가정이 되라.'고 하셨단다. 지극한 문어체로.

그랬다. 허샘은 진지하고 묵묵하게 말씀 이상, 몸소 직접 우리에게 삶을 사는 자세를 전하셨다. 늘 우리 곁에 계셨다. 옳고 그름을 이성적으로 따지기보다 실천하는 삶을 말하셨다. 실천 속에서 스스로 깨닫기를 기대하셨다. 그러다 종종 실망하시기도 하셨다. 너무 나태하고, 노력이 부족한 젊음에게 화가 난 탓이리라.

결혼 후, 출산이 임박해 학교를 잠시 쉴 때 허샘이 쓰러지셨다. 그것이 살아계신 허샘과 마지막이었다. 이후 온배움터 크고 작은 행사에서 허샘이 언급되었고, 허샘을 기억하며 '온배움터 기억의 방'이 만들어지고, 허샘 유고집을 만들자는 말만 무성하다 김창수 샘이 앞장서시고 이무성 샘이 사전에 엮어놓으신 허샘 원고가 있어 드디어 책을 완성하게 되었다.

각자의 허샘을 원고로 작성해주신 온배움터 여러 식구들과, 긴 시간 교정작업을 같이 한 전환위의 창수샘, 미은샘, 유샘, 그리고 윤호에게 지면을 빌어 감사의 말씀을 전하고 싶다.

결 고운 마음, 따뜻한 손길 고맙습니다

고재호(목사, 한국초교파신학대학원목회자연합회 회장) **김 묵**(교사,심리상담연구소 소장) **김덕년**(녹색대학교 대학원 녹색교육학과 샘) **김순수**(청해진교회 담임목사) **김재수**(온배움터 농사모임) **김창수**(녹색대학교 대학원 녹색교육학과 샘) **김한중**(솔성수도원 원장) **김희숙**(동화작가) **노재화**(녹색대학교 대학원 녹색교육학과1기) **박광호**(녹색대학교 녹색교육학과2기) **박수학**(녹색대학교 학부샘) **박영민**(녹색대학교 학부4기생) **박은경**(녹색대학교 대학원 녹색교육학과2기) **백금숙**(요양보호사) **백선희**(녹색대학교 학부1기) **송성주**(녹색대학교 학부1기) **양현봉**(세종시 테크노파크 원장) **오용식**(목사, 허병섭목사기념사업회 설립추진위원장) **오현숙**(녹색대학교 생태문화연구소 샘) **우윤미**(녹색대학교 학부1기) **유상균**(온배움터 생태문화연구 소장) **윤혜경**(개마서원 대표) **이상락**(성남시 외국인주민복지센터장) **이순일**(현 온배움터 운영위원회 위원장) **이종원**(녹색대학교 생태건축학과 샘) **이종훈**(녹색대학교 학부1기) **이해학**(목사,겨레살림공동체 이사장) **이희정**(녹색대학교 대학원 교육학과1기) **이희정**(녹색대학교 학부1기) **임영란**(녹색대학교 전 운영위원장) **장동범**(녹색대학교 녹색교육학과2기) **전희식**(농부, 작가) **정미은**(온배움터 대표) **정설경**(녹색대학교 녹색교육학과1기) **정중효**(부산온배움터 재정기획 이사) **정채선**(서울,감정평가사) **조윤호**(녹색대학교 학부1기) **최원상**(생태건축학과 졸업생) **한면희**(녹색대학교 녹색문화학과 샘) **홍운호**(녹색대학교 대학원 자연의학과1기) 가나다 순

ⓒ 지논